Mehdi Azar Yazdi
Der Kern der Sache

Mehdi Azar Yazdi

Der Kern der Sache

aus dem Persischen von

Sabine Greiff

mit Illustrationen von Michaela Georgius

Die Originaltexte erschienen in fünf Heften
sowie in einem Sammelband
zusammen mit weiteren Erzählungen des Autors
unter dem Titel Qessehaye taze az ketabhaye kohan
im Verlag Entescharat-e Aschrafi, Teheran.

Erste Auflage, Mai 2015
Satz: Sabine Greiff
Illustrationen & Covergestaltung: Michaela Georgius
Druck: PBtisk a. s., Pribram
© Edition Hamouda, Leipzig
ISBN 978-3-940075-97-0
www.hamouda.de

Inhalt

I. Kapitel – Neun Erzählungen

Die Krähe und die Taube 11
Der leidende Esel und der Wolf als Hufschmied 18
Die Begierden einer Ameise 22
Der Löwe und der Hund 25
Die Spatzen und der Elefant 27
Die beiden Tauben 33
Der Leopard und der Mensch 38
Der Löwe und der Mensch 44
Der Esel und die Kuh 55

II. Kapitel – Fünf Fabeln

Der Fuchs und das Zicklein 63
Die Sprache des Hahns 71
Die Mäuse und die Katzen 83
Die Taube und der Reiher 100
Der bunte Schakal 110

III. Kapitel – Der Kern der Sache

Der Kern der Sache 123
Die passende Antwort 130
Die Hörner des Kamels 135
Der Schatz 138
Die Eier der Wildente 143

Indisch und indischer 145
Das große Tischtuch 147
Der verehrte Gast 152
Der Zuträger 156
Die Schuldkerne 159
Götzendiener! 166
Ein Backofengefecht 174
Aufrichtigkeit 175

IV. Kapitel – Persische Sprichwörter

Der Trick des Töpfers 179
Eine Krähe – vierzig Krähen 184
Von dieser Säule zu jener Säule wird es leichter 188
Solche Töpfe – solche Rüben 191
Leg auch einen Ziegel auf den Topf 194
Unter allen Propheten den Georg gefunden 198
Kein Khan gekommen, kein Khan gegangen 200
Verwünscht ist die hektische Arbeit 202
Wie kann der verbieten, Datteln zu essen,
der selber Datteln gegessen hat? 204
Es fehlen noch zweieinhalb Schlucke 206
Die Geschichte von den Mäusen und dem Käselaib ... 209
Wir haben den Pelz losgelassen, der Pelz lässt nicht los 213
Er sucht noch seine Schuhe 215
Kamel gesehen? – Nicht gesehen! 218
Der Knochen in der Wunde 220
Sei eine Sache noch so klein,
sie kann einmal von Nutzen sein 224
Der Herr von Reichendorf 226

V. Kapitel – Das Menschenkind

Vorwort 230
Das Menschenkind auf der unbekannten Insel 231
Das Menschenkind lebt mit den Tieren 239
Das Menschenkind beginnt nachzudenken 253
Das Menschenkind baut und siedelt 267
Das Menschenkind und die Menschen 275
Das Menschenkind, die Sprache und die Kultur 289

Anhang

Aus dem Vorwort zum Sammelband 303
Autobiografische Notiz des Verfassers 304
Nachwort zur Übersetzung 307
Quellenangaben 312
Fundstellen der Zitate 314
Anmerkungen.. 315

I. Kapitel

Neun Erzählungen

Die Krähe und die Taube

Es war einmal eine Taube, die unterrichtete ihr Küken eines Tages im Fliegen. In der Nähe erreichten sie einen Baum und nahmen auf einem Ast Platz, um nach einer Verschnaufpause weiterzufliegen.

Auf einem unteren Ast befand sich ein leeres Nest. Das Taubenküken hüpfte auf dessen Rand und rief: »Was für ein schöner Platz, eine Wohnung auf dem grünen Baum!«

Das Nest gehörte einer Krähe, die es verlassen hatte und weggezogen war. Zufällig flog sie an jenem Tag dort vorbei. Sobald sie das Taubenküken auf dem Nest sah, kam sie heran, krächzte und schrie: »Du aufsässiger Vogel, warum sitzt du in meinem Nest? Wer hat dir das erlaubt?«

Die Taube erklärte: »Wir besitzen keine Erlaubnis, wir haben auch mit dem Nest nichts weiter vor. Ich war gerade dabei, meinem Küken Flugunterricht zu geben, und es war erschöpft. Ein paar Minuten haben wir hier gesessen, und wenn es nicht wegen des Kindes gewesen wäre, hätten wir uns überhaupt nicht auf den Baum gesetzt. Wir sind keine Baumbewohner und jetzt fliegen wir schon weg. Mach nicht so ein unnötiges Geschrei.«

»Wirst du jetzt auch noch frech?«, schimpfte die Krähe. »Du sitzt auf dem Baum anderer Leute, wohnst in dem Nest anderer Leute und sagst zu mir, ich soll nicht um Hilfe rufen! Ihr habt euch sehr ungehörig benommen. Ihr habt einen großen Fehler begangen, euch hier niederzulassen. Was geht mich das an, ob du dein Kind das Fliegen gelehrt hast oder nicht? Dir werde ich es zeigen. Ich werde kein gutes Haar an dir lassen. Was bringt eine Taube dazu, einen solchen Frevel zu begehen und nach dem Nest einer Krähe zu schielen!«

Die Taube antwortete: »Dass du immer noch so schreist! Ich sagte doch, dass wir es gar nicht auf dein Nest abgesehen hatten. Wir gehen ja gleich. Und wenn es eine Frechheit war, seid so großzügig, uns zu verzeihen. Warum zettelst du unnötig Streit an? Bitte sehr, ich habe mein Kind genommen und bin schon fort.«

Wieder schrie die Krähe: »Unnötig hast du hier gesessen und unnötig bist du gegangen. Du gehst erst, wenn ich es zulasse. Ich rufe jetzt alle Vögel zusammen. Das Ansehen aller Tauben werde ich herabsetzen. Was soll das bedeuten, es sich im Haus anderer Leute bequem zu machen? Ist hier etwa eine Karawanserei? Ist hier etwa eine Flugschule? Es war euer Fehler, dass ihr auf diesem Baum gelandet seid. Oh Hilfe, Hilfe, oh Vögel, ihr Flieger, kommt her. Hier gibt es Streit, kräh-kräh, kräh-kräh.«

Die Krähe warf sogar das Taubenküken auf die Erde und schrie unmäßig. Da wurde die Taube zornig und rief: »Nun, wenn du Krawall magst, sorge ich dafür. Überhaupt gehört mir das Nest und ich gehe hier nicht weg. Mach, was du willst.«

Die Krähe hob ihre Stimme noch mehr und aufgrund ihres Geschreis versammelten sich die Vögel und fragten, was passiert sei. Die Krähe sagte: »Diese Taube ist gekommen und in mein Nest eingezogen. Ihr sollt Zeugen sein, ich werde sie drangsalieren, ich mache sie fertig.«

»Die Krähe lügt«, widersprach die Taube, »das Nest ist mein Eigentum und die Krähe ist gekommen und hat mein Kind hinausgeworfen. Mit ihrem Geschrei will sie mir das Nest rauben. Ihr wisst, wer der Unterdrücker und wer der Unterdrückte ist.«

Die Vögel fragten die Krähe: »Hast du einen Zeugen und ein Dokument dafür, dass das Nest dir gehört?«

»Oh Hilfe, Hilfe«, klagte die Krähe. »Was ist das für ein Unfug. Was soll das heißen: Zeugen? Ich habe das Nest selbst gebaut. Ich schmeiße die Taube hinaus. Ich beuge mich um keinen Preis.«

Die Vögel fragten die Taube: »Hast du einen Zeugen und ein Dokument dafür, dass das Nest dir gehört?«

Die Taube entgegnete: »Ich habe keinen Zeugen, aber beachtet bitte, dass das Haus in meinem Besitz ist und die Krähe mich unverfroren hinauswerfen will. Zeuge dafür ist mein Küken, das die Krähe auf die Erde geschleudert hat. Gerechtigkeit ist schließlich auch etwas wert. Ihr dürft nicht zulassen, dass eine Krähe mit ihrem Gekrächze mich, die Schwache, auf diese Weise unterdrückt.«

»Ja, das ist richtig«, meinten die Vögel. »Die Krähe hat kein Recht, ein solches Geschrei zu veranstalten. Und das Taubenküken hinauszuwerfen, ist eindeutig eine Grausamkeit. Wir lassen die Steppe nicht in Aufruhr geraten. Von der Taube haben wir nie eine Lüge gehört. Recht erhält man nicht durch Geschrei. Jedes Problem hat seine Lösung. Wenn die Krähe etwas einzuwenden hat, muss sie Klage erheben, damit ein Richter den Fall prüft.«

»Ihr sagt ja das Gleiche«, erwiderte die Krähe. »Was wird denn aus mir?«

»Nichts, du musst gehen und einen fairen Richter finden, zum Beispiel den Wiedehopf, der ein Freund des Propheten Salomo ist. Er weiß, was Gerechtigkeit bedeutet, und genauso sind seine Urteile.«

»Ich kenne den Wiedehopf nicht«, wandte die Krähe ein.

»Das ist deine eigene Schuld, dass du so unkultiviert bist. Als ob nicht alle den Wiedehopf kennen würden: Der Wiedehopf ist ein gerechter Vogel und auf dem Kopf trägt er eine Federhaube. Er kennt sich aus und sein Wort gilt. Wir gehen jetzt und holen ihn.«

Sie gingen und luden den Wiedehopf ein und er kam und fragte, was sie verlangten.

Die Krähe begann: »Vor einem Jahr habe ich dieses Nest gebaut und jetzt wohnt die Taube ohne Erlaubnis darin.«

Die Taube entgegnete: »Vor einer Weile habe ich mich in dieses Nest gesetzt und niemals eine Krähe darin gesehen.«

»Alle Vögel sind Zeugen, wie sehr ich um Hilfe gerufen habe und wie aufgeregt ich war«, erwiderte die Krähe.

»Alle Vögel sind Zeugen, wie sehr ich tyrannisiert wurde und wie die Krähe mein Küken aus dem Nest geworfen hat und mich schlagen wollte.«

»Und wenn sich die Welt auf den Kopf stellt, ich gebe das Nest nicht auf.«

»Wenn ich dazu verurteilt werde, gebe ich es auf, aber ich hoffe, man tut mir kein Unrecht.«

Der Wiedehopf wandte sich an die Krähe: »Hast du einen Zeugen und eine Urkunde?« Sie sagte: »Nein.« Er fragte die

Taube: »Hast du einen Zeugen dafür, dass du das Nest selbst gebaut oder gekauft hast?« Sie antwortete: »Nein.« Der Wiedehopf fragte die Krähe: »Wo warst du bis jetzt?« Die Krähe sagte: »Ich war in einem anderen Nest.« Er fragte die Taube: »Wo warst du bis jetzt?« Sie erwiderte: »Hier bin ich und hier war ich, als die Krähe kam und ein Geschrei anfing.«

Der Wiedehopf fuhr fort: »Gut, wenn ich ein Urteil verkünde, werden alle es akzeptieren?« Alle Vögel riefen einstimmig: »Ja, es wird akzeptiert. Wie immer es ausfällt, wir werden es vollstrecken. Vögel müssen Ruhe haben, und Ruhe bekommen sie dann, wenn das Gesetz befolgt wird.«

Der Wiedehopf dachte ein wenig nach und verkündete dann: »Sehr gut. Meiner Überzeugung nach müssen wir das Nest der Taube überlassen.« Die Krähe begann zu jammern, doch die Vögel ließen ihr keine Chance, und alle bestätigten: »Ja, das Nest ist Eigentum der Taube und die Krähe hat nichts zu sagen.«

Als die Krähe sah, dass alle mit einer Stimme sprachen, erkannte sie, dass sie machtlos war, und schwieg. Jeder der Vögel gab einen Kommentar über die Barbarei der Krähen und die Güte der Tauben ab und alle schwatzten eifrig miteinander. In dem Augenblick näherte sich die Taube dem Wiedehopf und sprach ihn leise an: »Herr Richter, ich danke Euch für Eure Freundlichkeit, aber ich möchte etwas fragen: Wieso habt Ihr mir recht gegeben, obwohl ich doch wie die Krähe keinen Zeugen hatte und niemand die Wahrheit kennt?«

»Das stimmt, außer dir und der Krähe kennt niemand die Wahrheit, auch ich kenne sie nicht. Wenn freilich kein anderer Beweis da ist, gibt man demjenigen recht, der den besseren Ruf genießt und der sich moralischer verhält und der keine schlechte Vergangenheit hat und von dem niemand je eine Lüge gehört oder Repressalien erlitten hat, und du bist für deine Wahrheitsliebe bekannt und die Krähe für ihre Lügen.«

Die Taube erwiderte: »Ich bin sehr froh, dass Wahrhaftigkeit und ein guter Ruf so viel nützen, aber, Herr Richter, Ihr sollt wissen, dass das Nest nicht mein Eigentum ist. Es gehört der Krähe und ich mag nicht für meine Wahrheitsliebe bekannt sein und mich im Widerspruch dazu verhalten.«

Der Wiedehopf antwortete: »Bravo, ich bin auch froh, dass meine Meinung über dich richtig war, doch warum hast du während der Verhandlung gelogen?«

»Erst einmal habe ich in Eurer Gegenwart gar nicht gelogen«, widersprach die Taube, »und der Gang der Verhandlung ist vorgegeben. Ich habe nicht behauptet, ich hätte das Haus gebaut oder gekauft. Ich sagte, dass ich mich hineingesetzt habe, und damit habe ich die Wahrheit gesagt. Aber bevor Ihr kamt, hat mich die Krähe mit lautem Krächzen und unnützem Geschrei genötigt, so mit ihr zu sprechen wie sie mit mir. Ich war gerade dabei, mein Küken im Fliegen zu unterrichten. Das Kind war müde geworden, einen Augenblick hat es sich hier hingesetzt und da kam die Krähe und protestierte. Ich bat sie um Entschuldigung und wollte verschwinden, nur ließ sie uns nicht gehen, inszenierte einen Skandal und wollte Streit anfangen. Ich hatte dann das Verlangen, sie zu bestrafen. Jetzt allerdings, da von meiner Aufrichtigkeit und meinem guten Ruf die Rede ist, tausche ich diesen guten Ruf nicht gegen hundert Nester ein.«

Der Richter antwortete: »Gott segne dich. Da es sich so verhält, werde ich dich auch nicht bloßstellen.«

Dann rief der Wiedehopf die Vögel und gab bekannt: »Ihr alle sollt Zeugen sein. Wenn die Krähe bereit ist, sich bei der Taube zu entschuldigen, ist die Taube bereit, ihr das Nest zu überlassen.«

Die Krähe, die keine andere Möglichkeit hatte, gab nach. »Herr Richter, es war nicht meine Schuld. Es ist unsere Gewohnheit, kräh-kräh und krah-krah zu rufen, und allen ist unsere Stimme lästig und sie halten sich von uns fern, aber wir sind niemandem übel gesinnt. Ich bin jetzt auch bereit, mich zu entschuldigen, und ich schäme mich sehr dafür, dass ich das Taubenküken auf die Erde geworfen habe.«

Der Wiedehopf sagte: »Sehr gut, die Taube schenkt der Krähe das Nest.«

Und alle Vögel riefen: »Beifall für die Taube, weil sie so freundlich ist.«

Der leidende Esel und der Wolf als Hufschmied

Es war einmal ein Bauer, der lud seinem Esel ein Bündel auf den Rücken und stieg obendrein selber auf, um in die Stadt zu reiten.

Der Esel war alt und schwach und der Weg weit und holprig. In der Steppe trat der Esel in ein Loch und stürzte zu Boden. Als ihn der Bauer mit Gewalt hochzog, zeigte sich, dass sich der Esel ein Bein gebrochen hatte und nicht mehr weiterlaufen konnte.

Der Bauer nahm das Bündel auf die Schulter, überließ den Esel mit seinem gebrochenen Bein in der Wüste seinem Schicksal und ging.

Der unglückliche Esel blieb zurück und dachte: »Ein Leben lang habe ich Lasten geschleppt für diese Ungerechten und jetzt, da ich alt geworden bin und leide, liefert man mich dem Wolf in der Wüste aus und geht.« Traurig schaute sich der Esel nach allen Seiten um und auf einmal wurde ihm klar, dass er wirklich und tatsächlich in der Ferne einen Wolf erblickte.

Als der raubgierige Wolf den Esel in der Steppe liegen sah, stieß er vor Entzücken einen Freudenschrei aus. Er setzte sich in Bewegung und lief auf den Esel zu, um ihn zu zerreißen und zu fressen.

Der Esel dachte: »Wenn ich laufen könnte, würde ich mich mächtig anstrengen und mir alle Mühe geben, vielleicht könnte ich es mit dem Wolf aufnehmen. Doch ich darf jetzt nicht verzweifeln und vor ihm kapitulieren. Das gebrochene Bein ist nicht wichtig. Solange der Verstand funktioniert, findet sich für jede Schwierigkeit ein Ausweg.« Er entwarf einen Plan, erhob sich mit Mühe von seinem Platz und stand, aber er konnte keinen Schritt vor den anderen setzen. Sobald der Wolf in seine Nähe kam, sprach ihn der Esel an: »Oh Oberhaupt der Raubtiere, sei gegrüßt.«

Der Wolf wunderte sich über das Verhalten des Esels und sagte: »Hallo. Warum hast du hier geschlafen?«

»Ich habe nicht geschlafen«, antwortete der Esel, »sondern ich bin hingefallen. Mir geht es nicht gut, ich habe Schmerzen, und jetzt kann ich mich nicht einmal von der Stelle rühren. Ich sage das, damit du weißt, dass ich nichts mehr zustande bringe, weder Flucht noch Streit, und dass ich voll und ganz zu deiner Verfügung stehe. Vor meinem Tod habe ich jedoch eine Bitte an dich.«

Der Wolf fragte: »Eine Bitte? Was für eine Bitte?«

»Sieh mal, lieber Wolf«, begann der Esel, »es stimmt, dass ich ein Esel bin, aber auch dem Esel ist das Leben teuer, solange er lebt, genauso wie dem Menschen das Leben teuer ist. Gewiss, ich werde sehr bald sterben und mein Fleisch ist ja für dich bestimmt. Du siehst, dass in dieser Wüste sonst niemand da ist. Ich bin schon damit zufrieden, wohl bekomm's und es sei dir gegönnt. Ich wünsche mir nur, dass du ein wenig gnädig und barmherzig bist und dich, solange ich Verstand und Besinnung habe und nicht bewusstlos bin, nicht beeilst, mich zu fressen, und nicht umsonst und unnötig die Schuld auf dich nimmst, mich zu töten, weil ich jetzt an Händen und Füßen zittere und mich mühsam am Leben erhalten habe und in wenigen Augenblicken diese Welt von selbst verlasse. Dafür tue ich dir einen Gefallen und gebe dir etwas, was du nicht kennst und wovon du keine Ahnung hast, womit du aber noch hundert Esel kaufen kannst.«

Der Wolf sagte: »Ich erfülle dir deinen Wunsch, doch wo ist die Sache, von der du sprichst? Esel kauft man mit Geld, nicht mit Worten.«

»Das ist richtig und ich gebe dir reines Gold«, antwortete der Esel. »Hör gut zu. Mein Herr ist eine reiche Persönlichkeit, er hat unbeschreiblich viel Gold und Silber, und da er mir sehr zugetan war, hat er mir das allerbeste Leben eingerichtet. Er hat meinen Stall aus Marmor gebaut und ihn mit glasierten Ziegeln ausgelegt, meinen Futtersack hat er aus Seide gewebt und meinen Packsattel aus Samt und Seide genäht, und statt Stroh und Gerste gab er mir nur kandierte Früchte und Zucker. Mein Fleisch ist ebenfalls sehr süß, wenn du es jetzt frisst, wirst du es sehen. Dann, weil ich ihm so teuer war, hat er meine Hufeisen an Vorder- und Hinterbeinen immer aus reinem Gold angefertigt. Ich bin heute allein und ohne Erlaubnis spazieren gegangen, was mir nicht bekommen ist. Man möge mir verzeihen, ich bin freilich ein äußerst verwöhnter Esel und meine Hufeisen an Vorder- und Hinterbeinen sind aus Gold, und weil du ein guter Wolf bist, kannst du sie von meinen Vorder- und Hinterbeinen abnehmen und damit hundert Esel kaufen. Komm, schau einmal, was für kostbare Hufeisen ich habe!«

Genauso wie andere von der Gier nach Vermögen ergriffen werden, verfiel ihr auch der Wolf, und er schickte sich an, die Hufeisen des Esels zu besichtigen. Doch sowie er sich dessen Beinen näherte, nutzte der Esel die günstige Gelegenheit und versetzte dem Wolf mit aller Kraft, die er hatte, einen harten Tritt gegen die Schnauze, sodass ihm die Zähne ausfielen und er sich eine Pfote brach.

Vor Angst und Schmerz schrie der Wolf und sagte: »Du bist wohl verrückt!«

»Ich bin nicht verrückt«, entgegnete der Esel, »aber du siehst, dass jeder Dumme in seiner Sache gescheit ist. Damit du klug wirst und dir der Appetit auf Eselfleisch vergeht!«

Schluchzend und mühsam humpelnd floh der besiegte Wolf. Unterwegs begegnete ihm ein Fuchs. Als der das lahme Bein und die blutige Schnauze des Wolfs sah, fragte er ihn: »Teurer Gebieter, was ist das für ein Zustand? Was ist mit deinem Bein und deinem Gesicht geschehen? Wo war der schießwütige Jäger?«

Der Wolf erwiderte: »Es war kein schießwütiger Jäger. Ich habe mir dieses Unglück selbst zugefügt.«

»Selbst?«, fragte der Fuchs. »Wie denn? Was hast du bloß gemacht?«

Der Wolf sagte: »Gar nichts, ich wollte meinen Beruf wechseln und so ist es passiert. Meine Arbeit war das Schlachten und Metzeln, die Goldschmiede- und Schmiedekunst kannte ich nicht, aber heute habe ich als Hufschmied gearbeitet.«

Die Begierden einer Ameise

Es war einmal eine Ameise, die eilte, während sie Gerstenkörner sammelte, einen Weg entlang und kam in die Nähe eines Bienenstocks. Von dem Honigduft lief ihr das Wasser im Mund zusammen, aber der Bienenstock stand oben auf einem Felsen. Sosehr sie versuchte, an der Felswand hinaufzuklettern und ihn zu erreichen, es ging nicht. Hände und Füße rutschten ab und sie fiel hinunter.

Das Verlangen nach dem Honig ließ sie protestieren und sie schrie: »Oh Leute, ich will Honig haben. Wenn sich ein Edelmütiger findet, der mich zum Bienenstock bringt, dann gebe ich ihm eine ›Gerste‹ zur Belohnung.«

In der Luft schwebte eine geflügelte Ameise. Sie hörte das Rufen und sagte zu ihr: »Gott bewahre … Bienenstöcke sind sehr gefährlich!«

Die Ameise antwortete: »Mach dir keine Sorgen. Ich weiß schon, was zu tun ist.«

»Dort gibt es Bienen, die stechen«, warnte die Geflügelte.

»Ich fürchte mich nicht vor Bienen, ich will Honig haben«, erwiderte die Ameise.

»Honig klebt. Er hält dich an Händen und Füßen fest.«

»Wenn er Hände und Füße festhielte, würde niemand Honig essen.«

Die geflügelte Ameise sagte: »Du musst es selber wissen, aber hör auf mich und gib diese Begierde auf. Ich bin eine Flugameise, ich bin alt und habe Erfahrung. Zu dem Bienenstock zu gehen, wird dich teuer zu stehen kommen, und vielleicht stürzt du dich in Schwierigkeiten.«

Die Ameise antwortete: »Wenn du kannst, verdiene dir deinen Lohn und bring mich hin. Wenn du es nicht kannst, mach nicht so viel Wind. Ich brauche keinen Chef, und Leute, die mir Ratschläge erteilen, mag ich nicht.«

»Vielleicht findet sich jemand, der dich hinträgt, ich halte es allerdings nicht für angebracht, und bei einer Sache, die kein gutes Ende nimmt, helfe ich nicht.«

Die Ameise entgegnete: »Also strapaziere dich nicht vergeblich. Ich werde heute um jeden Preis zu den Bienen gehen.«

Die Geflügelte verschwand und die Ameise schrie erneut: »Ich suche einen Edelmütigen, der mich zum Bienenstock trägt, und er erhält eine Gerste zur Belohnung.«

Eine Fliege fand sich ein und sagte: »Arme Ameise, du verlangst Honig und du hast recht. Ich bringe dich zu deinem Ziel.«

»Gott segne dich«, erwiderte die Ameise, »Gott schütze dich. Dich nennt man Wohltäter!«

Die Fliege hob die Ameise von der Erde auf, setzte sie bei den Bienen ab und flog davon. Die Ameise freute sich riesig und sagte: »Oh! Ausgezeichnet! Was für eine Freude, was für eine Bienenwohnung, was für ein Duft, was für ein Honig, was für ein Geschmack! Es gibt kein höheres Glück. Wie unglücklich sind die Ameisen, die Gerste und Weizen sammeln und nie zu einem Bienenstock voller Honig kommen.«

Die Ameise probierte etwas Honig von hier und von da und lief immer weiter vorwärts, bis sie die Mitte der Honigwabe erreichte. Auf einmal fühlte sie, dass ihre Hände und Füße am Honig klebten und sie sich nicht mehr bewegen konnte.

Der Ameise, die in den Honig fiel,
    klebten die Beine fest im süßen Ziel,
sie zappelte, sank noch tiefer ein,
    strampelte und konnte sich nicht befreien.

Wie sehr sie sich auch anstrengte, um sich zu retten, es half nichts. Da schrie sie: »Ich bin ganz plötzlich in die Klemme geraten, es gibt kein schlimmeres Unglück. Oh Leute, rettet mich. Wenn sich ein Edelmütiger findet, der mich aus diesem Bienenstock holt, gebe ich ihm zwei Gerstenkörner zur Belohnung.«

Gab ich eine Gerste, so geb' ich jetzt zwei,
    dass man mich aus dieser Not befrei.

Die geflügelte Ameise kehrte von ihrer Reise zurück. Sie hatte Mitleid und rettete die Ameise. Dann sagte sie: »Ich möchte dir keinen Vorwurf machen, aber unmäßige Begierden verursachen Schwierigkeiten. Diesmal hattest du großes Glück, dass ich rechtzeitig gekommen bin, doch von jetzt an sei vorsichtig. Bevor du dich in Probleme verstrickst, hör auf einen Rat und nimm keine Hilfe von Fliegen an. Fliegen haben für Ameisen kein Mitgefühl und können ihnen keine wohlwollenden Freunde sein.«

Der Löwe und der Hund

Es war einmal ein Hund, der erschien eines Tages beim Löwen und sagte: »Hallo«

Der Löwe antwortete: »Ich grüße dich. Was gibt's?«

»Ich will mit dir ringen.«

»Was fällt dir denn ein!«, erwiderte der Löwe. »Wir streiten uns nicht mit euch herum, weil es heißt, ihr seid treu. Hast du es jetzt so weit gebracht, dass du dir anmaßt, mir gleichgestellt und ebenbürtig zu sein? Du weißt wohl nicht, wer ich bin?«

Der Hund antwortete: »Warum sollte ich das nicht wissen? Wir sind von derselben Art. Siehst du etwa nicht, dass wir alle beide Fleisch fressen und beide beim Wasserlassen das Bein heben?«

»Gewiss«, sagte der Löwe, »ihr ahmt uns nach, aber das ist keine Verwandtschaft. Deshalb ähnelt uns doch keine andere eurer Beschäftigungen. In der Hoffnung auf einen Bissen Brot lasst ihr euch ein Halsband anlegen und schuftet für andere. Ich mag keine Leute, die ihr Leben unter dem Befehl anderer führen. Selbst wenn wir gefangen werden und im Käfig eingesperrt sind, bleiben wir trotzdem Löwen. Wo ist da eine Ähnlichkeit zwischen uns?«

»Gut«, entgegnete der Hund, »wenn du die Wahrheit sagst und ein echter Kerl bist, dann komm und lass uns kämpfen.«

Der Löwe erklärte: »Ich messe meine Kräfte nicht mit Schwächeren. Wir sind nicht gleichrangig. Wenn ich dich besiege, ist das nicht ehrenvoll für mich. Wenn ich von dir besiegt werde, ist das kein Beweis deiner Größe, für mich aber ist es schmachvoll. Wer mit einem Schwächeren ringt, trägt auch in sich Kennzeichen der Schwäche. Ich glaube an meine Kraft.«

»Sehr gut. Wenn das so ist, gehe ich jetzt zu allen Tieren der Steppe und berichte ihnen, dass sich der Löwe vor mir gefürchtet hat und nicht mit mir ringen wollte.«

»Hau ab«, sagte der Löwe. »Mir gefällt der Tadel aller anderen Tiere besser, als wenn mir die Löwen dafür Vorwürfe machen, dass ich einen schwachen Hund niederdrücke. Überhaupt zweifeln die Löwen, wenn ich mit dir ringe, zu Recht daran, dass ich ein Löwe bin. Ein Löwe, wenn er ein Löwe ist, hat mit einem Löwen zu ringen.«

Die Spatzen und der Elefant

Es war einmal ein Schwarm Spatzen, die lebten in der Steppe. Unter den Sträuchern hatten sie Eier ins Gras gelegt und Küken ausgebrütet.

Auch ein Elefant lebte in jener Steppe, und als er eines Tages am Flussufer Wasser trinken wollte, zerquetschte er unterwegs etliche Spatzenküken unter seinen Füßen.

Als die Spatzen davon erfuhren, waren sie sehr traurig. Alle redeten darüber. Einer meinte: »Das war Schicksal.« Ein anderer: »Es ist nicht zu ändern. Wir müssen das hinnehmen und ertragen.« Ein dritter: »Die Welt ist immer voller Unglück.« Aber ein Spatz, der mutigste von allen, dessen Name Lerche war, sagte: »Ich glaube kein einziges Wort. Ich finde, die Steppe ist ein Platz zum Leben, und zwar ein sehr guter, aber das Leben muss geachtet werden und der Elefant darf die Spatzenküken nicht zertrampeln.«

»Nein«, erwiderten die Spatzen, »er darf es nicht, aber er tut es nun mal. Wir müssen unseren Wohnort wechseln und in eine Gegend ziehen, wo es keine Elefanten gibt.«

Lerche widersprach. »Das geht doch nicht. Soll denn jeder, wenn er einen Feind hat, fliehen und irgendwo anders hingehen? Das ist nicht richtig. Wir müssen unser Recht verteidigen. Hier ist unser Zuhause und wir müssen es vor der Bosheit des Feindes schützen. Warum sollen wir unseren Wohnort wechseln? Der Elefant soll seinen Weg ändern!«

Die Spatzen meinten: »Das leuchtet ein, aber wer kann es dem Elefanten erklären?«

Lerche antwortete: »Na, wir. Haben wir etwa kein Recht zu leben? Wir gehen und warnen den Elefanten, dass er kein Recht hat, durch diese Sträucher zu laufen.«

»Gut, und wenn er nicht akzeptiert, wenn er sich störrisch zeigt und sich noch übler verhält, was dann?«

»Wenn der Elefant vernünftige Worte nicht akzeptiert, dann stürze ich ihn in ein Unglück, das man in die Geschichtsbücher schreiben soll. Unser Standpunkt ist plausibel und wir haben die ganze Schöpfung Gottes auf unserer Seite.«

Die Spatzen lachten. »Warum führst du so große Reden? Wir können ja den Elefanten nicht bekämpfen.«

Lerche widersprach. »Doch, wenn wir uns alle einig sind, können wir das. Was ist denn schon ein Elefant? Selbst ein Größerer als er kann uns nichts anhaben, wenn wir uns der Gewalt nicht beugen.«

Sie willigten ein. »Wir sind bereit. Sag du, was wir machen sollen.«

Lerche erklärte: »Lasst mich zuerst gehen, dass ich ihm ein Ultimatum stelle und mit ihm spreche. Wenn er zustimmt, ist die Sache erledigt, aber wenn er sich weigert, dann zeigen wir ihm, wie *die Mücken, wenn die Luft von ihnen voll ist, den Elefanten schlagen.*«

Lerche flog los und traf bei dem Elefanten ein. »Hör mal, Elefant, als du heute Wasser trinken gegangen bist und an dem Gesträuch vorbeikamst, hast du einige unserer Küken zertreten. Weißt du das oder weißt du das nicht?«

Der Elefant erwiderte: »Welchen Unterschied macht das, ob ich es weiß oder nicht?«

»Der Unterschied ist folgender«, antwortete Lerche. »Wenn du es nicht wusstest und das Übel ungewollt herbeigeführt hast, sollst du jetzt wissen, dass uns Unrecht geschehen ist. Wenn du es aber wusstest und wolltest, dann ist das etwas anderes.«

»Aha! Was ist denn bloß passiert?«, fragte der Elefant. »Die Welt ist ja nicht untergegangen!«

»Die Welt ist nicht untergegangen, aber wenn alle einander Unglück bereiten, dann geht sie unter. Das weißt du und verstehst du selbst. Deshalb bin ich gekommen, um dich zu bitten, dass du nicht mehr durch unsere Sträucher läufst. Das ist unser Wohnort.«

»Das ist mein Weg, wenn ich Wasser trinken gehe«, entgegnete der Elefant.

»Nun, die Welt ist groß«, sagte Lerche. »Nimm einen anderen Weg, damit niemand zertreten wird.«

»Und wenn schon jemand zertreten wird, das macht nichts. Hundert Spatzen sind nicht so viel wert wie ein Elefant, aber ein Elefant ist ein Elefant.«

»Natürlich ist ein Elefant groß, aber uns ist das Leben genauso lieb und teuer, und wenn du richtig nachdenkst und gerecht bist, darfst du so etwas nicht sagen. Genauso wie du mit deinen Kindern in Ruhe leben möchtest, möchten auch wir in Ruhe leben. Ob es dir wohl gefiele, wenn jemand käme, dein Haus zerstören und deine Kinder obdachlos machen würde?«

Der Elefant antwortete: »Niemand kann es mit mir aufnehmen. Ich bin ein Elefant und mache, was ich will.«

»Täusche dich nicht. Wenn eine Tat ungerecht ist, kann jeder es mit jedem aufnehmen. Schau nicht auf deine Gestalt. Das Leben ist nur mit Fairness und Freundschaft angenehm, sonst können wir dir ebenfalls Qualen zufügen. Auch der Dichter hat gesagt: *Den Feind soll man nicht unterschätzen.*«

Der Elefant erwiderte: »Sieh mich zumindest an, wenn ich dir albernem Spatz eine Antwort gebe. Schluss mit dem Geschwätz, das Grasland gehört mir genauso.«

»Oh Elefant, sei nicht eigensinnig. Meine Worte sind vernünftig und alle wissen das. Du selbst weißt es auch. Ich bin gekommen, um dich zu bitten. Komm, sei uns barmherzig, sei dir selbst barmherzig und nimm einen anderen Weg, sonst endet es zu deinem eigenen Nachteil und wir stürzen dich in ein Unglück, das in die Geschichtsbücher geschrieben wird.«

»Wie gesagt«, beharrte der Elefant. »Macht nur, was immer ihr zustande bringt.«

»Na schön. Da du dich nun mit dieser großen Gestalt nicht schämst, die Spatzen zu quälen, wissen wir, was wir tun.«

Lerche kehrte zu den Spatzen zurück und erzählte ihnen die Geschichte. »Wir müssen uns jetzt bereit machen und den Elefanten aus dem Weg räumen.«

»Ja, wir machen den Elefanten fertig. Wir ziehen ihm das Fell über die Ohren«, antworteten die Spatzen. »Aber mal ehrlich, wir können ja nichts gegen ihn ausrichten.«

»Doch, können wir«, entgegnete Lerche. »Nach und nach, Schritt für Schritt bekommen wir's in den Griff und schaffen es. Das Recht ist auf unserer Seite. Den ersten Schritt tun wir, beim nächsten erhalten wir Hilfe von den Fröschen.«

Die Spatzen lachten. »Die Hilfe der Frösche, das ist ja noch interessanter. Die Frösche werden doch selbst zu Hunderten und Aberhunderten unter den Füßen des Elefanten kurz und klein getreten!«

Lerche sagte: »Ich habe mir alles überlegt. Natürlich können wir mit dem Elefanten keinen Ringkampf veranstalten. Selbst tausend Spatzen sind nicht so stark wie ein Elefant. Aber der Elefant kann nicht fliegen und er kann uns in der Luft nicht zertreten. Wir müssen fliegen und uns plötzlich alle zusammen auf seinen Kopf stürzen, ihn von links und rechts, von vorn und hinten angreifen und – wer es schafft und kann – ihn an den Augen verletzen. Wenn der Elefant blind ist, lässt sich der Rest leicht erledigen. Solange wir die Angelegenheit nicht in Ordnung gebracht haben, hat niemand das Recht zu ruhen. Also los, fangen wir an.«

Der Angriff der Spatzen begann. Sie umschwirrten den Elefanten, und bis er dazu kam, sich in Bewegung zu setzen, pickten sie ihm die Augen aus. Der Elefant sah nichts mehr.

Die Spatzen versammelten sich und meinten: »So, jetzt ist es noch schlechter. Der Elefant ist wütend und zertrampelt die ganze Wiese.«

Lerche antwortete: »Nein, jetzt sieht er nichts mehr und er ist durstig. Nun sind die Frösche an der Reihe, uns zu helfen.« Lerche rief die Frösche und erzählte ihnen die Geschichte von der Gewissenlosigkeit des Elefanten. Die Frösche sagten: »Wir wissen Bescheid. Wir werden auch selber von dem Elefanten gequält.«

»Also helft uns«, forderte Lerche sie auf. »Zur Hälfte haben wir die Sache schon erledigt, die andere Hälfte liegt bei euch. Handelt nach folgendem Plan.«

Lerche wies die Frösche an, sich zu versammeln, vor den Elefanten zu hüpfen und zu quaken. Der Elefant hatte Durst und dachte: Wo Frösche sind, ist auch Wasser. Da er nichts sah, begann er vorwärtszugehen. Die Frösche quakten ununterbrochen und rannten, bis sie zu einer großen, sehr tiefen Grube kamen, in der sich etwas Regenwasser gesammelt hatte. Sie hüpften von zwei Seiten an die Grube heran und quakten immerfort. Der Elefant folgte der feuchten Luft, bis er den Rand der Grube erreichte und hineinfiel. Herauskommen konnte er nicht mehr. Spatzen und Frösche beruhigten sich.

Dann sagte Lerche zu ihm: »Das ist die Strafe für den, der keine Gerechtigkeit übt, für das Leben der anderen kein Mitgefühl hat und sie gering schätzt. Jetzt bleib hier, damit ich so wie angekündigt dafür sorge, dass man die Geschichte von den Spatzen und dem Elefanten in die Geschichtsbücher schreibt.«

Die beiden Tauben

Es waren einmal zwei Tauben, die waren Nachbarinnen. Eine hieß Briefträgerin, die andere hieß *die Leichtfertige*.

Eines Tages verkündete die leichtfertige Taube: »Ich verreise heute mit dir gemeinsam.«

»Nein«, entgegnete die Brieftaube, »ich will ordentlich meiner Arbeit nachgehen, dabei kannst du mich nicht begleiten. Ich fürchte, dass es zu einem Malheur kommt und dir ein Unglück geschieht. Dann leidet auch mein Ruf.«

Die Leichtfertige antwortete: »Ehrlich gesagt können mich hundert flinke Tauben nicht beeindrucken und ich kann vierzig deinesgleichen belehren. Ich habe mit mehr verschiedenen Leuten zusammengelebt als du. Ich kenne alle Dächer, alle Verstecke, alle Taubennester, alle Gärten und Wüsten und ich bin viel geschickter als du. Wenn ich sagte, ich wolle verreisen, dann heißt das, ich fürchte mich vor nichts.«

»Genau das ist der Fehler«, meinte die Brieftaube, »sich nicht zu fürchten. Natürlich ist allzu viel Angst eine Quelle von Missgeschick, aber Eigensinn ist ebenso gefährlich. Wann immer sich Leute in Sorgen und Unheil verwickeln, passiert das aufgrund ihres Eigensinns, da sie sich einbilden, gewandter als andere zu sein, und dabei so dickköpfig sind, dass ihnen ein Unglück zustößt.«

Die Leichtfertige widersprach. »Nein, macht Euch überhaupt keine Gedanken. Ich habe meine Sinne beisammen und weiß immer, was zu tun und was zu lassen ist.«

Die Brieftaube gab nach. »Also gut, mach dich fertig. Du musst zu Hause Wasser trinken und Körner essen, und während du mich begleitest, darfst du dich mit keinem Fremden unterhalten.«

»Ich bin einverstanden«, sagte die Leichtfertige. Sie machten sich gemeinsam auf den Weg und flogen über Dächer, Taubennester und Tauben, über Städte, Gärten und Felder. Sie erreichten die Steppe und flogen und flogen bis zu einer Stelle, wo inmitten eines hügeligen Geländes einige vertrocknete Bäume standen. Die Leichtfertige meinte: »Es wäre gut, wenn wir uns ein paar Minuten auf die Bäume setzen und uns ausruhen würden.«

Die Brieftaube sagte: »Ich werde mich verspäten, aber wenn du sehr müde bist, habe ich nichts dagegen.« Sie setzten sich auf einen Baum und schauten sich um. Die Leichtfertige zeigte auf einen Fleck in einiger Entfernung und fragte: »Siehst du das? Hier gibt es Gras und Körner. Komm, lass uns essen.«

»Ich sehe es«, sagte die Brieftaube. »Es gibt grünes Gras und Körner, aber auch ein Netz.«

»Du bist sehr ängstlich. Du hast einmal davon gehört, dass man Körner zwischen die Gräser streut und Netze spannt, aber daraus folgt nicht, dass überall Netze sind.«

»Nein«, widersprach die Brieftaube, »ich bin nicht ängstlich, sondern vernünftig und weiß, dass in dieser verbrannten Salzwüste, in der ständig ein warmer Wind geht, keine Wiese wächst und keine Körner zu finden sind. Ein Jäger hat sie gestreut, um launische Vögel in die Falle zu locken.«

»Nun, vielleicht hat Gott seine Macht demonstriert und mitten in der Salzwüste eine Wiese entstehen lassen.«

»Wenn du grünes Gras und Körner siehst, schau genau hin. Sieh dir mal den Mann mit dem Basthut an, der da am Hügel sitzt. Fragst du dich nicht, was dieser Mensch dort sucht?«

»Nun, vielleicht ist er auf Reisen und müde geworden wie wir und hat sich ein wenig hingesetzt, um sich auszuruhen.«

»Warum nimmt er dann ab und zu seinen Hut in die Hand und schaut mal hierhin und mal dahin über die Wiese und die Wüste?«, fragte die Brieftaube.

»Nun, vielleicht nimmt er seinen Hut ab, damit ihn der Wind nicht wegweht. Und vielleicht schaut er in die Wüste, ob sich jemand als Weggefährte findet.«

Die Brieftaube antwortete: »Angenommen, alles verhält sich so, wie du sagst, aber siehst du nicht die Schnüre dort, die sich über dem Grün bewegen? Das ist ganz bestimmt ein Netz.«

»Vielleicht hat der Wind die Schnüre hergetragen und sie haben sich hier im Gras verfangen.«

»Sehr gut, aber auch wenn all das richtig wäre, was glaubst du wohl, woher in dieser Wüste, die von Wasser und Siedlungen weit entfernt ist, eine Handvoll Körner kommen?«, fragte die Brieftaube weiter.

»Es ist ja möglich, dass Körner aus dem vergangenen Jahr eben hier aufgegangen sind oder dass ein Kameltreiber vorbeigezogen ist und sie aus seinem Gepäck gerieselt sind. Du hast überhaupt nur Zweifel und deutest alles negativ. Wenn ein Vogel derart feige ist, bekommt er doch niemals Körner.«

»Mir scheint«, sagte die Brieftaube, »der Teufel ist dabei, dich in Versuchung zu führen, damit du in der Hoffnung, Körner zu picken, ins Netz gehst. Schließlich, meine Teure, meine Liebe, müsste eine wachsame Taube selbst so viel verstehen, dass all die Dinge nicht umsonst in dieser Wüste zusammengetroffen sind: der Mann mit dem Basthut, die Wiese, die unerwartet mitten in der trockenen Steppe auftaucht, die Fäden, die Handvoll Körner, die darunter verstreut sind. Das alles weist darauf hin, dass man ein Netz gespannt hat, um Vögel zu fangen. Warum bist du so störrisch, dass du dich für den Wunsch, etwas zu schmarotzen, in Schwierigkeiten bringen willst?«

Die Leichtfertige bekam ein wenig Angst und dachte sich: »Ja, es kann sein, dass ein Netz gespannt ist, aber wie viele Vögel gehen unter das Netz, um Körner zu essen, und laufen wieder heraus, ohne sich darin zu verfangen. Wie viele Netze sind so verrottet, dass die Vögel sie zerreißen. Wie viele Jäger gibt es, die Mitleid haben, wenn du sie anflehst, und dich freilassen. Und wie viele Zufälle gibt es, die den Jäger in Not geraten lassen. Zum Beispiel ist es möglich, dass er plötzlich in Ohnmacht fällt und stürzt und ich fliehen kann.«

So überlegte sie und sagte dann: »Weißt du was? Ich habe Hunger und will die Körner essen. Es ist gar nicht bewiesen, dass da eine Gefahr wäre. Ich werde nachsehen, und wenn es gefährlich ist, kehre ich um. Warte hier, bis ich zurück bin.«

Die Brieftaube antwortete: »Deine Gier macht mir Angst. Du bringst dich selbst in Schwierigkeiten. Hör auf meine Worte und verzichte auf dieses Experiment.«

»Was hast du? Du bist nicht für mich verantwortlich. Ich brauche auch keinen Anwalt und keinen Vormund. Ich gehe. Wenn ich zurückkomme, fliegen wir gemeinsam weiter. Wenn ich gefangen werde, mach dich aus dem Staub. Ich weiß schon allein, wie ich mich rette.«

»Es tut mir sehr leid, dass du nicht auf meinen Rat hörst«, sagte die Brieftaube.

»Das braucht dir nicht leidzutun. Rate dir selbst, da du so nichtsnutzig und unfähig bist. Du gehst für die Leute Briefe austragen und nimmst dir nicht einmal die Körner, die in Gottes Steppe herumliegen.«

So sprach die Leichtfertige und flog, um die Körner zu untersuchen. Als sie ankam, stellte sie fest, ja, es gab einen Haufen Schnüre und Nägel und Stacheln und dergleichen und etwas Gras und ein paar Weizenkörner.

Sie fragte die Schnur: »Was bist du?« Die Schnur antwortete: »Ich bin einer der Sklaven Gottes und vor lauter Frömmigkeit bin ich so mager geworden.« Sie fragte weiter: »Was ist mit den Nägeln und Stacheln?« – »Nichts, mit denen habe ich mich verbunden, damit der Wind mich nicht wegträgt.« – »Und woher stammt das Gras?« Die Schnur sagte: »Das habe ich gepflanzt, damit es Körner trägt und die Vögel fressen und mich segnen.«

»Sehr gut«, meinte die Leichtfertige. »Auch ich segne dich.« Sie trat vor und begann, Körner zu picken. Aber kaum hatte sie einige Körner heruntergeschluckt, als sich das Netz zusammenzog und sie festhielt. Der Jäger kam dazu und ergriff sie.

Die Leichtfertige rief: »Oh Jäger, ich habe es nicht eingesehen und nicht auf den Rat meiner Freundin gehört. Ich bin von den Körnern angelockt worden. Jetzt hab um Gottes willen Mitleid mit mir und lass mich frei.«

»So reden alle«, entgegnete der Jäger. »Welcher Vogel geht wohl mit Verstand und Absicht ins Netz? Aber ich bin Jäger und es ist meine Arbeit, Vögel zu fangen. Wenn du frei sein wolltest, wäre es gut gewesen, wenn du von Anfang an mit dir selbst Mitleid gehabt und dir, als du das Gras und die Körner sahst, Gedanken über das Ergebnis gemacht hättest. Sieh dir deine Gefährtin an, die oben im Baum sitzt. Sie hat die Körner ebenfalls gesehen, aber sie war nicht so leichtfertig wie du.«

Als die Brieftaube die Hoffnung auf eine Rückkehr der Leichtfertigen aufgegeben hatte, schlug sie mit den Flügeln und flog davon, um ihren Brief auszuliefern.

Der Leopard und der Mensch

Es war einmal eine Katze, die hatte aus dem Haus eines Bauern Fleisch gestohlen. Der Hausherr verfolgte sie mit einem Stock und die Katze flüchtete ins Gebirge. In jener Gegend streifte ein Bergleopard umher. Auf seinem Weg begegnete er der Katze und sah, dass ihre Gestalt wie die seinesgleichen war, sie sich aber vor ihm fürchtete und fliehen wollte.

Er rief die Katze: »Hey, warte mal, lass dich ansehen.«

Die Katze sagte: »Miau.«

»Aha«, meinte der Leopard, »schau nur, was für eine zarte Stimme sie hat. Mal sehen, ob du nicht zu unserer Familie gehörst. Also, wo ist denn dein kräftiger Körperbau? Warum bist du so hager und mager und schwach? Vertreter unserer Gattung müssen viel *klotziger* sein.«

Als die Katze bemerkte, dass jemand dabei war, sich für sie zu interessieren, schluchzte sie auf und begann zu weinen. »Du weißt nicht, in welche Not wir geraten sind.«

»Nun weine nicht«, sagte der Leopard. »Weinen ist etwas für Babys. Erzähl lieber, was für eine Not? Hast du vielleicht einen Feind, mit dem du nicht fertig werden kannst?«

»Wenn ich doch einen Feind hätte! Was ist schon ein Feind? Du weißt, dass der Hund ein Feind ist, deshalb fliehst du vor ihm. Doch was immer wir erleiden, erleiden wir durch den Freund.«

»Ich verstehe dich nicht«, sagte der Leopard. »Wer ist denn euer Freund?«

»Der Mensch«, antwortete die Katze.

»Der Mensch? Was für ein Etwas ist das, der Mensch? Ich habe den Namen noch gar nicht gehört. Warum seid ihr überhaupt mit dem Menschen befreundet?«

»Bei Gott, wir haben keine andere Wahl. Man hat uns aus der Steppe vertrieben und wir sind zahme Haustiere geworden. Wir sind in Dörfer und Städte übergesiedelt und haben uns daran gewöhnt, mit den Menschen zu leben. Aber die Menschen sind ganz furchtbar. Freundschaft und Feindschaft gelten bei ihnen nichts. Eines Tages bringt man uns ins Haus, damit wir Mäuse jagen, und wenn keine Maus zu finden ist und wir etwas anderes nehmen und essen, ergeht es uns schlecht. Zudem quälen die Kinder dieser Menschen unsere Kinder. Wenn wir Junge bekommen, haben wir in keinem Haus Ruhe. Ich weiß nicht, was ich sagen soll, von Mitleid und Gerechtigkeit haben sie keine Ahnung. Wir sind dabei, an den Menschen vor Kummer zu sterben. Glaub mir, wenn die Menschen euch Leoparden auch gefangen nehmen würden, wärt ihr noch unglücklicher als wir.«

Der Leopard erwiderte: »Was du nicht sagst! Ihr seid selber schuld, dass ihr euch an das Betteln gewöhnt habt, denn wenn es keine Menschen gäbe, gäbe es etwas anderes. Warum quält mich niemand? Ich an deiner Stelle würde, wenn sich jemand vor mir groß aufspielen wollte, ihm das Fell über die Ohren ziehen. Jetzt, wo du mich hast, sei nicht mehr traurig. Mal sehen, ob du mir den Menschen nicht zeigen kannst, damit ich mit ihm abrechne und mich für dich an ihm räche.«

»Natürlich kann ich ihn dir zeigen, aber der Mensch ist sehr gefährlich und niemand kann sich mit ihm messen.«

»Lass das meine Sorge sein. Geh voran, finde dieses Menschenpack und zeig es mir, damit ich es ausrotte.«

Die Katze sagte: »Bitte sehr, gehen wir. Aber gib gut auf dich acht.«

Nun liefen und liefen sie, die Katze voran und der Leopard hinterher, bis sie zu einem Feld kamen, wo ein Bauer dabei war, viele Äste von den Bäumen abzuschlagen.

Die Katze führte den Leoparden in die Nähe des Bauern und raunte: »Das ist der Mensch.« Ängstlich und zitternd zog sie sich in eine Ecke zurück.

Der Leopard brüllte den Landwirt an: »Oh verfluchter Satan, der sich Mensch nennt. Bist du es, der unsere Verwandten gefangen genommen und erniedrigt hat?«

»Ja«, sagte der Bauer, »der bin ich. Was wünschst du?«

»Welches Recht habt ihr, vor den Katzen den großen Mann zu spielen und sie ungerecht zu behandeln?«

»Die Größe ist unser Recht. Wir haben Geist, wir haben Verstand, wir haben Erfahrung und unsere Sinne haben wir beisammen. Von einer Katze ganz zu schweigen, können wir alle Tiere gefangen nehmen und niederhalten. Nicht nur eine Katze. Sei es ein Leopard, sei es ein Elefant, sei es, was es will. Aber wir sind nicht ungerecht und tun niemandem unnötig und grundlos etwas an.«

»Du bist sehr selbstzufrieden«, meinte der Leopard. »Wenn du die Wahrheit sagst, lass uns sofort miteinander abrechnen, damit die anderen es erfahren. Los, lass uns kämpfen! Lass uns ringen! Ich werde dir eine Niederlage bereiten, dass dir Hören und Sehen vergeht.«

Der Bauer sah, dass die Sache langsam brenzlig wurde und er dem Leoparden an Kraft nicht ebenbürtig war. Er überlegte und erwiderte dann: »Na schön, kämpfen wir. Ich habe allerdings gehört, dass du sehr mutig bist und unter allen Tieren niemand dem Leoparden gleicht.«

Der Leopard freute sich über das Lob und antwortete: »Sicherlich, ich kenne keinen, der mir überlegen wäre.«

»Sehr gut. Jemand, der sich allen überlegen fühlt, muss umso mehr Gerechtigkeit üben, er muss auch eine edle Gesinnung beweisen.«

»Genauso ist es«, bestätigte der Leopard. »Wir sind nicht so wie die Menschen, dass wir alle Welt gefangen nehmen und unterdrücken wollten. Uns nennt man Leoparden.«

»Nun, wenn du so vernünftig denkst, weißt du ja, dass du für den Kampf deine Krallen und Zähne mitgebracht hast, während ich meine Stärke nicht bei mir habe, und es von Gerechtigkeit weit entfernt ist, wenn einer bewaffnet und der andere unbewaffnet in den Wettkampf geht.«

»Das stimmt, wo hast du denn deine Stärke gelassen?«

»Zu Hause«, antwortete der Mann.

»Na gut, ich bleibe hier. Geh und hol sie und dann komm zurück.«

Der Bauer begann laut zu lachen. »Na, du bist mir ja ein spaßiges Tier. Mit all den leeren Drohungen bist du hierhergekommen und jetzt, wo du begriffen hast, dass du einem couragierten, mutigen Menschen gegenüberstehst, willst du mich austricksen und weglaufen, während ich gehe und meine Stärke hole. Glaubst du, ich würde das nicht durchschauen?

Wie gesagt, wir haben Geist, wir haben Verstand und wir haben Erfahrung.«

»Wir gehören nicht zu denen, die weglaufen«, entgegnete der Leopard.

»Doch, ich kenne die Tiere gut. Sie alle sind Lügner. Sie alle greifen die Schwachen an und fliehen vor den Starken. Besonders du, der du mit den Katzen verwandt und verschwägert bist. Auch die Katzen stehlen und machen sich dann aus dem Staub. Überhaupt besitzt kein einziges Tier Eifer und leidenschaftlichen Ehrgeiz.«

Das traf den Leoparden in seinem Ehrgefühl und machte ihn wütend. »Warum erhebst du solche unsinnigen Beschuldigungen? Ich bin doch hier. Wenn du willst, schwöre ich, dass ich nicht fliehe. Wenn du willst, gebe ich dir Brief und Siegel oder ich tue, was immer du möchtest.«

Der Mann erwiderte: »Ein Schwur ist nicht nötig. Brief und Siegel von Tieren sind nicht ein Körnchen Gerste wert. Wenn du die Wahrheit sagst und eine Spur von Tapferkeit besitzt und keine Angst hast und nicht fortlaufen willst, binde ich dich mit einer Schnur an diesen Baum, damit du nicht verschwindest, und gehe meine Stärke holen. Dann wird sich herausstellen, wer Größe und Erhabenheit besitzt.«

»Einverstanden«, antwortete der Leopard. Er stellte sich neben den Baum und der Bauer band ihn am Hals daran fest. Dann nahm er die große Bauernschaufel, stellte sich vor den Leoparden und fragte: »Hast du nun verstanden?«

»Was habe ich verstanden?«, fragte der Leopard zurück.

»Du sollst verstehen, was es bedeutet, gefangen genommen und niedergehalten zu werden! Jetzt hast du, solange du lebst, diese Schnur um den Hals. Wärst du ungefährlicher, so wie die Katze! Wärst du friedfertiger! Aber dass du kamst, um deine Stärke zu zeigen, war dein Unglück.« Der Leopard entgegnete: »Du wolltest doch deine Stärke holen!«

»Meine Stärke ist meine Sprache«, sagte der Mann, »und die Schnur und die Schaufel. Wenn ich dich töten will, mache ich dich mit dieser Schaufel fertig, ich werde aber etwas Schlimmeres tun, als dich zu töten. Ich sperre dich in einen Käfig, damit die Leute kommen, dich anschauen und lachen.«

»Du hast eine List angewandt. Das war nicht gerecht.«

»Ich habe dich nicht gerufen. Du kamst von selbst, um dich mit mir zu schlagen. Im Kampf teilt man keine süßen Wohltaten aus, der Kampf ist so. Und dass man dich nicht Schlauheit nennt, hat seinen guten Grund. Jeder, der besser nachdenkt, siegt. Ich sagte dir, dass wir Geist und Erfahrung haben.«

Dann ging der Bauer, um seine Freunde zu benachrichtigen, damit sie kämen, den Leoparden lebend ins Dorf brächten und ihn zur Schau stellten.

Der Leopard wandte sich an die Katze: »Ich bin auf üble Weise in die Klemme geraten. Offenbar hast du die Menschen besser gekannt. Sag mal, angenommen, ich mache mich, wenn dieser Mann zurückkommt, im Gegensatz zu meiner Leopardennatur ganz klein und bitte ihn flehentlich und rufe miau, miau wie du, ob er mich dann vielleicht laufen lässt?«

»Es tut mir sehr leid«, erwiderte die Katze. »Hättest du dich nicht zuerst wie der größte Leopard aufgeführt und dich dann doch von der Schmeichelei des Menschen einwickeln lassen, so würde es vielleicht etwas nützen. Jetzt ist es zu spät. Selbst wenn du dich kleiner machst als eine Maus und piep, piep statt miau, miau rufst, hilft es dir nichts mehr.«

Der Löwe und der Mensch

Es war einmal ein Löwe, der lag auf einer Lichtung im Wald und schaute seinen Kindern beim Spielen zu, als dort plötzlich eine Gruppe aufgescheuchter Affen und Schakale herangestürmt kamen.

»Was ist geschehen?«, fragte der Löwe. Sie sagten: »Nichts weiter, am Waldrand hat sich ein Mensch blicken lassen, wir haben uns gefürchtet.«

Der Löwe dachte: »Der Mensch ist bestimmt ein sehr großes Tier und meint, er sei allen überlegen.« Um sie zu trösten, antwortete er den Tieren: »Der Mensch hat eben keine Angst.«

»Das stimmt«, pflichteten ihm die Tiere bei. »Er hat keine Angst. Angst ist nämlich etwas Schlechtes, aber schließlich seid Ihr ihm bis jetzt nicht begegnet. Er ist einfach schrecklich und er ist der Mächtigste.«

Der Löwe lachte. »Beruhigt euch. Der Mensch ist doch nichts. Und wenn es der Riese *Ghul* wäre, solange ich hier bin, braucht ihr euch vor nichts zu fürchten.«

Freilich hatte der Löwe den Wald nie verlassen und nie in seinem Leben einen Menschen gesehen. Er glaubte, wenn er die Affen und Schakale fragte, was das sei, würden sie ihn auslachen und sein Ansehen würde schwinden. Ohne ein Wort zu verlieren, beschloss er für sich: »Morgen gehe ich los und suche so lange, bis ich diesen Menschen finde. Ich bringe seine Leiche mit und werfe sie hier hin, damit die Angst der Tiere aufhört.«

Am nächsten Morgen machte sich der Löwe allein auf den Weg in die Steppe. Er lief und lief, bis er in der Ferne einen Elefanten sah, und sagte sich: »Da es heißt, der Mensch sei schrecklich, muss er ein derartiges Etwas sein. Die große Gestalt ist bestimmt ein Mensch.«

Er ging zu dem Elefanten und sprach ihn an: »Hör mal, bist du ein Mensch?«

Der Elefant antwortete: »Nein, mein Lieber, ich bin ein Elefant. Ich bin selbst durch den Menschen in Bedrängnis geraten. Er nimmt uns Elefanten gefangen, bindet uns eine Sänfte auf den Rücken und reitet darauf. Mit einem Hammer schlägt er uns auf den Kopf. Dann fesselt er uns sogar mit einer Kette am Fuß oder er bricht uns die Stoßzähne aus und stürzt uns in tausend Arten von Unglück. Wir sind nun wirklich nicht mit Menschen vergleichbar.«

»Schon gut«, entgegnete der Löwe, »das wusste ich selbst. Ich wollte sehen, ob es dir nicht einmal einfällt, dir den Namen Mensch zu geben.«

»Zu Eurer Verfügung, Exzellenz. Das käme nie infrage, dass wir uns Menschen nennen.«

»Sehr schön, schwatz nicht so viel, scher dich weg«, sagte der Löwe und setzte seinen Weg fort, bis er ein Kamel von mächtiger Gestalt traf und sich dachte: »Vielleicht ist das der Mensch.« Er rief es und erkundigte sich: »Halt, warte mal, bist du ein Mensch?«

Das Kamel erwiderte: »Gott bewahre mich davor, dem Menschen ähnlich zu sein. Ich bin ein Kamel, fresse Dornbüsche, trage Lasten und werde selber vonseiten der Menschen gefangen gehalten und niedergedrückt. Sie laden hundert *Man* schwere Lasten auf meine Schultern und führen mich durstig und hungrig in die kargen Wüsten. Dann binden sie sogar unsere Vorder- und Hinterbeine zusammen, damit wir ihnen nicht weglaufen. Die Menschen trinken unsere Milch, scheren unsere Wolle und weben sich daraus Mäntel und Umhänge und sie verschonen selbst unser Leben nicht, sogar unser Fleisch essen sie.«

»Sehr gut«, sagte der Löwe, »das wusste ich schon. Ich wollte sehen, ob du nicht einmal Lust hast, dir den Namen Mensch zu geben und die Affen und Schakale zu erschrecken.«

Das Kamel sagte: »Das käme nie infrage. Ich kann keiner Fliege etwas zuleide tun, und wenn ein Affe oder ein Schakal an meinem Halfter zieht, gehe ich mit ihm. Ich bin ein Tier, das sich bemüht und ...«

Der Löwe unterbrach das Kamel: »Schon gut, schwatz nicht so viel, scher dich weg«, und er setzte seinen Weg fort, bis er eine Kuh traf. Er dachte sich: »Dieses Tier mit seinen Hörnern ist bestimmt ein Mensch.« Er ging zu ihr und fragte sie: »Gehörst du zur Familie der Menschen?«

Die Kuh antwortete: »Nein, mein Herr. Der Mensch hat doch keine Hörner. Ich bin eine Kuh und der Mensch macht mich unglücklich. Ich weiß nicht, wo ich mich beklagen soll. Er hält uns gefangen. Nachts bindet er uns im Stall fest und am Tage bringt er uns aufs Feld und wir sind gezwungen, den Boden zu pflügen, Getreide zu mahlen und das Rad der Ölmühle zu drehen. Dann geben wir auch Milch und am Ende töten sie uns sogar und essen unser Fleisch.«

»Ja, das wusste ich selbst«, sagte der Löwe. »Ich meinte, kommt dir nicht einmal der Gedanke, dir den Namen Mensch zu geben und kleinere Tiere zu erschrecken? Die Affen und Schakale sind ungebildet und fürchten sich vor dem Menschen.«

»Nein, mein Herr, die Sache ist die, dass ich mit diesen Hörnern ...«

Der Löwe unterbrach sie: »Schon gut, schwatz nicht so viel, scher dich weg.«

Er überlegte: »Also ist klar, dass der Mensch keine Hörner hat, und damit haben sich nun unsere Kenntnisse um ein Merkmal erweitert.« Damit setzte er seinen Weg fort, bis er einen Esel traf, der in Richtung Wüste galoppierte und Schreie ausstieß. Der Löwe dachte sich: Dieses Tier mit seiner groben

Stimme, dem Gerenne und seiner Ausgelassenheit ist bestimmt das, wonach ich suche. Er rief den Esel: »Hey, sag mal, bist du der, von dem es heißt, er sei ein Mensch geworden?«

Der Esel antwortete: »Nein, bei Gott, ich könnte niemals ein Mensch werden. Die Menschen haben mich vielmehr in tiefes Unglück getrieben. Deshalb bin ich von ihnen weggerannt. Sie sind sehr grausam, und sobald sie ein Tier erwischen, lassen sie es nicht mehr in Ruhe. Sie fangen uns ein, packen uns Lasten auf den Rücken und steigen auch noch selber auf. Dann nennen sie uns Langohr, machen sich über uns lustig und behaupten, solange es Esel gebe, dürfe man nicht zu Fuß gehen. Die Menschen sind so unbarmherzig und quälen die Leute, dass sogar ihr eigener Dichter erklärt hat:

Kühe und Esel, die Frachten tragen,
    sind besser als Menschen, die andere plagen.«

»Sehr gut«, sagte der Löwe, »ich wusste schon, dass du ein Langohr bist. Allerdings bin ich unterwegs, um festzustellen, was die Menschen an vernünftigen Worten haben.«

»Aber mein Herr, Ihr müsst auf Euch achtgeben ...«, warnte ihn der Esel.

Der Löwe schnitt ihm das Wort ab. »Schon gut, schwatz nicht so viel, scher dich weg. Ich weiß, was ich zu tun habe.«

Der Löwe fand es indessen sehr erstaunlich, dass alle Tiere Respekt vor dem Menschen hatten. Sollte er etwa ein noch größeres Tier sein als der Elefant, das Kamel, die Kuh und der Esel? Als er ein Stück weiterging, traf er ein Pferd, das an einen Baum gebunden war und Gerste aus einem Futtersack fraß. Der Löwe näherte sich dem Pferd und fragte: »Wer bist du? Ich suche nach dem Menschen.«

»Pst, sprich leiser, sonst hört er dich«, raunte das Pferd. »Er ist sehr gefährlich. Nur du kannst dich vielleicht für uns an den

Menschen rächen. Sie fangen uns ein, legen uns Zaumzeug und Zügel an, führen uns in den Krieg und nehmen uns zur Jagd mit. Sie reiten auf uns und zwingen uns zur Lauferei. Sie haben uns gedemütigt und geschunden. Schau, wie man mich an diesen Baum gebunden hat.«

»Du bist selber schuld«, entgegnete der Löwe. »Du hast Zähne, zerreiße dein Zaumzeug und geh. Steppen und Wälder liegen vor dir.«

Das Pferd antwortete: »Ja, das ist richtig. Was soll ich sagen? In der Steppe und im Wald gibt es Löwen und Wölfe und Leoparden. Wenn du es ehrlich meinst: Da drüben auf dem Feld gibt es einen Menschen.«

»Du hast von Löwen und Leoparden gesprochen. Schade, dass ich etwas Wichtigeres zu tun habe, sonst wüsste ich, was ich mit dir mache, aber heute will ich für alle Tiere am Menschen Rache nehmen.«

Der Löwe lief noch ein Stückchen weiter und kam zu einem Bauernhof. Dort sah er einen Mann, der damit beschäftigt war, Holz zusammenzubinden, und einen Jungen, der ihm dabei half und Äste bündelte.

Der Löwe dachte sich: »Klar, dass auch diese Armseligen keine Menschen sind. Nun, es schadet nichts, wenn ich einmal nachfrage. Die Frage ist der Schlüssel zum Wissen.« Er ging zu dem arbeitenden Mann. »Bist du der Mensch?«

Der Arbeiter fürchtete sich und antwortete: »Ja, der bin ich, Euer Exzellenz, Herr Löwe. Ich erkundige mich immer und überall nach Eurem Wohlbefinden.«

»Sehr schön«, entgegnete der Löwe, »ich bin aber gekommen, weil ich wissen will, ob du es bist, der die Tiere quält und vor dem alle Angst haben.«

Der Mann erwiderte: »Zu Eurer Verfügung, Euer Exzellenz, Herr Löwe. Ich und quälen? Wer hat Euch so etwas erzählt? Wenn sich jemand vor uns fürchtet, dann ist er feige.

Eigentlich bin ich sogar selbst der Diener aller Tiere. Ich arbeite für sie. Überhaupt ist die Dienstleistung unsere Beschäftigung. Die Leute sind höchst ungerecht und kennen nicht den Wert des Menschen. Warum solltet Ihr dem Gerede der Leute glauben? Das passt gar nicht zu Euch, Ihr seid das Oberhaupt und der Chef von allen und müsst doch äußerst vernünftig sein.«

»Ich habe festgestellt, dass alle, Elefant und Kuh und Esel, Kamel und Pferd, sich über dich beklagen. Affen und Schakale fürchten sich vor dir und alle sagen, der Mensch hat uns ins Unglück gestürzt.«

»Bei Eurem werten Leben, glaubt mir, dass sie Euch die Unwahrheit berichtet haben. Gerade der Elefant, obschon er ein Tier mit gewaltigem, unförmigen Körper ist, müsste über meine Freundlichkeit beschämt sein. Wir bringen dieses wilde

Wüstentier in die Stadt, machen es mit den Menschen bekannt, geben ihm Gras, wir nehmen es in den zoologischen Garten auf. Gerade das Kamel behüten wir, füttern es, richten ihm ein Haus ein. Was nützt es, wenn seine Wolle lang wird? Wir stellen aus der Kamelwolle Kleidung für die armen Frierenden her. Für das Pferd fertigen wir Sattel und Zaumzeug aus Gold und Silber an und schmücken es wie eine Braut. Außerdem zwingen wir niemanden zur Arbeit. Die Kuh und den Esel nehmen wir mit und lassen sie in der Wüste frei. Gleichwohl laufen sie von sich aus geradewegs in den Stall. Wenn also jemand unzufrieden ist, warum kehrt er dann von selbst zurück? Ihr habt ihre Worte in der Einsamkeit gehört, doch wenn Ihr wollt, dass es hier ein Pferd gibt, bringe ich es her und lasse es frei, wenn es bereit ist, in den Wald zu gehen. Was immer Ihr sagt, ist mir recht. Beachtet bitte, dass wir niemals Gepäck auf den Rücken eines Löwen oder Leoparden laden, da sie damit nicht einverstanden sind. Wir haben nicht die Macht, jemandem zu befehlen. Wie könnt Ihr überhaupt glauben, dass ich mit diesem schwachen Körper imstande wäre, einen Elefanten zu quälen? Ich, den er mit einem Fausthieb zur Strecke bringt.«

Der Löwe antwortete: »Ja, du verstehst es, schöne Worte zu machen.«

»Schöne Worte sind zwar kein Beweis«, sagte der Mann, »aber auch unsere Taten sind gut. Glaubt mir, wir tun für die Leute, was wir können. Gerade eben heute kam mir die Idee, Euch einen Dienst zu erweisen und den Vorschlag zu machen, ein Haus für Euch zu bauen. Schließlich seid Ihr das Oberhaupt der Tiere und alle sind Euch sehr zu Dank verpflichtet.«

»Wie ist denn so ein Haus?«, fragte der Löwe.

»Mit Eurer Erlaubnis werde ich es gleich jetzt errichten, damit Ihr, bitte sehr, erkennt, was für gutmütige Leute wir sind. Ruht Euch doch, bitte sehr, ein paar Minuten im Schatten der Bäume aus.«

Der Mann rief seinen Lehrling zu sich und trug ihm auf, Bretter, einen Hammer und Nägel zu holen.

Der Junge brachte die Tischlerutensilien herbei und der Mann baute damit sofort einen großen Käfig. Dann sagte er zu dem Löwen: »Bitte sehr. Das ist das Haus. Es hat den Vorteil, dass Ihr, wenn Ihr von niemandem gestört werden wollt, hineingehen, die Tür schließen und in Ruhe schlafen könnt. Oder Ihr hütet darin Eure Kinder. Und wenn Ihr Euch in dem Haus aufhaltet, seid Ihr vor Regen und Schnee geschützt und die Sonne scheint Euch nicht auf den Kopf. Und wenn sich vom Berg ein Stein löst, überrollt er Euch nicht. Und wenn Wind aufkommt und einen Baum umstürzt, bleibt er auf dem Dach des Hauses liegen und erschlägt Euch nicht. Auch wir wohnen stets in solchen Häusern, und für Euch, der Ihr der Chef und das Oberhaupt der Tiere seid, ist es sehr geboten, ein Haus zu haben. Natürlich kann man jede Art von Häusern bauen, kleine und große. Jetzt tretet ein, bitte sehr, damit ich sehe, ob es die richtige Größe für Euch hat.«

Was immer der Löwe erwog, der Mensch schien ihm nichts Schreckliches zu sein, sondern sogar sehr liebenswürdig. Deshalb betrat er den Käfig ohne Furcht und Scheu. Sofort schloss der Tischler die Tür und sagte: »Wenn es Euch beliebt, zeige ich Euch die Kunstfertigkeit des Menschen.«

Leise wies der Mann den Lehrling an: »Zünde hinter dem Käfig ein kleines Feuer an, gieß Wasser in den Kessel und setz ihn auf, bis es kocht, und sobald ich rufe, bring mir den Wasserkessel.«

Dann trat er an den Käfig und unterhielt sich mit dem Löwen: »Ja, dass es heißt, der Mensch sei ein gewisser Jemand, liegt daran, dass seine Gestalt sehr schwächlich ist, aber der Verstand des Menschen funktioniert besser als der aller Tiere. Ihr habt den Menschen zu wenig ernst genommen, da Ihr Euch aus dem Wald auf den Weg gemacht habt und gekommen seid,

um ihm das Fell über die Ohren zu ziehen. Der Mensch hat hunderterlei Dinge erfunden, die ihm nützlich sind und seinen Feinden schaden. Natürlich haben wir keine Klauen und Zähne, aber wir haben etliches, was hundertmal gefährlicher ist als Eure Klauen und Zähne, und wenn sich alle Tiere vor uns fürchten, dann wegen dieser Dinge. Jetzt verpasse ich dir mit einem kleinen, unbedeutenden Wasserkessel einen solchen Denkzettel, dass du es dein Leben lang nicht vergisst und dir das Verlangen nach Rache vergeht.« Dann rief er laut:
»Junge, bring den Wasserkessel.«
Der Mann ergriff den Kessel mit dem kochenden Wasser und begann, es von dem Käfig herab über Kopf und Körper des Löwen zu gießen.

Der Löwe brüllte und versuchte alles, um sich zu befreien, doch sosehr er sich anstrengte, die Kiste war fest verschlossen. Als schließlich sein ganzer Körper von dem kochenden Wasser brannte, seine Haut Blasen warf und er kurz davor war, den Geist aufzugeben, sagte er: »Was immer ich verstehen sollte, habe ich verstanden. Jetzt lass mich frei und ich gehe.«

»Ja«, sagte der Mann, »ich kann dich in diesem Käfig halten, ich kann dich vernichten, ich kann dir das Fell gerben, aber das werde ich nicht tun, denn du sollst die Nachricht in den Wald tragen, damit die Tiere den Wunsch nach einer Kraftprobe mit den Menschen aufgeben. Ich öffne dir sogar persönlich die Käfigtür, doch falls du bösartige Absichten hegst, habe ich noch hundert andere Mittel, die schlimmer sind als der Wasserkessel, und dann trägst du allein die Verantwortung für dein Leben.«

Der Mann öffnete den Käfig und in seiner Angst ergriff der Löwe die Flucht und sah sich nicht einmal mehr um. Er lief in den Wald, und da sein ganzer Leib brannte, stöhnte er. Drei Löwen, die im Wald lebten, sahen ihn und fragten: »Was ist passiert, warum geht es dir so schlecht?«

Der Löwe erzählte ihnen die Geschichte und sagte: »Das alles hat mir der Mensch angetan.«

Die anderen Löwen antworteten: »Du hast ganz umsonst mit dem Menschen gesprochen und dich von ihm täuschen lassen. Du hättest ihn von vornherein fertigmachen sollen, als das Haus und der Wasserkessel noch nicht hergerichtet waren. Jetzt komm, lass uns gehen und uns an ihm rächen. Der Mensch hat dich eingefangen, als du allein warst. Man darf dem Feind nicht allein gegenüberstehen. Wären wir zusammen gewesen, dann wäre es nicht so weit gekommen.«

»Also gehen wir«, sagte der Löwe.

Die drei Löwen mit frischem Mut voran und der verbrühte Löwe hinterher machten sich im Laufschritt auf den Weg zu dem Feld. Der Tischler selbst war nach Hause gegangen und sein Lehrling war damit beschäftigt, das Werkzeug einzusammeln, als die Löwen eintrafen. Der Knirps begriff, worum es ging, und sah, dass die Lage gefährlich war. Geschwind kletterte er auf einen Baum und setzte sich auf einen Ast.

»Was sollen wir jetzt machen?«, fragten die Löwen, als sie unter dem Baum ankamen. Der verbrühte Löwe schlug vor: »Da ich mich vor dem Menschen fürchte, stelle ich mich unten an den Baum, ihr setzt eure Pfoten auf meine Schultern, einer steigt auf den anderen und dann zieht ihr ihn herunter, damit wir ihm gemeinsam die Quittung erteilen.«

»Also los«, sagten sie. Der verbrühte Löwe stellte sich unter den Baum und die anderen Löwen stiegen hinauf und übereinander, sodass der Baum klein wurde. Der Tischlerlehrling sah, dass ihn die Löwen beinahe erreichten und er keinen Fluchtweg hatte. Plötzlich kam ihm ein Gedanke, er erinnerte sich an die Worte seines Meisters und schrie: »Junge, bring den Wasserkessel.«

Der verbrühte Löwe, der das Geheimnis des Wasserkessels erfahren hatte, erschrak, lief unter den anderen Löwen weg und rannte davon. Die übrigen Löwen purzelten übereinander und der verbrühte Löwe schrie, während er das Weite suchte: »Lauft, sonst seid ihr verloren.«

Sie rannten hinter ihm her und riefen: »Warum bist du fortgelaufen? Wir hätten ihn beinahe erwischt.«

Der Löwe antwortete: »Ich weiß etwas, was ihr nicht wisst. Ich kenne alle Geheimnisse des Menschen, und sobald er sagt: ›Bring den Wasserkessel‹, ist es aus. Das Unglück, das mir zugestoßen ist, rührt daher, dass wir keine Wasserkessel herstellen können. Die Menschen wissen mehr als wir, und wer mehr weiß, hat auf jeden Fall die größere Macht.«

Der Esel und die Kuh

Es war einmal ein Bauer, der hatte einen Esel und eine Kuh, die bei ihm zusammen im Stall standen. Den Esel hielt er sich zum Reiten, aber die Kuh nahm er immer mit in die Steppe, spannte sie ins Joch und ließ sie den Acker pflügen. Zur Zeit des Dreschens band er sie ans Dreschrad und zwang sie zur Arbeit.

Eines Tages war die Kuh sehr müde, und als sie nach Hause kam, führte sie Selbstgespräche und murrte vor sich hin.

»Wieso bist du so unzufrieden und führst Selbstgespräche?«, fragte der Esel.

»Ach nichts«, antwortete die Kuh. »Ihr Esel kennt nicht unser Herzeleid. Wir sind viel unglücklicher als ihr.«

»Was du nicht sagst. Du trägst Lasten und wir tragen Lasten. Einer hat es nicht besser oder schlechter als der andere. Da ist kein Unterschied.«

Die Kuh widersprach. »Doch, da ist ein großer Unterschied. Die Esel setzt man zum Reiten ein und für den Transport, aber sonst hat man keine Arbeit für euch, während wir das Land pflügen müssen, in der Erntezeit das Dreschrad ziehen, die Ölmühle drehen und Milch geben. Und letzten Endes machen wir sogar mit dem Fleischer Bekanntschaft. Gerade heute habe ich so viel gepflügt, dass mir vom Druck des Pflugs die Flanken wehtun. Ich weiß nicht, welche Sünde ich begangen habe, dass ich in derartige Schwierigkeiten geraten bin.«

Der Esel bekam Mitleid. »Du hast recht. Möchtest du, dass ich dir etwas beibringe, damit man dich nicht mehr in die Steppe mitnimmt und du dich vom Pflügen erholen kannst?«

»Ich weiß nicht«, entgegnete die Kuh. »Es heißt, Esel verstehen nicht viel, und ich fürchte, du lehrst mich etwas Dummes, was dann zu meinem Nachteil endet.«

»Nein, Schwesterchen, wir sind nicht solche Esel, wie die Leute behaupten, und genau deshalb spannt man uns auch nicht vor den Pflug und lässt uns nicht im Kreis laufen. Jetzt probiere einmal meinen Rat aus und warte ab, was passiert. Soweit ich weiß, bürden die Menschen schwere Arbeiten den starken und gesunden Rindern auf, und je besser du arbeitest, desto mehr verlangen sie von dir. Meiner Meinung nach musst du vorgeben krank zu sein, jammern und stöhnen und das Laufen einstellen. Selbst mit Gewalt kann niemand einen anderen zur Arbeit zwingen.«

»Na ja«, meinte die Kuh, »dann nehmen sie den Stock und schlagen mich.«

»Meines Erachtens ist es besser, ein paar Prügel einzustecken, als so viel zu arbeiten. Überhaupt muss man sich vor jedem Schritt hüten. Wenn sie morgens kommen, um dich in die Steppe zu bringen, musst du dich auf eine Seite auf den Boden legen und laut muh, muh brüllen. Auch wenn sie dich ein bisschen mit der Gerte schlagen, sobald sie sehen, dass du dich nicht von der Stelle bewegst, lassen sie dich in Ruhe.«

»Das ist wahr. Trotz all deiner Unwissenheit hast du das gut erkannt«, lobte ihn die Kuh.

Am nächsten Morgen streckte sich die Kuh auf einer Seite auf der Erde aus und begann zu jammern und zu stöhnen. Sosehr sich der Bauer bemühte, er konnte sie nicht auf die Beine bringen. Notgedrungen verließ er den Stall, um sich etwas anderes zu überlegen.

»Habe ich es nicht gesagt!«, triumphierte der Esel. »Siehst du, was ich dir Gutes beigebracht habe? Behaupte noch einmal, Esel würden nichts verstehen!«

Einige Minuten vergingen, dann kehrte der Landwirt, der keine andere Kuh gefunden hatte, in den Stall zurück, legte dem Schlaukopf das Zaumzeug und die Zügel an und führte ihn nach draußen. Im Hinausgehen ermahnte der Esel die Kuh: »Vergiss nicht, dass du dir bis zum Abend weiterhin den Anschein geben musst, krank zu sein, sonst kommen sie vielleicht noch mitten am Tage und schicken dich in die Steppe.«

Die Kuh antwortete: »Ich danke Euch für die Unterweisung. Gott schenke Euch Ruhm und ein langes Leben.«

An diesem Tag brachte der Bauer den Esel anstelle der Kuh in die Steppe, spannte ihn ins Joch und pflügte bis zum Abend den Acker.

Der Esel dachte bei sich: »So habe ich der Kuh etwas Gutes geraten und werde dafür selbst gebraten. Wahrhaftig, was für ein Esel bin ich nur. Soll mir bloß jemand sagen: Es ging dich doch nichts an. Was hattest du Ratschläge zu erteilen?«

Der Esel arbeitete ein wenig und dachte dabei immer an die Kuh. Von der Arbeit wurde er müde, er bereute seinen Tipp und wiederholte: »Was für ein Esel bin ich nur.« Gegen Mittag wurde er sehr müde und sagte sich: »Gut wäre es, wenn ich jetzt auch meinen eigenen Rat gebrauch.« An Ort und Stelle legte er sich hin und schrie sein iah, iah.

Der Landwirt nahm ein Holz und begann, den Esel zu schlagen. »Dummer Esel, du siehst, dass die Kuh krank ist, da wirst du wohl ebenfalls faul. Auf die Kuh nehme ich Rücksicht wegen ihrer Milch, aber dich erziehe ich mit dem Stock. Weder deine Milch noch dein Fleisch taugen etwas. Wofür also frisst du das Stroh und die Gerste? Wenn du nicht einmal an diesem einen Tag arbeitest, ist es besser, dich loszuwerden.«

Der Esel sah, dass die Lage sehr bedrohlich war. Er stand auf und bewegte sich, zuerst nur ein wenig und unwillig, konzentrierte sich dann aber auf die Arbeit und brachte seine Sache bis zum Abend zu Ende. Und fortwährend dachte er: »Was für ein Esel bin ich nur, bin selber schuld an der Tortur. Ich muss mit einer List versuchen, die Kuh wieder in die Steppe zu schicken.«

Es wurde Nacht und der Esel kam in den Stall, und weil er nicht wollte, dass die Kuh sah, wie müde er war, murmelte er genauso, wie es immer seine Gewohnheit war: »Was für ein Esel bin ich, was für ein Esel bin ich.«

Die Kuh hörte das und meinte: »Nein, du bist überhaupt kein Esel, und vor allem war das, was du mich heute gelehrt hast, sehr nützlich.«

»Du weißt nicht alles«, antwortete der Esel. »Du hast es gerade verstanden, hier im Stall zu liegen, aber ich habe heute etwas erfahren, was mich deinetwegen sehr traurig macht.«

»Siehst du, wenn du in die Steppe gegangen bist, weißt du jetzt, wie schwierig es ist, den Boden zu pflügen«, erwiderte die Kuh.

»Ganz im Gegenteil, ich habe gesehen, dass die Arbeit kein Problem ist. Sie war sogar sehr erholsam. Aber ein anderes

Thema betrübt mich. Ich fürchte, wenn ich es dir verrate, wirst du dich aufregen.«

»So? Welches Thema?«, fragte die Kuh. »Sprich nur, du brauchst keine Angst zu haben, ich werde mich schon nicht aufregen.«

»Ach nichts, unser Herr hat heute Nachmittag zu seinen Freunden gesagt, der Esel sei für die Arbeit in der Steppe viel besser zu gebrauchen. Zudem sei die Kuh krank und er fürchte, er werde sie verlieren. Er wolle die Kuh morgen an den Schlachter verkaufen, damit wenigstens ihr Fleisch nicht *haram* wird.«

Dann fuhr der Esel fort: »Aber glaube mir, ich wollte dein Bestes und hatte keine böse Absicht, als ich dir riet, du solltest dich ausruhen. Ich wusste ja nicht, dass ihm der Fleischer in den Sinn kommen würde. Wenn du es aber trotzdem für richtig hältst, ruh dich noch ein paar Tage aus.«

Die Kuh hatte Angst und sagte: »Nein, der eine Tag genügt. Ich wusste immer, dass der Ratschlag eines Esels für die Kuh nichts taugt. Morgen gehe ich wieder arbeiten.«

Der Esel atmete auf. »Auf jeden Fall bin ich bereit, jederzeit, wenn du es möchtest, in die Steppe zu gehen. Die Steppe ist wunderbar, Pflug und Dreschrad sind auch ganz ausgezeichnet.«

»Das wusste ich schon selbst, du hast mich getäuscht. Ich wusste, dass die Steppe und der Pflug und die Arbeit viel besser sind als der Schlachter.«

»Nun komm und sei gütig!«, bat der Esel. »Ich wusste schon, dass ihr Kühe das Wohlwollen nicht zu schätzen wisst.«

Am nächsten Morgen führte der Bauer die Kuh in die Steppe und rief seinem Sohn zu: »Nimm du auch einen Pflug und arbeite mit dem Esel. Und nimm einen Knüppel mit, damit es ihm nicht einfällt, faul zu werden.«

II. Kapitel

Fünf Fabeln

Der Fuchs und das Zicklein

Es war einmal ein Fuchs, der streifte eines Tages in der Steppe umher und sah dort eine Schafherde weiden. Der Fuchs war sehr hungrig und dachte: »Wenn ich mir doch ein Schaf schnappen könnte! Aber ich werde nicht mit ihnen fertig. Das ist etwas für Wölfe und Löwen und Leoparden.« Der Fuchs war noch mit diesem Gedanken beschäftigt, da ließ ihn der Ruf eines Wildvogels aufhorchen. Er folgte der Stimme und erreichte den Waldrand. Auf der Suche nach dem Vogel lief er durchs Unterholz und auf einmal bemerkte er ein Rascheln hinter den Bäumen. Als er zwischen den Stämmen hindurchschaute, sah er, dass es ein Elefant war. Der Elefant schritt auf einem schmalen Pfad, der durch den Wald führte, und von der anderen Seite näherte sich ein Löwe.

Als der Löwe und der Elefant einander erreichten, blieben beide stehen. Der Löwe sagte: »Geh zur Seite, lass mich vorbeigehen«

Der Elefant antwortete: »Geh du zur Seite, damit ich vorbeikomme, und überhaupt: Verschwinde aus meinem Revier.«

»Anweisungen erteile ich dir«, erwiderte der Löwe. »Ich befehle dir: Geh zur Seite. Ich bin ein Löwe und verlasse kein Revier von irgendwem.«

Der Elefant sagte: »Deine Anweisung ist vergebens, sei ein Löwe, soviel du willst. Ich bin nämlich ein Elefant, ich bin größer und erwarte Respekt.«

Der Löwe widersprach. »Größe hängt nicht von der Gestalt ab, sondern Respekt verdient, wer sich selbst respektiert. Wenn du groß wärst und geachtet würdest, ließest du es nicht zu, dass man eine Sänfte auf deinen Rücken bindet und darauf reitet.

Respekt verdiene ich, denn selbst dann, wenn ich gefangen werde, bleibe ich trotzdem ein Löwe und alle fürchten sich vor mir.«

»Wie auch immer, wir gehören nicht zu denen, die sich fürchten.«

»Ich schlage eine Pranke auf deinen Rüssel und die Rechnung ist beglichen.«

»Ich schlage eine Faust auf deinen Kopf und du bist unter die Erde gewichen.«

Der Löwe wurde wütend und sprang auf den Elefanten zu, um ihn zu schlagen. Der Elefant aber schlang seinen Rüssel um den Bauch des Löwen, hob ihn hoch und warf ihn mitten in den Wald. Dann bahnte er sich seinen Weg und ging.

Der Löwe fiel zwischen die Bäume und stieß mit dem Kopf gegen einen Stamm. Er sagte: »Oh, mein Kopf«, und verlor das Bewusstsein.

Der Fuchs hatte zugeschaut, doch ihm fehlte der Mut, sich bemerkbar zu machen. Als der Löwe ohnmächtig wurde, dachte der Fuchs: »Sie waren beide anmaßend, aber jetzt ist es Zeit, dass ich darangehe, dem Löwen zu schmeicheln und mich beliebt zu machen.«

Kurz darauf kam der Löwe zu sich und kroch zwischen den Bäumen hervor. Im Sonnenschein streckte er sich aus. Er war über die Schmach, die er erlitten hatte, sehr bestürzt.

Der Fuchs ging zu ihm und sagte: »Guten Tag, ich grüße Euch. Ich habe Euch aus der Ferne gesehen und angenommen, Gott bewahre, Euch sei unwohl. Hoffentlich ist es nichts Ernstes.«

Der Löwe fürchtete, der Fuchs habe seine Niederlage beobachtet. Er fragte: »Woher weißt du, dass ich unpässlich bin?«

Der Fuchs antwortete: »Ich habe ein wenig Medizin studiert und lese den Leuten ihr Unwohlsein vom Gesicht ab, ich hoffe indessen, ich habe mich geirrt und es geht Euch wie immer gut.«

»Hast du hier in der Gegend nicht einen Elefanten gesehen?«, fragte der Löwe.

Der Fuchs verneinte. »Solange Ihr da seid, wagt es der Elefant niemals, sich hier blicken zu lassen.«

Als der Löwe sah, dass sein Ansehen keinen Schaden genommen hatte, sagte er: »Bravo, du bist ein sehr kluger junger Mann. Du hast schon richtig erkannt, dass ich seit einiger Zeit in schlechter Verfassung bin und nicht jagen kann. Daher bin ich sehr schwach geworden. Doch woher stammst du und aus welcher Familie?«

»Ich lebe in diesem Wald«, gab der Fuchs Auskunft. »Mein Vater hieß *Orchidee* und war Eurer Familie sehr ergeben. Wir fressen immer von den Resten der Löwenjagd.«

Der Löwe sagte: »Ja, *Orchidee* kannte ich, er war mein Freund und hat mir sehr gut gedient. Du bist zur rechten Zeit gekommen. Wie die Dinge derzeit liegen, könntest du mir einen Gefallen tun?«

»Ich stehe Euch zur Verfügung, mit Leib und Seele, lieber Löwe.«

»Ich danke dir. Schau, ich kann in dem Zustand nicht laufen. Wenn aber eine Beute, irgendetwas hier in der Nähe wäre, dann könnte ich es packen, und sei es ein Elefant!«

»Sicherlich könnt Ihr das«, pflichtete der Fuchs ihm bei, »aber Elefantenfleisch ist ungenießbar.«

»Ja, jedenfalls heißt es, der Fuchs sei sehr schlau. Wenn du mit schönen Worten ein leichtgläubiges Tier hierherlocken kannst, werde ich deine Mühe reichlich belohnen. Dein ehrwürdiger Vater hat es sein Leben lang ebenso gehalten.«

Der Fuchs antwortete: »Natürlich, auch ich kenne meine Pflicht genau. Für Euch hat das Fleisch eines Zickleins gerade die richtige Beschaffenheit. Ich werde jetzt alles, was ich nur an List besitze, anwenden, um ein kleines Zicklein hierherzubringen. Ihr müsst freilich versuchen, wenn ich mit jemandem zurückgekehrt bin, ruhig und reglos zu bleiben und Euch mucksmäuschenstill zu verhalten, bis ich Bescheid gebe.«

»Ist klar«, meinte der Löwe. »Aber bemüh dich, auch eine Kuh zu finden, und beeil dich.«

»Solange ich nach jemandem Ausschau halte, der sich täuschen lässt, einstweilen lebe wohl.« Der Fuchs lief schnurstracks zu der Schafherde. Aus Angst vor der Menge, vor dem Hund und dem Hirten versteckte er sich hinter den Bäumen und wartete, bis sich ein Zicklein von der Herde entfernte und in seine Richtung lief. Der Fuchs nahm einige Grashalme ins Maul und begann, auf und ab zu springen und sich im Kreis zu drehen.

Das Zicklein beobachtete ihn von Weitem und sein Spiel gefiel ihm. Es näherte sich und sagte lachend: »Du bist sehr fröhlich!«

»Warum soll ich nicht fröhlich sein«, entgegnete der Fuchs. »Worüber soll ich mir Sorgen machen? Die Welt ist so groß und es gibt Wasser und Gras im Überfluss. Ich fresse und spiele so vor mich hin. Leute, die viel nachdenken und immer herumsitzen und traurig sind, mag ich nicht. Ich liebe es, einfach zu spielen, zu lachen und fröhlich zu sein.«

Das Zicklein sagte: »Das ist richtig, Spiel und Fröhlichkeit! Aber schließlich gibt es in der Steppe Wölfe und Leoparden, es gibt Feinde. Man muss an sein Leben denken und Sorglosigkeit ist nicht gut.«

»Lass diese Reden«, erwiderte der Fuchs. »So sprechen Greise und Alte und Unfähige. Die kurze Zeit des Lebens muss man sich vergnügen. Wölfe und Leoparden, was für Tiere sind das eigentlich, hast du schon jemals einen Wolf und einen Leoparden gesehen?«

»Nein, habe ich nicht, aber es gibt sie«, sagte das Zicklein.

»Nein, es gibt sie nicht. Das sind alles Lügen. Solche Dinge bringt der Hirte den Leuten bei, um die Zicklein zusammenzuhalten.«

Das Zicklein fragte: »Willst du also behaupten, dass niemand einem anderen ein Leid zufügt?«

»Doch, aber zu viel Angst hilft auch nicht. Genauso hast du dich vielleicht vor dem Fuchs gefürchtet und jetzt siehst du, dass ich Gras fresse wie du und niemandem etwas antue.«

Das Zicklein meinte: »Das ist wahr und du bist auch sehr freundlich.«

»Ich sage immer die Wahrheit. Trotzdem gibt es ein paar Dinge, die niemand glaubt.«

»Welche zum Beispiel?«, wollte das Zicklein wissen.

Der Fuchs antwortete: »Ich erzähle das nicht jedem. Nur weil du ein sehr gutes Zicklein bist, verrate ich dir, dass ich zum Beispiel heute mit einem Löwen gespielt habe, ich habe ihm ins Ohr gebissen und an seinem Schwanz gezogen …«

»Einem Löwen? Einem echten Löwen? Oh Gott …«, rief das Zicklein.

»Natürlich einem echten Löwen. Allerdings war der Löwe krank und hatte nicht die Kraft, sich zu bewegen. Ich habe mit ihm abgerechnet und ihn ganz schön ausgelacht. Er hat ein wenig geknurrt, aber er konnte sich nicht von der Stelle rühren. Er liegt noch dort. Willst du ihn sehen?«

»Nein, ich habe Angst«, wehrte das Zicklein ab.

»Wovor hast du Angst? Ich sage dir, der Löwe hat nicht einmal die Kraft zu atmen. Na, mir ist es einerlei. Wenn du nicht möchtest, gehst du nicht. Dann spielen wir hier, ich meine allerdings, wenn du mitkommst und ihn ebenso ins Ohr kneifst, dann kannst du dich unter allen Schafen und Zicklein rühmen, die Einzige zu sein, die mit dem Löwen gespielt hat. Wenn es auch niemand glaubt, du selbst weißt, was du Großes vollbracht hast, und freust dich im Stillen.«

In dem Zicklein regte sich das Verlangen, den Löwen aus der Nähe anzusehen und allen Schafen etwas vorauszuhaben.

»Los, komm. Lass uns mit dem Kürbis spielen und zu dem Löwen laufen«, schlug der Fuchs vor. »Wenn du auch nicht nah herangehen willst, ich begleite dich. Wir spielen und kehren dann zurück.«

»Na gut«, sagte das Zicklein. Der Fuchs ließ den Kürbis rollen und warf ihn in die Luft. Sie lachten und liefen spielend bis zu der Stelle, wo der schlafende Löwe lag. Als das Zicklein ihn sah, war es von seinem Anblick starr vor Schreck.

Der Fuchs fragte: »Warum kommst du denn nicht?«

»Ich denke, das ist aus zwei Gründen schlecht«, antwortete das Zicklein. »Erstens ist der Löwe ein Raubtier und ich bin seine Speise und Nahrung und man muss vorsichtig sein, denn wenn ich in Gefahr gerate, machen alle mir Vorwürfe und haben damit recht. Und zweitens, wenn es auch ungefährlich wäre und der Löwe ohnmächtig ist, so darf ich doch niemanden quälen, und wer vernünftig ist, verspottet andere nicht unnötig und grundlos.«

»Na, du bist mir ja ein treuherziges Zicklein«, meinte der Fuchs. »Was du redest, ist alles Unsinn. Erstens, was die Gefahr betrifft: Wenn es eine Gefahr gäbe, wäre ich ebenso wenig hingegangen. Wie gesagt, ich habe es selbst probiert und es war nicht gefährlich. Zweitens, was die Quälerei betrifft: Ist das etwa keine Quälerei, wenn die Löwen Schafe fressen? Wenn wir also auch einmal die Löwen verspotten, dann ist das nur gerecht. Trotzdem musst du es selbst wissen, wenn du nicht möchtest, bleib hier, aber ich gehe spielen. Ich knurre auch in sein Ohr. Warte du hier und schau zu.«

Nach diesen Worten lief der Fuchs zu dem Löwen und flüsterte ihm zu: »Gib acht, stell dich schlafend. Ich habe mit List und Tücke ein Zicklein hierher gebracht, und damit es uns nicht entwischt, musst du, was immer ich mache, ruhig bleiben und darfst dich nicht bewegen, sodass es sich nicht fürchtet und näher kommt. Ich knurre in dein Ohr und spiele mit deinem Schwanz, aber sei still, damit der Plan nicht misslingt.«

Das Zicklein sah von Weitem zu und der Fuchs begann, dem Löwen laut ins Ohr zu knurren und zu lachen. Er zog mit den Zähnen an seinem Ohr, dann nahm er den Schwanz und sprang und hüpfte auf dem Körper des Löwen hin und her. Schließlich rief er dem Zicklein zu: »Siehst du?«

Das Zicklein antwortete: »Ich sehe jetzt, dass es ungefährlich ist.« Es kam näher und der Fuchs fuhr fort, zu springen und zu hüpfen und mit dem Schwanz des Löwen zu spielen. Das Zicklein trat vor. »Ich will dem Löwen auch ins Ohr knurren.« Der Fuchs erwiderte: »Tu, was immer du möchtest.«

Nun näherte das Zicklein seinen Kopf dem Ohr des Löwen und machte: »Knurr …«, und plötzlich packte der Löwe mit einer Bewegung den Hals des Zickleins und sagte: »Bescheidenheit ist auch etwas wert. Jetzt habe ich das Recht, dich zu fressen.«

Das Zicklein schrie um Hilfe: »Oh weh, es ist nicht meine Schuld. Der Fuchs hat mich hiergebracht, er hat mich das gelehrt.«

Der Löwe antwortete: »Genau das ist seine Aufgabe. Wärst du vernünftig gewesen, dann hättest du den Hirten und den Hund und die Herde nicht verlassen und wärst nicht allein gekommen, um mit dem Löwen zu spielen. Es ist deine Schuld, denn ich habe dir nichts getan. Du hast zuerst in mein Ohr geknurrt. Jemanden zu quälen bringt Schwierigkeiten. Hättest du es nicht gewollt, dann wärst du nicht mit dem Fuchs mitgegangen, sondern hättest da, wo du warst, gerufen, und der Hirte hätte den Fuchs verjagt. Der Fuchs hat dich nicht hierhergebracht, sondern du bist mit deinen eigenen Füßen gekommen.«

Der Fuchs sagte: »So ist es. Ich habe es nicht mit Gewalt hergebracht. Wir haben uns unterhalten und gespielt, und so sind wir gekommen. Es wollte selbst gehen, um mit dem Löwen zu spielen und dann die Schafe zu verspotten.«

Die Sprache des Hahns

Es war einmal ein Mann, der log niemals. Er war ein Vertrauter des Königs Salomo und hatte ein Leben lang aufrichtig und redlich an dessen Hof gearbeitet. Er war alt geworden und sein Verstand wurde sehr geschätzt.

Eines Tages sagte Salomo zu ihm: »Aus Dankbarkeit für deine gute Arbeit möchte ich dir eine Belohnung zukommen lassen, aber du musst dir selbst etwas von mir wünschen. Überleg es dir bis morgen und erbitte dir etwas von mir, damit ich dir einen deiner Wünsche erfülle.«

Der alte Mann fragte: »Was für ein Wunsch soll es sein?«

Salomo antwortete: »Er soll niemandem schaden, was es auch sei.«

Der alte Mann hatte kein Bedürfnis nach dem Reichtum der Welt und er hatte alles: ein friedliches Leben, ein Haus, eine Familie, einen Garten und Felder. Auf seinem Land hatte er eine Menge Tiere versammelt, Rinder, Schafe, Vögel, und er liebte es, die Tiere zu pflegen und auf dem Feld zu arbeiten. Wann immer er ohne Beschäftigung war, ging er hinaus und widmete sich der Landwirtschaft. Er freute sich über den Anblick der Tiere und ihre erstaunlichen und seltsamen Stimmen. Eines Tages hatte er bei sich gedacht: Wenn ich doch nur ihre Sprache verstünde und wüsste, was sie mit ihren Lauten ausdrücken, was sie vom Leben begreifen und was sie über die anderen denken.

Diese Laune hatte er einmal gehabt, und als Salomo ihn aufforderte, sich etwas von ihm zu wünschen, erinnerte er sich daran. In der Nacht dachte er ein wenig nach und fand, dass er sich über nichts anderes so sehr freuen würde wie darüber, die Sprache der Tiere zu verstehen.

Als der König Salomo am nächsten Morgen seine Antwort hören wollte, sagte er:

»Wenn Ihr mir eine Gunst und Gnade erweisen möchtet, dann ist es mein Wunsch, dass ich die Sprache der Tiere verstehe. Sonst bitte ich um nichts, dank Eurer Barmherzigkeit habe ich schon alles.«

Salomo meinte: »Du wünschst dir ja etwas Seltsames. Glaubst du, dass dir das nützt?«

»An einen Nutzen denke ich gar nicht«, erwiderte der alte Mann. »Ich möchte es einfach so gern, und es schadet niemandem. Ich will wissen, was die Tiere Tag und Nacht erzählen, da sie so viel rufen.«

»Auch ich habe Gott dieses Bedürfnis vorgetragen und er hat es mich gelehrt, doch die Sprache der Tiere ist geheim und außer den besonderen Freunden Gottes kennt sie niemand. Kannst du nicht darauf verzichten und dir etwas anderes wünschen?«

»Nein, ich möchte nichts anderes«, sagte der alte Mann. »Ich habe ja nichts von Euch verlangt, Ihr habt es selbst befohlen. Die Entscheidung liegt bei Euch. Ich habe genau diesen einen Wunsch.«

Salomo antwortete: »Gut. Wir haben ein Versprechen gegeben, allerdings ist das Thema sehr ernst und ich muss mich mit Gabriel beraten. Das Ergebnis teile ich dir morgen mit.«

König Salomo berichtete dem Engel Gabriel von der Bitte des ehrlichen alten Mannes. Gabriel ging fort, kam zurück und erklärte: »Es muss ein Geheimnis bleiben, aber der alleinige Gott erhört das Gebet guter Menschen, und solange kein anderer dadurch Kummer erleidet, kann er sich der Kenntnis der Tiersprachen bedienen.«

Der heilige Salomo war froh und dachte: »Auf diese Weise wird Schaden verhindert, und falls jemandem Leid daraus entsteht, ist die Sache zu Ende. Aber Gott hat es nicht zur

Bedingung gemacht, das Geheimnis zu bewahren. Der Mann lügt nie, und wenn er eines Tages etwas von den Tieren erfährt und ihn jemand danach fragt, wird das Geheimnis offenbar. Also ist es besser, wenn ich ihm Angst mache, damit er es niemals verrät.«

Salomo ließ den alten Mann kommen und sagte: »Deine Bitte ist erhört worden, aber es gibt zwei Bedingungen: erstens, dass niemand irgendeine Qual oder einen Kummer dadurch erleidet, andernfalls wird der Segen sofort null und nichtig.«

»Ich bin einverstanden«, sagte der alte Mann.

Salomo fuhr fort: »Die andere Bedingung lautet, dass außer dir niemand davon erfahren darf, und wenn jemand davon erfährt ... ja, wenn jemand davon erfährt, ist dein Leben vom selben Tag an in Gefahr. Nun weißt du Bescheid.«

»Auch damit bin ich einverstanden.«

»Sehr gut, dann geh und du wirst alle Stimmen verstehen, die du hörst. Am Hof brauchst du nicht mehr zu arbeiten, du kannst dich ganz deiner Landwirtschaft hingeben. Geh und genieße den Ruhestand.«

Der wahrheitstreue Mann begab sich zu seinem Landgut und horchte auf die Stimmen der Tiere und er stellte fest, dass er sie wirklich und tatsächlich alle verstand: Einer gab dem anderen einen Rat, jener stritt mit diesem. Der Hahn sang den Gebetsruf, die Tauben beteten, die Kühe, die Esel, die Schafe, jeder sprach mit jedem, und über alles äußerten sie ihre Meinung. Er hörte sie alle und verstand sie.

Der alte Mann wurde ganz fröhlich und dankte Gott dafür, dass sein Gebet erhört worden war. Er schätzte sich deswegen sehr glücklich. Von morgens bis abends saß er im *Iwan* und von jeder Tierart hielt er ein oder zwei Stück in dessen Nähe. Und darüber, dass er ihre Sprache verstand, empfand er ein Vergnügen und eine Begeisterung und Freude, wie man sie nicht beschreiben kann.

So geschah es, und als der Landwirt eines Mittags dort saß und ein weises Buch des Salomo las, lehnten eine Kuh und ein Esel am Eingang des Iwans und unterhielten sich miteinander.

Die Kuh und der Esel arbeiteten jeden Tag gemeinsam. Die Lehrjungen nahmen sie mit und brachten sie in die Steppe. Gemeinsam trugen sie Lasten und abwechselnd pflügten sie den Boden und ließen die Mühle und die Ölpresse kreisen. Und in der Zeit des Dreschens band man sie alle beide ans Dreschrad. Aber an jenem Tag hatten sie sich in der Steppe gestritten und waren einander böse, und als sie zur Mittagszeit zurückgekommen waren, führten sie folgendes Gespräch.

Der Esel sagte zur Kuh: »Da es nun so gekommen ist, werde ich dir einen Denkzettel verpassen, den du so schnell nicht vergisst.«

Die Kuh erwiderte: »Du kannst ja gar nichts ausrichten. Was willst du denn zum Beispiel machen?«

»Ab sofort bewege ich mich nicht mehr von der Stelle und helfe kein bisschen. Sollen sie dich doch so lange allein arbeiten lassen, wie du es verdient hast.«

»Das hast du dir so vorgestellt! Sie werden dich so lange mit dem Stock schlagen, bis du die Beine in die Hand nimmst und zur Arbeit rennst«, meinte die Kuh.

Der Esel antwortete: »Du wirst schon sehen, ich beziehe Prügel und bewege mich dennoch nicht. Am Ende sind sie es leid und lassen mich in Ruhe.«

»Sehr schön. Hier bin ich und dort bist du. Wir werden ja sehen«, entgegnete die Kuh und der Esel erwiderte: »Wir werden sehen, pass nur auf.«

In dem Augenblick kamen die Feldarbeiter, um die Kuh und den Esel zur Arbeit zu holen. Die Kuh war bereit zu gehen, aber der Esel ließ sich fallen und stand nicht mehr auf. Die Lehrlinge kamen, doch sosehr sie sich bemühten, der Esel rührte sich nicht vom Fleck. Er wälzte sich auf der Erde, erhielt

Schläge, rief iah, iah und stand trotzdem nicht auf. Immer wieder rief er: »Ich komme nicht … ich komme nicht …«

Als sie die Kuh hinausführen wollten, sagte der Esel zu ihr: »Nun geh und arbeite so viel, bis du den Geist aufgibst.«

Die Kuh antwortete: »Warte nur, du wirst schon sehen, wie man dich ebenfalls dazu bringt.«

»Und wenn sie mich in Stücke schlagen, ich rühre mich nicht von der Stelle«, erklärte der Esel, und soviel sie ihn auch schlugen, er rührte sich nicht von der Stelle.

Der Bauer sah, wie der Esel Prügel bezog, und er hatte Mitleid. »Hör auf«, wies er den Lehrling an. »Vielleicht geht es ihm nicht gut. Lass ihn liegen.«

Sie ließen den Esel in Ruhe und gingen. Bei Sonnenuntergang brachten sie die Kuh müde und erschöpft zurück. Der wahrheitsliebende Mann saß im Iwan und las das Buch. Seine Frau betrachtete sich im Spiegel. Als die Kuh hereinstapfte, sagte sie zum Esel: »Heute hast du eine Gemeinheit begangen, aber mach dich auf die Revanche gefasst. Morgen werde ich es dir zeigen.«

Der Esel erwiderte: »Heute bin ich fürs Erste mit dir quitt. Was morgen geschieht, liegt in Gottes Hand. Heute Mittag hat mich sogar unser Herr unterstützt, auch er billigt die List!«

Als der Bauer das hörte, konnte er sich nicht beherrschen und musste laut lachen. Seine Frau sah im Spiegel, dass ihr Mann sie anschaute, während er lachte. Sie fragte ihn: »Hast du über mich gelacht?« Er verneinte. Die Frau fragte weiter: »Worüber lachst du denn? Hier war doch nichts Komisches.« Der Mann gab keine Antwort.

Die Frau fuhr fort: »Ich habe im Spiegel gesehen, dass du mich angeschaut und gelacht hast. Sag die Wahrheit, was an mir zum Lachen war.«

Der Mann antwortete: »Liebes, ich habe über etwas anderes gelacht.« Seine Frau fragte: »Worüber denn?« – »Nichts, ich musste ganz grundlos lachen.« – »Nein, du lachst niemals ohne Grund. Bestimmt ist irgendetwas an mir nicht in Ordnung, weswegen du mich ausgelacht hast.« Der Mann entgegnete: »Nein, bei Gott! Das Lachen hatte gar nichts mit dir zu tun. Meine Gedanken waren nicht bei dir. Ich dachte gerade an etwas, das mich zum Lachen brachte.« – »Woran dachtest du denn gerade?«, wollte sie wissen.

Der Mann sagte: »Dass ich in solche Schwierigkeiten geraten bin. Meine Liebe, ein Lachen ist doch kein Grund für ein derartiges Scharmützel.«

Die Frau ließ nicht nach. »Wenn du ehrlich bist, gibt es kein Scharmützel, nur wenn du nicht ehrlich bist. Was für einen Fehler habe ich denn, dass du über mich lachst und es mir nicht verrätst, damit ich mich korrigiere?« – »Es gibt keinen Gott außer Gott. In welche Wunderlichkeiten wir uns verstrickt haben, meine Liebe. Bei Gott und bei den Weisen, bei dem Propheten, beim Leben des Propheten Salomo, mein Lachen hatte nichts mit dir zu tun.« – »Womit hatte es denn zu tun, was ich nicht wissen darf? Mein Gott, wie unglücklich ich in diesem Hause bin, dass ich nicht einmal wissen darf, worüber mein Mann gelacht hat!«

Die Frau begann zu weinen und schwor: »Wenn du nicht die Wahrheit sagst, bleibe ich nicht mehr in diesem Haus. Ich bin wütend und ziehe ins Haus meines Vaters. Bin ich etwa eine Fremde, dass ich nicht den Grund deines Lachens erfahren darf? Ich habe immer versucht, alle meine Arbeiten gut zu machen, und habe niemals gelogen und nie ohne Erlaubnis irgendetwas Schlechtes oder Gutes angefangen. Und jetzt nach soundso vielen Jahren fängst du an, dich über mich lustig zu machen und zu lachen, und nennst mir nicht den Grund dafür? Meine Geduld ist zu Ende, ich habe keine Lust mehr. Bei Gott, wenn du nicht die Wahrheit sagst, gehe ich und beschwere mich bei meinem Bruder. Ich werde meinen Verwandten alles erzählen, was ich nicht erzählen soll. Wir sind keine Leute, über die man spottet. Bis jetzt hat niemand unsere Familie verspottet. Wir gehören zur Familie des Propheten Salomo. Niemand hat das Recht, über uns zu lachen.«

Der Mann antwortete: »Ich weiß nicht mehr, was ich sagen soll. Ich weiß nur, dass mein Lachen nichts mit dir zu tun hatte und ich mich nicht über dich beklage und du auch keinen Makel hast und ich mit dir über den Grund meines Lachens nicht sprechen kann. Es bringt Schaden und es ist gefährlich.«

»Na, ausgezeichnet«, rief die Frau. »Es bringt Schaden und es ist gefährlich! Wenn ich gehe, bringt das also keinen Schaden und ist nicht gefährlich? Wenn das so ist, dann gehe ich.«

Verärgert stand sie auf und ihr Mann sagte: »Es steht Ihnen frei.« Noch größere Zweifel überkamen die Frau und sie dachte sich: »Bestimmt hat er über mich gelacht. Er will mich beleidigen, sonst ließe er mich nicht gehen.« Sie wurde noch zorniger und schimpfte: »Nein, so nicht! Auf jeden Fall musst du sagen, welchen Makel ich habe. Wenn nicht, wende ich mich an Salomo und erzähle ihm, dass du mich verspottest, und ich sage ihm alles, was gesagt werden muss.«

Die Frau stammte von den Vorfahren des Propheten Mohammad ab und war außerdem mit Salomo verwandt. Ihr Mann sah, dass ein sonderbares Unheil entstanden war. Einerseits konnte er den Grund des Lachens nicht preisgeben und musste das Geheimnis hüten, und andererseits war er dabei, seine Frau, sein Leben, Ruhe und Frieden seiner Familie zu ruinieren. Seine Frau hatte zwar recht, aber sein Leben war doch in Gefahr. Wenn er das Geheimnis preisgab, wäre sein Ende gekommen, wenn er es nicht verriet und sich seine Frau bei dem König Salomo beklagte, wäre sein Ansehen dahin. Salomo wiederum wollte nicht, dass das Geheimnis offenbart würde, und seine Frau gab nicht nach. Im Übrigen hatte er niemals in seinem Leben gelogen und er wollte auch nicht lügen und seinen guten Ruf verlieren und sich vor seinem Gewissen schämen.

Er wusste sich nicht zu helfen und dachte: »Ich bin alt geworden und mein Leben geht zu Ende. Lass mich doch auch im hohen Alter bei der Wahrheit bleiben. Und wenn mein Leben in Gefahr ist, das macht nichts. Ich habe keinen anderen Wunsch. Geschehe, was wolle.«

Daher erklärte er: »Also gut, ich bin bereit, die Wahrheit zu sagen, aber du sollst wissen, dass das Lachen nichts mit dir zu tun hatte und dass es mein Leben in Gefahr bringt, das Geheimnis zu offenbaren. Wenn du damit zufrieden bist, sage ich es.«

Die Frau antwortete: »Hör auf mit diesen Scherzen. Niemals bringt es das Leben von irgendwem in Gefahr, ehrlich zu sein. Welcher Prophet hat jemals behauptet, dass man lügen und nicht die Wahrheit sagen soll? Du willst mich erschrecken. Und übrigens, wenn du lügst, erkenne ich das. Ich stamme aus der Familie Salomos und kann Wahrheit und Lüge unterscheiden. Daher weiß ich ja, dass du bisher nie gelogen hast.«

»Sehr schön, ich werde auch jetzt nicht lügen und um der Aufrichtigkeit willen lasse ich mein Leben.«

»Deinem Leben macht es nichts aus. Ich weiß, dass niemand durch seine Aufrichtigkeit einen Schaden erleidet.«

Der Mann willigte ein. »Na gut, aber ich bitte darum, dass du mir, da es nun einmal so ist, drei Tage Aufschub gewährst, bis ich dich dann wissen lasse, warum ich gelacht habe.«

»Von mir aus. Drei Tage Aufschub gebe ich dir, doch danach bin ich mit nichts anderem mehr zufrieden als mit der Wahrheit.«

Der Mann war einverstanden. Die Situation betrübte ihn sehr. Er dachte sich: »Ich habe eine Dummheit begangen und von Gott etwas Unsinniges verlangt. Du Schlauberger, es ging dich doch nichts an. Warum wolltest du die Sprache der Tiere erlernen?« Er war sehr traurig und während jener drei Tage ordnete er seine Angelegenheiten, gab allen seine Anweisungen und schrieb sein Testament. Er dachte: »Niemand bleibt ewig auf dieser Welt, ich bin nun schon sehr alt geworden und es macht nichts. Ich will nur bis zum Ende der Wahrheit treu bleiben.«

Zwei Tage der Frist verstrichen und am dritten Tag war der Landwirt untröstlich. Niedergeschlagen saß er im Iwan und lauschte. Esel und Kuh, Tauben, Hasen und Schafe und auch die anderen Tiere standen an der Schwelle des Iwans, alle waren tief bekümmert über das Geschehen.

In dem Augenblick erschienen ein paar Hühner aus dem Garten am Eingang des Iwans und ihnen folgte fröhlich und heiter der Hahn. Als er am Iwan anlangte, schlug er mit den Flügeln, reckte den Hals und stimmte ein langgezogenes Kikeriki an. Dann fiel er über die Hühner her und zettelte einen großen Krach an.

Die anwesenden Tiere machten dem Hahn Vorwürfe:

»Siehst du denn nicht, dass unser Herr schlechte Laune hat wegen dieser Worte, die gefallen sind, und dass er grübelt. Und da kommst du jetzt hierher, um zu spielen? Anstand ist auch etwas Gutes. Schau dir den armen Landwirt an, wie verzweifelt er ist.«

Als der Bauer das hörte, wurde er so traurig über seine Lage, dass er in Tränen ausbrach. Und er dachte, wie unglücklich er doch sei, dass sich selbst die Tiere seinetwegen grämten. Seine Frau, die bei ihm war, fragte: »Warum weinst du?«

Der Bauer antwortete: »Das Weinen hängt mit jenem Lachen zusammen. Jetzt steh auf und geh. Heute Nachmittag läuft meine Frist ab und dann wirst du alles verstehen.«

Der Hahn krähte noch einmal sein Lied, schlug seine Flügel zusammen und begann, mit den Hühnern zu ringen.

Esel und Kuh tadelten den Hahn und meinten: »Du bist ein überaus schlechter Hahn. Unser armer Herr weint und du führst ein solches Spektakel auf?«

Der Hahn entgegnete: »Unser Herr ist selber schuld, es ist sein eigener Fehler, er ist selber unvernünftig, dass er herumsitzt und seiner Frau wegen weint. Er ist überhaupt nicht arm, er ist nur unglücklich. Gut wäre es gewesen, vom ersten Tag an die richtige Antwort zu geben. Die Frau konnte sich doch nicht über ihn beklagen, weil er in seinem eigenen Hause gelacht hat. Ich als Hahn, der mit etlichen Hühnern auskommt, kenne das Leben besser als er. Dann kann sich der Mann eben keine Frau halten. Ich an seiner Stelle hätte gleich an dem Tag, als er lachte, eine Gerte zur Hand genommen und ihr gesagt, dass es niemanden etwas angeht, wenn mir zum Lachen zumute ist. Dann hätte ich gesagt, dass ich froh bin, so eine gute Frau zu haben. Ich hätte ihr eins auf die Finger gehauen und eins auf die Füße, und die Sache wäre erledigt gewesen. Ich hätte auch nicht gelogen. Wäre der Mann nicht von Anfang an so unvernünftig gewesen, bräuchte er jetzt nicht zu weinen. Ein Mann, der keine Worte findet und sich vor seiner Frau fürchtet, für den ist es besser zu trauern. Aber ich, der die Hühner mit Geschick hütet, warum soll ich traurig sein?«

Der Landwirt hörte die Worte des Hahns und dachte: »Der Hahn hat recht. Ich darf nicht schwächer sein als ein Hahn. Warum soll ich mich fürchten und warum soll ich mich in Gefahr bringen? Die Gerte ist es, ein hartes Wort und ein liebes Wort, und die Sache regelt sich.«

Bei diesem Gedanken wurde er heiter. Er gab die Anweisung, dem Hahn und den Hühnern eine Extraportion Sesam und Hirse hinzustreuen, und saß ruhig auf seinem Platz.

Bei Sonnenuntergang kam seine Frau. »Die Drei-Tage-Frist ist nun abgelaufen. Sag jetzt, warum du gelacht und warum du geweint hast.«

Der Landwirt stand von seinem Platz auf und antwortete: »Ja, die Frist ist abgelaufen, aber das Leben ist nicht zu Ende. Ich habe an dem Tag gelacht, weil ich lachen musste, und heute habe ich geweint, weil ich weinen musste, und das geht niemanden etwas an. Mach, was du willst.«

Die Frau sagte: »Dann bleibt mir nichts anderes übrig, als mit Salomo zu sprechen.«

Mit einer Gerte, die der Mann in der Hand hielt, schlug er seiner Frau auf den Arm und erklärte: »Wenn du dich nun also beschwerst, beschwere dich über diese Gerte. Eine Beschwerde über das Lachen ist zu wenig.«

Die Frau war verwundert und fragte: »Was ist das für ein Betragen? So habe ich dich noch nie erlebt.«

»Ich wollte, dass du einen Grund hast, wenn schon ein Lachen nicht solch einen Streit rechtfertigt. Lachen gehört zur Fröhlichkeit und an jenem Tag war ich auch fröhlich, als ich dein Gesicht sah. Und heute war ich traurig über deine Schroffheit. Über Weinen und Lachen rede ich kein Wort mehr.

Wenn du lachst oder weinst, kritisiere ich das genauso wenig. Der Mensch soll sich doch nicht aus jeder kleinen Sache Kummer und Leid herauspicken.«

Die Frau sagte: »Das ist wahr. Ich habe mich geirrt und habe keinen Grund, mich zu beschweren, da es nun so ist, was wäre besser für mich, als immer fröhlich zu sein und zu lachen?«

Beide lachten. Auch die Kinder, die unverhofft gekommen waren, lachten. Aber danach konnte der Landwirt, sosehr er die Ohren spitzte, die Sprache der Tiere nicht mehr verstehen. Er wunderte sich und ging zu Salomo, um ihn nach dem Grund zu fragen.

Salomo hörte sich die Geschichte an und meinte: »Das ist richtig, wir hatten zwei Bedingungen, erinnerst du dich?«

Der wahrheitsliebende Mann sagte: »Ich erinnere mich: erstens, dass ich das Geheimnis nicht verrate, und ich habe es nicht verraten.«

Salomo antwortete: »Du hast es nicht verraten und hast dein Leben gerettet, und weiter?«

Der aufrichtige Mann fuhr fort: »Die andere Bedingung war, dass niemand dadurch verletzt wird.«

»… und mit der Gerte, die du deiner Frau auf den Arm geschlagen hast, wurde jemand verletzt und der Segen ist ungültig.«

»Oh weh, so etwas!«, sagte der Mann. »Ich habe das aus der Sprache des Hahns gelernt.«

Und Salomo erwiderte: »Aber das Leben der Menschen unterscheidet sich von dem der Hähne!«

Die Mäuse und die Katzen

Es war einmal eine kluge Maus, die den Namen Baumeister trug und in dem Land *Durab* Herrscher über die Mäuse war.

Das Land Durab lag weit vom Meer entfernt. Es dehnte sich Hunderte von Kilometern aus, hatte viele Städte und Dörfer und zahllose Menschen. Wohlstand und Reichtum gab es im Überfluss. Baumeister, der Herrscher der Mäuse, lebte in einer großen Stadt in Durab. Er hatte auch drei Minister, die zu den weisen und erfahrenen Mäusen gehörten, und in wichtigen Angelegenheiten beriet er sich mit ihnen. Eines Tages, als sich die Minister im Hause von Baumeister versammeln sollten, erschien einer von ihnen nicht. Der Name dieses abwesenden Ministers war *Zudame* und man nannte ihn den ersten Minister.

Am nächsten Tag verlangte Baumeister von dem fehlenden Minister eine Erklärung, wo er gestern gewesen sei. Der Minister antwortete: »Möge der Schatten Eurer Majestät stets über uns weilen. Ich weiß, dass ich gesündigt habe, indessen teile ich Euch die Entschuldigung, die ich habe, mit und hoffe, sie werde, wenn sie Gunst findet, angenommen: Ich brach gestern wie immer früh am Morgen auf, um zum Dienst zu gehen, aber unser Haus liegt weit weg von hier und mein Weg führt über einen Platz, der kein Mauseloch hat. Notgedrungen muss ich ihn jeden Tag oberirdisch überqueren. Gestern früh, als ich neben der Mauer aus dem Loch hinausklettern wollte, drangen fürchterliche Laute an mein Ohr und nach meiner festen Überzeugung war es eine Katze. Die Stimme kam aus der Nähe des Lochs und rief pausenlos miau … miau … Ich überlegte, dass der Platz sehr ausgedehnt ist und dass es lebensgefährlich wäre, wenn ich von einer Seite zur anderen hinüberlaufen wollte. Selbstverständlich ist mein Leben nichts wert, aber eine vernünftige Person darf sich nicht unvorsichtig verhalten und auch Gott hat im Koran befohlen: Stürzt euch nicht von eigener Hand ins Verderben. Deshalb habe ich ein wenig gewartet, ob die Katze von dort verschwinden würde. Nach einer Weile hörte ich die Stimme eines Hundes, der wau, wau machte. Ich war froh und sagte mir, der Stärkere hat die Oberhand, nun fürchtet sich die Katze vor dem Hund und flieht und der Weg wird sicher und friedlich. Jedoch hörte die Stimme der Katze nicht einen Augenblick auf. Und aus Angst blieb ich in dem Loch, bis es zu spät wurde, und noch immer hörte ich die Stimme. Gezwungenermaßen kehrte ich nach Hause zurück und dachte mir, nach unserem Glauben ist der Schutz des Lebens unumgänglich und meine Entschuldigung wird von den Weisen angenommen.

Der gestrige Tag ging vorbei und heute, als ich kam, hörte ich dieselbe Stimme.«

»Du schwatzt sehr viel. Kürz es ab«, warf Baumeister ein.

Zudame fuhr fort: »Ich wollte es gerade darlegen. Heute fürchtete ich mich erneut, allerdings dachte ich mir, man kann nicht jeden Tag fehlen. Einmal kommt der Tod und einmal kommt die Trauerklage, sei es, wie es sei. Vorsichtig kroch ich aus dem Loch hinaus und schaute mich nach allen Seiten um. Die Stimme der Katze war zu hören, nur gab es dort keine Katze. Ich spitzte die Ohren und riss die Augen auf. Ich lief der Stimme nach und plötzlich erkannte ich etwas, was mich wegen meiner Furcht und Feigheit verlegen machte. Die Stimme, die ich hörte, war nicht die Stimme einer Katze, sondern der Ton eines Rades, das sich ganz langsam drehte und immerzu quietschte. Ein Kanalarbeiter war dabei, nahe dem Mauseloch einen Brunnen zu bohren und die Erde aus dem Bohrloch zu holen, und jedes Mal, wenn sich das Rad drehte, ertönte dieses miau, miau. Nachdem ich dem

Geheimnis auf die Spur gekommen war, beruhigte ich mich. Darüber freilich, dass meine Angst und Furcht vor diesem Geräusch mich der Gunst des Erscheinens beraubt haben, bin ich sehr beschämt. Wenn mich eine Schuld trifft, kann ich nichts sagen, wenn aber meine Entschuldigung akzeptiert wird, dann nur aufgrund Eurer Barmherzigkeit, an der kein Zweifel besteht.«

Baumeister schwieg einige Augenblicke, dachte nach und fragte dann die beiden anderen Minister: »Was ist eure Meinung?«

Der zweite Minister mit dem Namen Kleiner Löwe antwortete: »Meiner Ansicht nach ist zwar die Stimme einer Katze schrecklich, dennoch hat Zudame eine Verfehlung begangen und muss bestraft werden. Denn was er heute gemacht hat, hätte er schon gestern machen können. Die Tapferkeit ist die gleiche. Wenn dagegen ein Minister derart feige ist und sein eigenes Leben für das teuerste hält, dann wehe dem Wohl der anderen Mäuse.«

Der dritte Minister, dessen Name *Baghdad* war, sagte: »Meiner Meinung nach hat Zudame seine Pflicht verletzt. Da er aber immer früher als die anderen zur Arbeit erschienen ist und die Stimme einer Katze in der Tat schrecklich ist, wäre es besser, wenn dieses eine Mal seine Entschuldigung akzeptiert würde, unter der Bedingung, dass es sich nicht wiederholt. Denn wenn wir uns vor jedem Laut fürchten, bleibt alle Arbeit liegen.«

Baumeister dachte ein wenig nach und erklärte dann: »Hier ist niemand ein Sonderfall. In Wahrheit fürchten wir uns allesamt vor der Stimme der Katze, obwohl uns niemals eine Katze gefangen hat. Die Angst vor der Katze ist selbst ein großes Problem, über dessen Lösung wir nachdenken und für das wir einen Ausweg finden müssen. Meines Erachtens ist diese Angst zur Hälfte vernünftig und zur anderen Hälfte unangebracht. Vernünftig ist sie, weil jeder, der einen Feind hat, sich natürlich von dem Feind fernhalten muss. Wir wissen nicht, wie die Katze Mäuse fängt, doch wir wissen, dass keine Maus, die je in ihre Krallen geriet, nach Hause zurückgekehrt ist. Deshalb versetzt uns die Katze in Schrecken. Aber zur Hälfte ist die Angst fehl am Platz, denn wenn es so ist, dass wir uns vor jedem Ton wie beispielsweise einem Brunnenrad fürchten, können wir nicht mehr weiterleben. Ich glaube, dass diese unmäßige Angst, die die Mäuse vor der Katze haben, eine Erbkrankheit ist. Seit tausend Jahren haben sich die Mäuse vor den Katzen gefürchtet und die Mütter haben diese Angst den Nachkommen eingeflößt. Nun ist die Sache so weit gediehen, dass wir uns sogar vor einem Brunnenrad fürchten. Es ist jetzt unsere Pflicht, einen Plan zu entwerfen und diese überflüssige Angst zu beseitigen. Habt ihr keinen Vorschlag, um der Angst der Mäuse abzuhelfen?«

Zudame, der erste Minister, sagte: »Nach Meinung des aufrichtig Ergebenen im Schatten Eurer Gnade mangelt es unserem Leben an nichts und unsere Häuser sind voll Wohlstand und Reichtum. Das Einzige, was in dieser Stadt die Ruhe der Mäuse stört, ist eben die Furcht vor der Katze. Die Behandlung dieses Leidens besteht darin, dass wir uns umschauen und suchen und ein Land finden, in dem es von Katzen keine Spur gibt, und eines Nachts alle Mäuse benachrichtigen und wir alle in diese Gegend übersiedeln. Wenn alle Mäuse wissen, dass dort keine Katzen sind, wird nach einer Weile diese Erbkrankheit verschwinden und unsere Kinder nicht mehr mit Furcht belasten.«

Baumeister meinte: »Das ist keine gute Idee, und es ist auch nicht richtig, denn wohin du dich wendest, der Himmel hat überall die gleiche Farbe. Wohin immer eine Maus gehen kann, kann auch eine Katze gehen. Gäbe es auf der Welt einen ungefährlichen Ort, dann hätten unsere Väter ihn längst gefunden. Geruhen denn Euer Exzellenz sich vorzustellen, Katzen könnten das neue Land nicht finden? Überdies ist Fliehen ein Beweis der Unbesonnenheit. Probleme gibt es überall und jedes Problem lässt sich lösen. Man muss die Welt aufbauen und in ihr leben. Hier ist unsere Heimat, unsere Stadt, unser Land, hier sind wir zu Hause, und wenn wir in unserem Land kein würdiges Leben führen, werden wir es auch in einem anderen Land nicht führen, und wenn wir in unserer Heimat nur eine einzige Qual leiden, kommen in der Fremde noch andere Qualen dazu. Es gilt nachzudenken und eine bessere Lösung zu finden.«

Kleiner Löwe, der zweite Minister, sagte: »Gesegnet sei unsere Lage, da wir einen Herrscher wie dich haben, der ein wahres von einem haltlosen Wort unterscheiden kann. Auch ich heiße die Auffassung von Zudame, dem ersten Minister, nicht gut. Gesetzt den Fall, wohin sollten wir denn gehen? Ist es etwa möglich, unsere Stadt und unser Gebiet zu verlassen und wegzuziehen? Dieser Vorschlag ist ein Beweis für die Furchtsamkeit des ersten Ministers. Gewiss, wer sich vor dem Geräusch eines Brunnenrades ängstigt und es für eine Katze hält, von dem ist nichts anderes zu erwarten.«

Zudame erwiderte: »Na großartig, ich habe doch keinen Auswanderungsbefehl gegeben! Wir beraten ja gerade und man wollte meine Meinung hören. Ich habe nur etwas geäußert, was mir in den Sinn kam. Mit den Worten des Dichters: *Wenn du besser triffst, schlag du.* Wenn alles besprochen ist, wird sich die Lösung allmählich abzeichnen.«

Kleiner Löwe ergriff das Wort. »Ja, nach der Überzeugung des aufrichtig Ergebenen gibt es einen Weg zur Lösung des Katzenproblems, und zwar den, dass der Herrscher einen Befehl erteilt, wonach sämtliche Mäuse, die in der Stadt wohnen, zusammenwirken und jede einzelne sich auf die Suche begibt, um innerhalb einer bestimmten Zeit ein Glöckchen und eine Schnur zu finden. Und wenn die Glöckchen und Schnüre zusammengetragen sind, setzen wir einen Tag fest, geben die allgemeine Mobilisierung bekannt und hängen jeder Katze ein Glöckchen um den Hals. Nach dieser Aktion werden wir uns wieder beruhigen, denn wenn sich die Katzen mit dem Glöckchen bewegen, gibt uns das Klingeln Bescheid und wir ziehen uns in ein Versteck oder eine sichere Ecke zurück, und wenn das Glöckchen nicht mehr klingelt, fürchten wir uns nicht mehr umsonst vor irgendetwas.«

Bei diesen Worten brachen Baumeister und die Minister in lautes Lachen aus.

»Gut, dass du mit diesem Verstand kein Langohr geworden bist«, sagte Baumeister. »Ich wundere mich, wie dir derart unvernünftige und unüberlegte Worte über die Lippen kommen!«

»Was ist denn gegen Glöckchen einzuwenden?«, fragte Kleiner Löwe.

Baumeister erklärte: »Gegen Glöckchen ist nichts einzuwenden, aber Glöckchen umzubinden ist unmöglich, und ein verständiges Geschöpf würde nie solch einen unsinnigen Vorschlag unterbreiten. Denk selber einmal nach. Erstens haben wir keine Glöckchenfabrik und im ganzen Land Durab sind all die Glöckchen nicht zu finden. Zweitens, selbst wenn wir so viele Glöckchen hätten, wo ist die Maus, die der Katze eine Glocke an den Hals bindet? Oder kannst du das erledigen? Selbst die unverfrorenste Maus hat nicht den Mut, und sei es einer sterbenden Katze eine Glocke um den Hals zu binden, von den anderen ganz zu schweigen. Und drittens … drittens ähnelt dieser Vorschlag ohnehin mehr einem Scherz und Spott als einer ernst zu nehmenden Äußerung.«

Baghdad, der dritte Minister, ergänzte: »Nun, angenommen, wir würden diesen Vorschlag tatsächlich aufgreifen und die Glöckchen finden und alle Mäuse würden wie der zweite

Minister, dessen Name Kleiner Löwe ist, zu kleinen Löwen werden und den Katzen Glöckchen um den Hals binden. Wenn die Glöckchen tragenden Katzen dann kommen und regungslos vor dem Mauseloch sitzen und die Glocken keinen Ton geben, woher sollen wir wissen, dass Katzen da sind?«

Wieder lachten die Anwesenden und Baumeister meinte: »Nun zeigt sich, dass unser Minister Baghdad, wenn er sich aus einer Maus in eine Katze verwandelte, die scharfsinnigste aller Katzen wäre und sogar trotz des Glöckchens Mäuse fangen würde.«

Kleiner Löwe sagte: »Mir fällt nichts anderes ein. Ich denke nach, und wenn mir eine Idee kommt, melde ich mich.«

Baumeister fragte den dritten Minister: »Also Baghdad, was ist deine Meinung?«

»Die Überzeugung des aufrichtig Ergebenen ist grundsätzlich anderer Art«, begann der dritte Minister. »Ich habe den Wunsch, wenn dem großen Gebieter ein origineller Gedanke in den Sinn gekommen ist und man für die Lösung des Katzenproblems einen Ausweg erkennt, dass Ihr den Befehl gebt und wir uns unerschrocken und aufopfernd bemühen und handeln, aber wo immer …«

Baumeister unterbrach ihn: »Wie dem auch sei, sag du auch deine Meinung.«

»Der aufrichtig Ergebene ist der Überzeugung«, antwortete Baghdad, »dass dieses Problem nicht so leicht zu lösen ist. Vielleicht sind Jahre des Nachdenkens nötig und vielleicht gibt es überhaupt keine Lösung. Meiner Meinung nach ist die Angst vor der Katze eine Eigenschaft, die Gott den Mäusen ins Herz gelegt hat, genauso wie sich die Katze vor dem Hund fürchtet, und diese Angst ist den Mäusen nicht zu nehmen und gegen Gottes Gebot kann man nicht ankämpfen.«

Baumeister erwiderte: »Wir glauben ebenfalls, dass die Natur der Tiere nicht geändert werden kann und Gottes Wille immer den Ausschlag gibt, aber man darf nicht alles dem Zufall überlassen. Ein jeder hat nachzudenken und sich umzusehen und für jedes Problem eine Lösung zu finden. Genauso wie die Menschen allerhand hin- und herüberlegt haben, um Mausefallen zu erfinden, und erstaunliche Sachen gebaut haben, die in der Natur nicht vorkommen. In den himmlischen Büchern hat auch Gott den Menschen das Nachdenken und Probieren befohlen. Wenn wir nachdenken, können wir vielleicht ein Mittel gegen das Katzenproblem entdecken.«

Baghdad entgegnete: »Nachdenken ist zwar richtig, aber wir müssen uns fragen, wie wir uns vor den Katzen hüten, und diese Angst, die wir haben, ist eben genau die Vorsichtsmaßnahme. Niemals ändert sich die Natur der Katzen, und wenn wir uns nicht vor ihnen fürchten, geraten noch mehr von uns in ihre Krallen. Nach Überzeugung des aufrichtig Ergebenen ist nichts zu machen, damit beispielsweise das oberirdische Hinüberlaufen für Mäuse ungefährlich würde. Wir können nur eins tun, nämlich versuchen, die Laute besser zu unterscheiden, um nicht wie Zudame die Töne des Brunnenrades mit der Stimme der Katze zu verwechseln. Oder wir graben uns an jenem Platz unter der Erde einen Tunnel als Überweg und bemühen uns, die Arten der Mausefallen zu erkunden und unsere Kinder damit bekanntzumachen, damit wir nicht in die Falle gehen. Oder wir bemühen uns, solche Dinge, die für uns nichts taugen, wie zum Beispiel Geldstücke und Edelsteine nicht nach Hause mitzunehmen, um uns die Menschen nicht zum Feind zu machen. Darüber müssen wir uns Gedanken machen. Abgesehen davon lässt es sich mit den Katzen weder kämpfen noch Freundschaft schließen. Ich fürchte, die Suche nach einer Lösung wird uns teuer zu stehen kommen, nämlich so wie in der Erzählung vom Esel, der nach seinem Schwanz suchte und dabei außerdem die Ohren verlor.«

Die Mäuse und die Katzen

Baumeister sagte: »Ein Schwarzmaler ist zwar nicht nach meinem Geschmack, doch die Geschichte von dem schwanzlosen Esel habe ich noch nicht gehört. Erzähl sie einmal.«

Der Minister begann: »Kurz zusammengefasst handelt sie davon, dass ein Esel, der keinen Schwanz hatte, eines Tages losging, um ihn zu suchen. Versehentlich lief er auf ein bestelltes Feld und verstrickte sich in einen Kampf mit dessen Eigentümer. Dabei wurden seine Ohren abgetrennt. Ein Poet hat diese Erzählung in ein Gedicht gefasst und mit Eurer Erlaubnis trage ich es vor:

Es war einmal ein Esel, dem fehlte der Schwanz,
    er wünschte sich eines Tages mehr Eleganz.
Er marschierte los und er sehnte ihn her, er
    forderte den Schwanz, sonst sprach er nichts mehr.
Plötzlich sah er vor sich – nein, das war kein See –
    ein bestelltes Feld, dennoch sagt' er sich, geh!
Der Bauer schrie ihn an und war empört:
    ›So wird meine ganze Arbeit zerstört.
Hier ist kein Platz für Esel, kehr endlich um,
    für die Feldarbeit fehlt dir das Studium.
Hier mag niemand Langohren,
    die den Schwanz verloren.‹
Vor Kummer weinte der Esel iah, iah und so fort,
    die Kränkung nahm ihm jedes andere Wort.
Elend und Gram verwirrten ihn dann,
    aus Rache griff er den Menschen an.
Der Mann kam zu Fall, nun begann das Unglück,
    mit einem Stock schlug er den Esel zurück.
Immer wieder schlug er auf den Esel ein,
    Verstand und Beherrschung ließen ihn allein.
So waren Krieg und Aufruhr entstanden,
    dem Esel kamen zwei Ohren abhanden.

Armer Esel, der seinen Schwanz verloren,
 jetzt fehlten ihm außerdem zwei Ohren.«

»Das war keine schlechte Geschichte«, sagte Baumeister. »Wir verstehen schon, was du meinst, aber ich bin davon überzeugt, dass es trotzdem für jedes Problem eine Lösung gibt und für jeden Schmerz ein Heilmittel und für jede schwierige Lage einen Ausweg. Niemals darf man sagen, Gott habe es so gewollt, dass wir uns vor den Katzen fürchten müssen. Und wenn wir vier keine Lösung finden können, müssen wir uns mit den anderen beraten. Wenn viele Gedanken zusammengetragen werden, findet sich ein Weg, und auf einmal siehst du, dass jemand, den wir für den Unbedeutendsten halten, eine Idee hat, auf die kein anderer gekommen ist. Wir sitzen hier und meinen, die gelehrtesten aller Mäuse zu sein, aber wir haben ja nicht alles erforscht. Vielleicht gibt es unter den Mäusen noch hundert klügere als uns.«

»Euer Befehl ist richtig«, stimmte Baghdad zu.

Baumeister fragte den Kleinen Löwen: »Nun, ist dir inzwischen nicht etwas Neues eingefallen?«

»Doch, eine Idee ist mir in den Sinn gekommen, die ähnlich ist wie die Glöckchen. Soll ich es sagen oder nicht?«

»Sag es«, forderte ihn Baumeister auf. »Ich bin immer dafür, dass man spricht. Wenn niemand sich äußert, findet man nie einen neuen Weg. Vielleicht gibt es in hundert Gesprächen ein Wort, das bei der Problemlösung hilft.«

»Wie wäre es«, schlug Kleiner Löwe vor, »wenn wir für einen Tag alle Mäuse und auch die Katzen einladen. Wenn sich die Katzen versammeln, fallen wir in einem heftigen Angriff über sie her, überraschen sie und vernichten sie alle.«

Baumeister lehnte ab. »Das ist wieder so ein Witz. Krieg mit den Katzen ist nicht unsere Sache. Wenn wir uns mit den Katzen schlagen könnten, hätten Mäuse die Katzen schon vor tausend Jahren besiegt. Mit welcher Macht sollen wir gegen die Katzen zu Felde ziehen? Wenn Mäuse gegen Katzen Krieg führen könnten, hätten wir kein Problem mehr. Außerdem lässt sich nichts mit Gewalt regeln. Gewalt ist keine Lösung. Wir müssen klug überlegen, um eine Behandlungsmethode zu finden.«

Zudame, der erste Minister, meldete sich zu Wort: »Wenn es erlaubt ist, würde ich ein neues Verfahren, das mir eingefallen ist, vorstellen.«

»Sprich, mein Lieber, sprich«, ermunterte ihn Baumeister. »Solange wir nicht alle Vorschläge angehört haben, können wir den richtigen Weg nicht ausmachen. Ein guter Gedanke ist wie eine Perle, die man aus dem Meer holt. Wir wissen nicht, wer die größte Perle im Wasser entdeckt. Deshalb muss jeder seinen eigenen Versuch machen.«

Er begann: »Der aufrichtig Ergebene nimmt an ...«

Baumeister unterbrach ihn: »Ich möchte, dass du von jetzt an dieses ›aufrichtig Ergebene, aufrichtig Ergebene‹ weglässt. Diese Höflichkeiten lösen keinen Knoten unseres Problems. Schließlich – verdammt! – bist du auch eine lebendige Maus. Du warst im Begriff zu sprechen. Sag: Ich nehme an. Ich!«

Der erste Minister fuhr fort: »Ja, der aufrichtig Ergebene, Entschuldigung, ich nehme an, Ruhm und Ansehen, die die Katzen in der Stadt genießen, folgen daraus, dass sie in den Häusern Mäuse fangen, und wenn es in einem Haus keine Maus gibt, die die Katze fängt, hat sie dort keinen Ruhm und kein Ansehen mehr. Aufgrund dessen ist der aufrichtig Ergebene der Meinung, das heißt, ich bin der Meinung, der Ausweg besteht darin, dass wir alle Mäuse einladen und an einem Tag alle gemeinsam die Stadt verlassen und in einer unfruchtbaren Wüste ohne Wasser und Gras Löcher graben und dort einziehen. Wir bleiben da und gehen ein Jahr lang nicht in die Stadt. Dann, wenn ein paar Monate vergangen sind, sehen die Leute

in der Stadt, dass es keine Mäuse mehr gibt und die Katzen nichts zu tun haben, außer zu stibitzen. Und da die Leute keine Katzen mehr brauchen, schlagen sie sie und werfen sie aus dem Haus und von den Katzen werden manche zugrunde gehen und manche vor Angst ins Gebirge und in die Steppe flüchten, und nach einer Weile sind sie ausgewildert. Wenn die Stadt frei von Katzen ist, kehren wir zurück und haben vor ihrer Bosheit Ruhe.«

Kleiner Löwe sagte: »Komm, das ist ganz der erste Minister. Immer redet er von Flucht, von Steppe und Wüste und vom In-die-Fremde-Gehen.«

Der erste Minister hielt dagegen: »Du redest auch immer davon, zu kleinen Löwen zu werden, vom Glöckchen-Umbinden und vom Krieg.«

»Nun, bei jedem gehen die Worte immer auf einen bestimmten Ursprung zurück«, meinte Baumeister. »Das hängt mit der Denkweise und der Erziehung der Person zusammen. Auch der dritte Minister bemüht sich immer, eine Möglichkeit zur Ablehnung zu finden und von *geht nicht* und *darf nicht* und *soll nicht* zu sprechen. Das macht aber nichts. Damit sich die Wahrheit herausstellt, muss jeder alles vortragen, was er erkennt. Trotzdem ist der neue Vorschlag des ersten Ministers ebenso wenig praktikabel. Denn wenn wir uns ein Jahr lang in der unfruchtbaren Wüste aufhalten, haben wir nichts zu essen, und obendrein gibt es dort Eidechsen und Wiesel und Igel und Vögel, die Mäuse jagen, und andere Tiere, die uns zu schaffen machen. Zudem werden die Katzen währenddessen nicht verschwinden, und wenn wir zurückgekehrt sind, kehren sie ebenfalls zurück. Wie kommst du darauf, dass die Katzen nicht merken, ob du wieder da bist? Meinst du, dass sie so naiv und dumm sind?

Indessen hat mich das ganze Gespräch auf einen Einfall gebracht, sodass ich glaube, die Lösung des Problems ist nah.«

Die Minister sagten: »Wir bitten Euch höflich, Eure Ansicht darzulegen. Ihr wisst es am besten. Wer in allen Vorschlägen die Fehler findet, dessen Vorschlag ist bestimmt fehlerlos. Und sind nicht die Worte der Großen immer die größten Worte?«

»Wenn jemand wirklich Größe besitzt, dann ist es so, aber nicht immer haben die Nörgler bessere Vorschläge, sondern nur möglicherweise. Jedenfalls weiß ich, dass ich den Mäusen wohlgesonnen bin, und solange ich nicht sicher weiß, dass meine Idee richtig ist, führe ich sie nicht ohne Weiteres aus. Die Beratungen haben ja gerade den Zweck, dass wir den besten Weg finden.«

Die Minister pflichteten ihm bei. »Das ist natürlich richtig.« Baumeister erklärte: »Ich habe die Worte des ersten Ministers erwogen. Er war der Meinung, wenn es nicht wegen der Mäuse wäre, hätten die Katzen weder Ruhm noch Ansehen ...«

Zudame rief: »Hab' ich es nicht gesagt?!«
»Nun schmeichle dir mal nicht selbst«, erwiderten die anderen Minister. »Bleib ruhig und lass uns anhören, was Baumeister darzulegen beliebt.«
Baumeister fuhr fort: »Ja, das war ein wahres Wort und es war der Schlüssel des Problems. Ich stimme dem vollkommen zu. Ruhm und Ansehen der Katzen in der Stadt beruhen darauf, dass sie den Menschen dienen und Mäuse fangen. Sonst freuen sich die Menschen nicht über ein Tier, das nur isst und ihnen keinen Nutzen bringt.
Wenn die Kuh nicht Milch gäbe und Fleisch hätte, wenn das Schaf nicht Wolle und Milch und Fleisch lieferte, wenn das Huhn nicht Eier legte und sein Fleisch nicht essbar wäre, würde kein Mensch sie halten. Auf diese Weise hält auch niemand Mäuse, dagegen sperren sie Mäuse in medizinische Laboratorien, wo sie ihnen nützen, zu Hunderten und Aberhunderten ein.«
»Das stimmt«, meinten die Minister. »Ruhm und Ansehen besitzen alle in dem Maß, in dem die anderen von ihrem Dasein Vorteile haben.«
Baumeister sprach weiter: »Wenn wir deshalb den Menschen nachweisen können, dass sich die Anwesenheit der Katzen überhaupt nicht auf die Anzahl der Mäuse auswirkt, dann werfen sie die Katzen von selbst aus der Stadt.«
»Na, das können wir doch nicht nachweisen!«, wandte Baghdad ein.
Baumeister entgegnete: »Du hast voreilig geurteilt. Wieder hast du dich als Nihilist gezeigt und nicht gewartet, bis ich zu Ende gesprochen habe.«
»Ich bitte um Entschuldigung«, sagte Baghdad. »Ihr habt recht.«
»Jetzt habe ich vergessen, wo ich stehengeblieben war. Ach ja, wenn wir nachweisen können, dass das Vorhandensein von

Katzen keinen Vorteil bringt, werden die Menschen sie ganz von allein aus der Stadt werfen. Um das zu zeigen, müssen wir das Thema überlegt und planmäßig angehen ...«

Baghdad fiel ihm ins Wort: »Aber wir haben doch überlegt ... nein, nichts.«

»Es gibt keinen Gott außer Gott ...«, seufzte Baumeister. »Was mir vorschwebt, ist, dass wir an einem Tag alle Mäuse zusammenrufen und sie anweisen, dass jede einzelne Maus in ihrem Haus ein großes Loch gräbt, und zwar so, dass hundert Mäuse darin Platz finden. Und dieses Loch soll sieben Türen haben, eine zum Hof, eine zum Speicher und ebenso zur Küche, zum Schlafzimmer, zum Keller, zur Bibliothek, zum Gästezimmer. Wenn diese Löcher fertig sind, legen sie darin Lebensmittelvorräte für zehn bis zwanzig Tage an. Dann versammeln sich an einem Tag hundert Mäuse in einem Haus, zwanzig Mäuse greifen das Schlafzimmer des Hausherrn an und zerreißen mit ihren Zähnen alles, was es dort an Teppichen, Kleidung und Betten gibt. Selbstverständlich begehen sie damit keine Ungerechtigkeit. Wenn der Hausherr dann den Aufruhr der Mäuse sieht, denkt er, dass eine einzige Katze zu deren Bekämpfung nicht ausreicht, und am nächsten Tag holt er noch eine Katze. An dem Tag überfallen nun dreißig oder vierzig Mäuse den Speicher und die Küche. Sie verstreuen und verschütten alles, was da ist, und zerlöchern die Säcke. Wenngleich eine Maus gefangen wird, macht das nichts. Dann stellt der Hausherr fest, dass auch zwei Katzen nicht genug sind. Er holt noch eine Katze. Am nächsten Tag, wenn es drei Katzen sind, müssen fünfzig oder sechzig Mäuse den Keller und die Bibliothek überfallen. Sie müssen allein aufpassen, dass sie die Bücher *Gute Geschichten für gute Kinder* und *Neue Geschichten aus alten Büchern* nicht anrühren, denn diese Bücher gehören den Kindern und die Kinder haben keine Schuld. Aber alle übrigen Bücher zerkauen sie und zerschnitzeln ihre weißen Ränder.

Dann holt der Hausherr noch ein paar Katzen dazu und am nächsten Tag greifen alle hundert Mäuse an, um die Zerstörung komplett zu machen.

Nach und nach wird der Hausherr der Sache überdrüssig und begreift, dass einerseits die Zahl der Mäuse täglich zunimmt und andererseits die Katzen Futter verlangen und stehlen und einen Tumult veranstalten. Dagegen ist er machtlos und ihm kommt der Gedanke, dass die Katzen gar nichts ausrichten und dass es umso mehr Mäuse werden, je mehr Katzen da sind. Dann glaubt er, es wäre gut, wenn er nicht mehr die Mäuse verfolgen würde, sondern die Katzen. Unausweichlich schlägt der Hausherr die Katzen und wirft sie aus dem Haus.

In dem Augenblick geben wir den Mäusen den Befehl, das Haus sofort zu verlassen und in ein anderes zu ziehen, in dem es Katzen gibt, und dort die gleiche Unruhe zu verbreiten, damit der zweite Hausherr die Sache ebenfalls begreift und die Katzen ausrottet. Und sofort verlassen wir sein Haus und überfallen das dritte.

Allmählich erkennen die Menschen, worum es geht, sie informieren einander und erklären: ›Solange wir Katzen bei uns hatten, wurden die Mäuse täglich mehr, aber seitdem wir die Katzen hinausgeworfen haben, belästigen uns auch die Mäuse nicht mehr.‹

Wenn wir eine Zeit lang nach dieser Methode verfahren, werden nach und nach alle Menschen der Stadt erkennen und sich denken: Je weniger Katzen es gibt, desto besser. Und sie werden alle Katzen schlagen und aus der Stadt vertreiben. Dann müssen wir unsere Sinne beisammenhalten und dürfen sie eine Weile nicht plagen. Wir fressen das, was wir an Vorräten haben, damit die Menschen zu der Überzeugung gelangen, dass die ganze Unruhe mit den Katzen zusammenhing. Ich vermute, die Menschen werden nicht mehr zulassen, dass sich eine Katze in der Stadt blicken lässt. Und wir werden von der Bosheit der Katzen und von der Angst vor ihnen befreit.«

Als die Minister diese Ausführungen gehört hatten, riefen sie »Hurra« und lobten: »Bravo dem großen Baumeister, Gott möge Euch ein langes Leben schenken und Euren Ruhm vermehren. Was für eine gute Idee und was für einen guten Plan habt Ihr entworfen.«

Zudame sagte: »Ich habe jetzt eingesehen, dass jedes Problem gelöst werden kann, wenn man nur richtig nachdenkt.«

Kleiner Löwe sagte: »Ich habe jetzt eingesehen, dass die Macht der Gedanken größer ist als die der Gewalt.«

Baghdad meinte: »Ich habe jetzt eingesehen, dass es für jedes Problem eine Lösung gibt und man nicht sagen darf, es geht nicht.«

Dann beschlossen sie, Baumeisters Plan auszuführen. Genauso, wie es vereinbart war, luden sie die Mäuse ein, gaben den Befehl des Herrschers bekannt und machten sich ans Werk.

Als die Arbeiten Gestalt angenommen hatten und zum Erfolg führten, verbannten die Menschen sämtliche Katzen aus der Stadt und die Katzen gerieten derart in Verruf, dass der Hausherr, wenn eines Tages auch nur eine Maus ihn im Haus belästigte, schimpfte: »Mir scheint, hier ist eine Katze, denn immer, wenn Mäuse uns plagen, sind die Katzen schuld!«

Die Taube und der Reiher

Es war einmal ein Fisch fressender Vogel, der hieß Reiher. Dieser Reiher war so unentschlossen und vorsichtig, dass er oft tagelang Hunger und Durst litt, kein Wasser trank und keinen Fisch fing, so lange, bis er schwach wurde. Dann schlürfte er ein winziges Schlückchen Wasser und holte sich einen kleinen Fisch.

Die Tiere kannten ihn. Sie kamen und fragten: »Reiher, warum nimmst du nichts zu dir?« Der Reiher antwortete: »Ich gräme mich wegen der Leute. Wenn ich viel Wasser trinke und jeden Tag Fische fange, geht das Wasser zur Neige und die Fische haben immer weniger Nachwuchs. Dann leiden andere Durst und Hunger.«

Die Vögel sagten: »Hab keine Angst, es geht nichts aus. Der Fluss ist voll Wasser und das Meer voller Fische.« Der Reiher antwortete: »Nein, mein Lieber, nein, meine Teure, man muss alles bedenken. Seht euch diese fischlosen Gewässer an, warum haben sie keine Fische? Weil man sie gefressen hat. Schaut euch diese trockenen Flussbetten an, warum sind sie ausgetrocknet? Weil man ihnen das Wasser entzogen hat. Ich vermute, dass ich selbst ihr Eigentümer und Besitzer bin, und ich möchte nicht, dass alles zu Ende geht. Ich möchte, dass alles erhalten bleibt, damit auch die anderen nach mir etwas zu essen haben. Ich bin ein redlicher und rechtschaffener und ehrlicher Vogel. Ehrlichkeit und gutes Beginnen liegen auch darin, dass man über alles nachdenkt.« Die Vögel sagten: »Gott segne dich, was für ein vorsichtiger Vogel du bist!« Und sie gaben ihm den Namen Trauriger Herrscher, das heißt *Herr der Sorge*.

So kam es, dass manche Vögel glaubten, der Reiher sei sehr lebensklug und weise, und hin und wieder gingen sie zu ihm und baten ihn in ihren Angelegenheiten um Rat. Und der Reiher redete, was immer ihm sein unzureichender Verstand eingab, er erteilte ihnen Ratschläge und gab seine Erfahrungen an sie weiter. Manchmal waren ihnen diese Ratschläge sogar von Nutzen.

Mit der Zeit glaubte auch der Reiher selbst, er sei der Verständigste und Klügste von allen. Wenn er irgendwo vorbeiging, erkundigte er sich bei allen nach ihrem Befinden und fragte: »Belastet euch nicht irgendetwas? Habt ihr vielleicht ein Problem, das ich lösen kann? Gibt es nicht eine Frage, die ihr stellen möchtet? Ich bin der Reiher, voller Mitgefühl für alle, und ich irre mich nie.«

So verhielt es sich, bis eines Tages eine Taube in merkwürdige Schwierigkeiten geriet.

Die Taube hatte ihr Nest in einem Loch in der Baumkrone und unlängst waren viele Küken geschlüpft, die konnten noch nicht fliegen. In jener Steppe lebte auch ein Fuchs, der den Braten gerochen hatte.

Da der Fuchs nicht auf den Baum steigen konnte, dachte er sich: »Ich werde die Taube erschrecken, um eins ihrer Küken zu erbeuten.«

Er stellte sich unter den Baum, rief nach der Taube und erklärte: »Dieser Baum ist mein Eigentum, wieso wohnst du hier ohne Erlaubnis?« Die Taube antwortete: »Ich wusste nicht, dass der Baum Euch gehört. Meine Küken sind jetzt noch klein, sie können nicht fliegen. In wenigen Tagen werde ich ohnehin ausziehen.«

Der Fuchs erwiderte: »Das geht nicht, du musst den Baum jetzt sofort räumen und verlassen.«

»Oh nein! In dieser Steppe gibt es keinen anderen Baum und keine Mauer, ich kann nicht an jedem beliebigen Ort ein

Nest bauen«, sagte die Taube. »Und die Küken sind noch Kinder und können nicht fliegen.«

Der Fuchs entgegnete: »Ich habe von diesen Dingen keine Ahnung. Entweder räumst du den Baum oder ich komme hoch und fresse alle deine Kinder.«

Die Taube fürchtete sich und bat: »Geht es denn nicht, dass du mir ein paar Tage Aufschub gewährst?« Der Fuchs antwortete: »Wenn du mir eins von den Küken als Pfand gibst, gebe ich dir einen Tag Aufschub.« Die Taube gab dem Fuchs ein Küken und bat ihn, es sorgsam zu hüten.

Der Fuchs sagte: »Wenn du dich bis morgen verziehst, wirst du dein Küken wiedersehen, aber wenn du noch hier bist, siehst du es nicht mehr.« Er nahm das Taubenküken und fraß es. Am nächsten Morgen kehrte er zurück und machte furchtbaren Lärm.

Die Taube kam an den Rand des Lochs und erklärte: »Wir denken über den Auszug nach, aber wir haben noch keinen Wohnort gefunden. Gib mir noch eine Frist von einem Tag.« Der Fuchs erwiderte: »Wenn du mir eins von den Küken als Pfand gibst, gebe ich dir einen weiteren Tag Aufschub, wenn nicht, komme ich und fresse sie alle.« Wieder gab ihm die Taube ein Küken und der Fuchs nahm es und ging.

Gegen Mittag jenes Tages kam der Reiher daher. Er setzte sich auf einen Ast des Baumes und sah, dass die Taube sehr betrübt war. Indem er sich nach ihrem Befinden erkundigte, fragte er: »Ich sehe, du bist sehr traurig. Hast du ein Problem, das ich dir lindern kann? Hast du vielleicht eine Frage, die ich lösen kann?«

Die Taube antwortete: »Doch, mein Problem liegt darin, dass es in dieser Steppe einen Fuchs gibt, der jeden Tag auftaucht und mir ein Küken wegnimmt. Dafür gibt er mir einen Tag Aufschub, und wenn ich hier nicht ausziehe, will er kommen und sie alle fressen. Solange die Küken das Fliegen nicht gelernt haben, kann ich von hier nicht weggehen, und ich weiß nicht, womit ich dieses Unglück büßen soll.«

»Oh, hättest du mir das nur früher gemeldet«, sagte der Reiher. »Ich bin der Reiher, ich bin redlich und rechtschaffen und ehrlich und löse jedes Problem und ich irre mich nie. Auch für dein Leiden gibt es ein Heilmittel. Warte, ich bin gleich zurück und gebe dir Bescheid, was du zu tun hast.«

Der Reiher ging und holte aus dem Meer einen kleinen Fisch. Dessen Bauch riss er auf und träufelte ein wenig Schlangengift hinein. Den Fisch brachte er der Taube und erklärte: »Hör gut zu, was ich dir sage: Erstens hat dich der Fuchs umsonst erschreckt. Er kann gar nicht auf den Baum steigen, und was immer er von sich gibt, sind Lügen. Die List hat er angewandt, um dir die Küken zu rauben. Demnach ist es leicht, den Fuchs zu behandeln. Nimm diesen Fisch und bewahre ihn auf. Der

Bauch des Fisches ist voll Schlangengift. Wenn morgen der Fuchs kommt und herumschreit, antworte ihm: ›Ich ziehe hier nicht aus und der Baum gehört mir. Mach, was du willst.‹ Dann wirst du sehen, dass der Fuchs nicht auf den Baum klettern kann und sich verkrümelt. Aber wenn du feststellst, dass der Fuchs wirklich und wahrhaftig dabei ist, auf den Baum zu steigen, sag ihm, dass du einen Scherz gemacht hast und ihm noch einmal für einen Tag ein Küken gibst. Dann wirf ihm anstelle eines Kükens diesen Fisch hin. Der Fuchs hat noch nie einen Fisch gesehen und weiß nicht, was das ist. Wenn er fragt, warum das Küken anders aussieht, antworte, es habe sich aus Angst vor dem Fuchs so verändert. Der Fuchs wird auch einen vergifteten Fisch fressen und sterben und das geschieht ihm recht. Wenn er aber nicht stirbt, dann bringe ich dir jeden Tag einen Fisch voll Schlangengift, bis er nach und nach vergiftet ist. Jedermann wird von schlechtem Essen allmählich vergiftet.«

Die Taube segnete den Reiher. »Vergelt's Euch Gott. Die Leute erzählen nicht umsonst, der Reiher habe Mitgefühl. Gott schenke Euch Flüsse und Fische. Gott schenke Euch ein langes Leben. Möge es Euch wohlergehen.«

Der Reiher erwiderte: »Ja, wenn jemand seine fünf Sinne beisammenhat, kann kein Fuchs und nicht einmal ein Löwe oder ein Wolf ihn betrügen. Also, bis morgen Mittag.«

Die Taube bewahrte den Fisch auf und am nächsten Morgen kam der Fuchs und rief. Die Taube dachte sich: »Mit dem Fuchs ist nicht zu spaßen. Es ist besser, ich bleibe in dem Loch und tue so, als würde ich ihn nicht hören. Wenn er dann geht, zeigt sich ja, dass der Reiher die Wahrheit gesagt hat und der Fuchs gar nicht hochklettern kann. Aber wenn er heraufkommt, überlasse ich ihm den Fisch und gebe vor, ich hätte geschlafen und nichts gehört. Ich behaupte, gestern Nacht sei eine Schlange hierher gekrochen. Vor Angst seien wir bis zum

Morgen wach gewesen und erst in der Frühe eingeschlafen. Die Küken seien krank geworden und so weiter ...«

So fing sie es an. Der Fuchs rief einige Male und dann drohte er: »Antwortest du nicht? Jetzt zahle ich es dir heim. Ich komme selbst nach oben und fresse alle Küken.« Und er begann, mit seinen Pfoten am Baumstamm zu kratzen.

Die Taube fürchtete sich vor dem scharrenden Geräusch seiner Krallen auf der Baumrinde und glaubte, er sei schon dabei, nach oben zu klettern. Sofort sprang sie an den Rand des Lochs und fragte: »Was ist denn los?« Der Fuchs erwiderte: »Du willst wissen, was los ist? Entweder gibst du mir ein Küken oder ich komme und fresse sie alle.« Die Taube antwortete: »Ich habe doch nichts dagegen, aber du schreist so laut, dass du alle Welt erschreckst und die Küken schon krank geworden sind. Schau, hier ist noch ein Küken, aber du musst die verpfändeten Kinder sorgsam beschützen.« Damit warf sie den Fisch zum Fuchs hinunter.

Der Fuchs fraß den Fisch vor ihren Augen und fragte: »Was für ein Küken war das?«

Die Taube antwortete: »Nun, das Küken ist vor lauter Angst so geworden. Weißt du etwa nicht, dass man von zu viel Lärm krank wird!« Der Fuchs sagte: »Nein, das glaube ich nicht. Noch eins.« Die Taube wurde unruhig und erwiderte: »Mehr Küken sind nicht da. Tu nur, was immer dir möglich ist. Ich weiß, dass du nicht auf den Baum steigen kannst.«

Als der Fuchs das hörte und sah, dass er blamiert war, gab er zur Antwort: »Das ist wahr, ich kann nicht auf den Baum steigen. Und wenn ich es könnte, käme ich nicht, denn du bist ein herzensguter Vogel. Aber woher weißt du das? Das ist dir nicht selbst eingefallen. Tauben haben nicht so viel Erfahrung. Dieses Küken war auch kein Taubenküken, das habe ich gemerkt. Offenbar hat dir jemand, der gelehrt und erfahren ist, etwas beigebracht. Ich bitte dich, sag die Wahrheit, von wem du das gelernt hast. Wenn du die Wahrheit sagst, lasse ich mich hier gar nicht mehr blicken und rufe auch nicht mehr.«

»Ich habe das von jemandem gelernt, der dir an Wissen weit überlegen ist, von einem, der redlich und rechtschaffen und ehrlich ist, der mehr Erfahrung hat als alle und mit den Leuten mitfühlt, dem alle Flüsse und Meere gehören und dessen Name Trauriger Herrscher ist. Jetzt geh und komm bloß nicht wieder, sonst geht es dir schlecht.«

»Sehr gut«, sagte der Fuchs, »den Traurigen Herrscher kenne ich. Er heißt Reiher. Ich komme nicht mehr hierher, aber der Reiher auch nicht. Mit dem werde ich fertig.«

Die Taube entgegnete: »Der Reiher ist nicht so schwach wie ich, er pickt dir mit seinem Schnabel die Augen aus. Er irrt sich nie.«

»Ich denke an ihn und du wirst von ihm hören.«

Der Fuchs lief geradewegs zum Meer und sah den Reiher in Gedanken versunken an der Küste sitzen. Als der Reiher bemerkte, dass sich der Fuchs näherte, wandte er sich um und stellte sich ihm gegenüber auf. Er war darauf vorbereitet, mit ihm zu kämpfen. Der Fuchs begriff, wenn er über die Taube spräche, würden sich seine Chancen verringern. Er überlegte und begrüßte den Reiher: »Ich wünsche einen guten Tag.«

Der Reiher erwiderte seinen Gruß und beruhigte sich ein wenig. Er fragte: »Gibt's was?«

»Ja, wenn Ihr erlaubt. Ich habe gehört, dass Ihr sehr erfahren seid und alle von Euren Gedanken etwas lernen. Auch ich habe heute ein Problem und bin gekommen, um mich mit Euch zu beraten.«

Der Reiher genoss es, das Lob zu hören. »Ja, frag mich nur alles, was du möchtest. Ich bin sehr intelligent, ich irre mich nie, ich …« Der Fuchs unterbrach ihn: »Natürlich, genauso ist es. Mein Problem besteht darin, dass ich mich vor dem Wind fürchte.«

Der Reiher antwortete: »Der Wind ist doch nicht beängstigend. Wir haben selbst auf dem Ast eines Baumes keine Angst und du fürchtest dich auf dem Erdboden vor dem Wind?«

»Gut, das ist etwas anderes. Ihr fürchtet Euch nicht, weil Ihr Eurem Gefieder vertraut, auch der Dichter hat gesagt:

Die Vögel auf den Ästen fürchten sich nicht vor dem Wind,
    das liegt daran, dass ihre Flügel verlässlich sind.

Aber wir Landtiere fürchten uns und die Angst ist der Bruder des Todes. Wir finden den Wind sehr schrecklich.«

Der Reiher fragte: »Sag mal, rührt deine Angst vom Rauschen der Zweige und Blätter der Bäume her?«

»Nein, vor Geräuschen fürchte ich mich nicht. Ich fürchte mich davor, dass mir Staub in die Augen fliegt.«

»Nun, wenn der Wind bläst, dann schließ die Augen.«

»Das ist richtig, aber was soll ich mit meiner Nase machen, was soll ich mit meinen Ohren machen? Ich bin hier, um Euch zu fragen, was Ihr macht, wenn es stürmt, wenn zum Beispiel starker Wind von rechts oder von links kommt!«

»Das spielt keine Rolle«, meinte der Reiher. »Wenn der Wind von rechts weht, drehen wir den Kopf nach links. Wenn er von links weht, wenden wir den Kopf nach rechts, dann bläst er uns nicht mehr ins Gesicht.«

Der Fuchs fragte weiter: »Und wenn er von vorn kommt, was dann?«

»Nun geh, mein Lieber«, sagte der Reiher. »Du bist wirklich recht schwer von Begriff; wieso behauptet man denn, der Fuchs sei sehr listig? Es ist doch klar, dass wir uns umdrehen und uns mit dem Rücken gegen den Wind stellen, wenn er von vorn bläst.«

Der Fuchs fragte: »Ja, aber wenn der Wind von allen Seiten kommt, von links, von rechts, von vorn, von hinten. Wie soll ich es ausdrücken? Zum Beispiel eine Windhose, was macht Ihr dann?«

»Nichts, dann stecken wir den Kopf in unser Gefieder.«

»Du hast recht. Ihr habt großes Glück, dass Ihr ein Gefieder habt, aber ich habe Pech. Selbst wenn ich ein Gefieder hätte, könnte ich, da mein Hals so kurz ist, den Kopf nicht hineinstecken. Was kann ich dann machen?«

»Nun, du kannst deine Augen schließen, deinen Hals beugen, dich klein machen, deinen Kopf zwischen die Pfoten nehmen und mit den Armen die Ohren und die Nase schützen«, schlug der Reiher vor.

»Auf die Art müsste es gehen, aber ich bin arg zerstreut und verstehe es nicht ganz. Dürfte ich Euch vielleicht bitten, mir das einmal vorzuführen, damit ich es mir merke und immer Euren Worten folge?«

»So …« Der Reiher machte sich klein und legte den Kopf auf die Brust, und mit den Flügeln bedeckte er seinen Kopf von beiden Seiten.

Sofort sprang der Fuchs auf, packte den Nacken des Reihers und rief: »Das ganze Gespräch war ein Vorwand, ich fürchte mich nicht vor dem Wind, vor deinem spitzen Schnabel habe ich mich gefürchtet. Genau das war meine Absicht, damit du die Tauben nicht mehr streiten lehrst und ihnen keine Fische mehr bringst, armer Unglücklicher! Du selbst trinkst kein Wasser und isst keinen Fisch, damit sie nicht ausgehen, und dabei bringst du der Taube einen Fisch, damit sie ihn mir anstelle eines Kükens gibt, und lehrst sie, dass ein Fuchs nicht auf Bäume steigen kann? Und immerzu behauptest du: ›Ich irre mich nie, ich bin redlich und rechtschaffen und ehrlich.‹ Siehst du nun, dass dir der Fuchs an List überlegen ist? Wie geht es dir jetzt?«

Der Reiher antwortete: »Du hast recht. Bei all meinem Sachverstand habe ich mich durch deine Belobigungen und

Komplimente täuschen lassen. Aber sag mir, hast du diesen Fisch gefressen?«

»Selbstverständlich habe ich ihn gefressen und dich fresse ich auch.«

»Angenommen, du frisst mich«, meinte der Reiher. »Natürlich hast du das Recht dazu, denn ich habe dich vor der Taube bloßgestellt, aber ich bin für dich die Speise eines Tages. Da du jetzt keine Taubenküken mehr hast, bin ich bereit, ein Geschäft mit dir abzuschließen, nämlich dass du mich freilässt und ich jeden Tag zwei Fische für dich fange. Du weißt, dass das Meer voller Fische ist und sie niemals aussterben. Auf diese Weise brauchst du nicht die Verantwortung für meinen Tod zu tragen und es steht immer eine fertige Mahlzeit für dich bereit.«

Der Fuchs erklärte: »Ich bin einverstanden, aber wer garantiert mir, dass du nicht dein Wort brichst und nachher von deinem Versprechen nichts mehr wissen willst?«

Der Reiher antwortete: »Ich biete dir als Garantie, was immer du möchtest, aber du weißt selber, dass wir nicht zu denen gehören, die wortbrüchig werden. Ich hatte vor, jeden Tag einen Fisch zu fangen, um ihn der Taube zu bringen, damit sie ihn dir gibt, und von der Taube hätte ich nichts dafür erhalten. Welchen Unterschied macht es jetzt, wenn ich Fische fange und sie dir selbst gebe? Das ist sogar viel einfacher.«

In dem Augenblick wirkte das Schlangengift im Magen des Fuchses, er bekam Kopf- und Bauchschmerzen und hatte nicht mehr die Kraft, den Reiher festzuhalten. Daher willigte er ein und sagte: »Sehr gut, ich vertraue deinem Wort, unsere Vereinbarung lautet: täglich an dieser Stelle zwei Fische. Ich verlasse dich jetzt und wehe dir, wenn du dein Versprechen nicht hältst.«

So sprach der Fuchs, ließ den Reiher los und ging. Aber er kam nicht mehr zurück.

Der bunte Schakal

Es war einmal ein Schakal, der war sehr ängstlich, aber er war auch böse und hatte die anderen Schakale gelehrt, die Weintrauben im Garten zu zerdrücken.

Die Geschichte trug sich wie folgt zu: Eines Nachts machten sich die Schakale auf, um im Weinberg zu wildern. Da sahen sie, dass jener Schakal dabei war, die Weintrauben abzuklauben und zu zerquetschen. Sie fragten ihn: »Warum vernichtest du die Weintrauben?« Er antwortete: »Ich kennzeichne sie, damit wir nicht jede Nacht unsere Zeit vergeuden. Die süßen Trauben esse ich und die sauren markiere ich. Ist das nicht gut?«

»Doch, das ist gut«, stimmten sie zu. In jener Nacht aßen sie einige süße Trauben, die meisten sauren Trauben rissen sie ab und gingen.

Am nächsten Tag fand der Herr des Weinbergs die Trauben und verstand, was geschehen war. Er sagte sich: Was für dumme Schakale sind das, die nicht wissen, dass die sauren Trauben in ein paar Tagen ebenfalls süß werden.

Er dachte: Der Unwissenheit der Tiere ist nicht abzuhelfen, aber bald sind keine Weintrauben mehr da. So überlegte er ein wenig und dann bereitete er aus Maulbeeren und getrockneten Feigen eine süße Speise zu und stellte sie neben den Wassergraben. In der Nacht kamen die Schakale, fraßen die Suppe und verschwanden. Doch der Herr des Weinbergs konnte nicht jeden Tag eine Suppe für sie kochen. Deshalb erhöhte er während der nächsten Tage die Mauern um den Garten und stellte am Wasserlauf eine Falle auf, um die Schakale zu fangen.

Zufällig verspätete sich an dem Abend, an dem er die Falle aufgestellt hatte, der ängstliche Schakal. Einer der anderen

Schakale tappte in die Falle und die übrigen flohen. Die Schakale lebten in Höhlen in den Hügeln der Steppe und in den Spalten der Ruinen. Einer von ihnen, der den weitesten Weg hatte, fand sich am frühen Morgen bei dem ängstlichen Schakal ein und erzählte ihm, was vorgefallen war. »Gut, dass du nicht gekommen bist«, sagte er. »Aber warum fürchtest du dich und suchst das Weite, obwohl du gar nicht da warst?«

Der ängstliche Schakal antwortete: »Ich fürchte mich vor dem Löwen. Die Falle ist doch nichts. Aber du weißt ja, dass ich von allen den weitesten Weg habe, und heute Nacht hat auf diesem Hügel ein Löwe gebrüllt. Darum bin ich nicht aus dem Haus gegangen.«

»Löwen leben im Wald«, wandte der geflohene Schakal ein. »Hierher in die Nähe der Siedlung kommen sie nicht.«

»Ich habe selbst seine Stimme gehört«, erwiderte der ängstliche Schakal. »Wenn der Löwe kommt, ist das für alle gefährlich und besonders für mich, da mein Weg so weit ist.«

Unterdessen traf ein Fuchs ein und fragte: »Was ist los?« Die Schakale antworteten: »Wir fürchten uns vor dem Gebrüll des Löwen.«

»Ich höre den Löwen gar nicht«, entgegnete der Fuchs. Der ängstliche Schakal meinte: »Vielleicht bist du schwerhörig, und deine Wohnung liegt auch nicht hier in der Gegend. Deshalb fürchtest du dich nicht.«

»Nun gut«, sagte der Fuchs. »Kommt, wir suchen zu dritt in den Hügeln. Wenn es einen Löwen gibt, dann wissen wir Bescheid und fliehen. Wenn keiner da ist, können alle ganz beruhigt sein.«

Die Schakale stimmten zu. »Na schön, geh du in diese Richtung, wir in die beiden anderen, und hier treffen wir uns.« Sie schickten den Fuchs in die Richtung, aus der die Stimme gekommen war, und liefen selbst in die andere Richtung, die sicherer war. Als der geflohene Schakal an den Eingang seiner

Behausung kam, verabschiedete er sich von seinem Gefährten mit den Worten: »Ich fühle mich nicht wohl. Aus Angst vor der Falle tut mir der Kopf weh. Falls es etwas Neues gibt, melde dich bei mir.« Er ging ins Haus und der ängstliche Schakal kehrte, nachdem er gesucht hatte, zum Treffpunkt zurück.

Der Fuchs kam ebenfalls zurück und erklärte: »Ich habe überall gesucht, von Löwen keine Spur, allerdings liegt da auf dem Hügel ein zerbrochener Wasserkrug, und wenn der Wind bläst und über die Öffnung des Krugs streicht, gibt es einen Laut. Könnte es nicht sein, dass du den für die Stimme des Löwen gehalten hast?«

Der ängstliche Schakal erkannte, dass genau das sein Irrtum gewesen war, doch um es vor dem Fuchs zu verbergen, fragte er: »Von welchem Hügel sprichst du?« Der Fuchs machte ein Zeichen und sagte: »Von dem hohen dort.« In dem Augenblick kam ein heftiger Windstoß und das Geräusch von dem Krug wurde lauter. Der Schakal behauptete: »Nein, das weiß ich schon selbst, wo der Löwe und wo der Wasserkrug war. Das

Gebrüll des Löwen kam von der anderen Seite, jetzt höre ich es nicht mehr. Vielleicht ist er weggegangen.«

Dann verabschiedete sich der Fuchs und lief davon. Der ängstliche Schakal dachte sich: »Ich will mir diesen abscheulichen Krug einmal ansehen.« Ganz, ganz langsam schlich er in dessen Nähe und sah, ja, es war ein zerbrochener Wasserkrug, und wenn der Wind hineinfuhr, erzeugte er einen Ton, und das war genau der Ton, den er gehört und vor dem er sich gefürchtet hatte. Rachedurst packte den Schakal und er herrschte den Krug an: »Du erschreckst mich, ja? Pass bloß auf! Ich will verflucht sein, wenn ich dich nicht ins Verderben stürze. Elender, Unglücklicher! Machst du etwa aus Langeweile auf dem Hügel Geräusche und erschreckst die Leute? Ich stecke dich jetzt ins Wasser und versenke dich.«

Der Schakal ergriff den Krug an der Tülle und brachte ihn zum Flussufer. Er wollte ihn ins Wasser stoßen, aber die Uferböschung des Flusses war flach. Sosehr er gegen den Krug trat, er schaffte ihn nicht hinunter. Der Schakal dachte ein wenig nach und sagte: »Ich verstehe, ich muss dich aus großer Höhe ins Wasser werfen.«

Er zog ihn höher hinauf und stieß ihn ins Wasser. Der Krug stürzte hinab, Hals und Tülle gingen unter, sein Bauch jedoch blieb oben und schwamm davon. Der Schakal freute sich. »Siehst du nun. Jetzt verschwinde, wohin du willst, auf dem Hügel machst du keinen Krach mehr.« Aber als er ihn noch beobachtete, sah er, dass der Wasserkrug hundert Schritte weiter ans Ufer des Flusses trieb und sich in den Blumen verfing. Er gluckste ein wenig, fiel auf eine Seite und blieb so liegen.

Der Schakal wurde zornig. »Bist du noch nicht untergegangen? Ich weiß, wie ich es dir zeige.« Mit Mühe hob er den Krug vom Flussufer auf und setzte ihn hin. Mit der Pfote schaufelte er Erde hinein, bis er voll war. Dann sagte er: »Jetzt wirst du im Wasser versinken.« Der Krug war indessen schwer geworden, und sosehr er es versuchte, er konnte ihn nicht aufheben und ins Wasser werfen.

Der Schakal überlegte und schimpfte weiter: »Hast du geglaubt, ich lasse dich aus meinen Pfoten entkommen? Du bist mir ja mehr als frech. Wenn es mit Erde nicht geht, fülle ich dich voll Wasser und ertränke dich.« Mühevoll stellte er den Krug schräg und aufrecht, um die Erde wieder herauszuholen. Da fand er ein Stück Bindfaden und befestigte damit den Henkel des Wasserkrugs an seinem Schwanz. So zog er ihn zum Flussufer. An einem Platz, der eine Handbreit höher lag als das Wasser, griff er in die Gräser und hielt sich mit den Pfoten an einer Stelle fest. Ganz langsam bewegte er sich rückwärts, bis der Krug ins Wasser fiel und gluckste. »Hör auf mit dem sinnlosen Flehen«, fuhr der Schakal ihn an. »Ich lasse dich nicht los.«

Als der Krug sich füllte, wurde er schwer und zog den Schwanz des Schakals nach unten. Beinahe wäre er selbst ins Wasser gefallen. Sosehr er schrie »Lass mich los, lass mich los«, der Wasserkrug war an seinen Schwanz gebunden und er wurde gezogen. Der Schakal dachte: »Ich habe einen absonderlichen Fehler gemacht. Der Krug lässt nicht los. Niemand ist da, der mir zu Hilfe käme. Jetzt kann ich weder den Wasserkrug ziehen, noch kann ich mich befreien.« Notgedrungen wandte der Schakal seinen Kopf und biss mit den Zähnen die Hälfte von seinem Schwanz ab. Der Krug versank im Wasser und er war gerettet. Dann drehte er sich um und sagte zu dem Krug, der unter Wasser lag: »Was ist schon ein kleines Stück Schwanz. Statt dessen habe ich deinen ganzen Körper im Wasser ertränkt und vor der Bosheit deiner Stimme habe ich Ruhe.«

Nun beruhigte sich der Schakal über den Wasserkrug, doch er hatte auch seinen Schwanz verloren und fürchtete, wenn er zu den anderen Schakalen zurückkäme und ihnen die

Geschichte erzählte, würden sie ihn auslachen. Vor lauter Scham beschloss er: Ich gehe irgendwohin, wo mich kein Schakal sieht. Er nahm den Weg in die Siedlung und betrat eine Gasse. Aus Angst vor den Hunden kroch er in ein Loch, das das Kellerfenster einer Färberei war. Unter dem Fenster waren die Farbfässer im Kreis aufgestellt.

Der Schakal fiel geradewegs in ein Fass mit roter Farbe und seine vier Pfoten wurden rot. Er zog sich aus dem Fass, fiel jedoch kopfüber in ein anderes Fass und Kopf und Hals wurden grün. Indem er herauskam, fiel er in die gelbe Farbe. Kurz und gut, als er mit Mühe aus den Fässern entkam, war es beinahe Morgen. In einem großen Kupferbecken mit Wasser betrachtete er sich und sah, wie sonderbar bunt er geworden war, sodass er sich selbst nicht wiedererkannte.

Am frühen Morgen öffneten die Färberlehrlinge die Tür und glaubten, es sei ein Hund. Sie riefen, ein Hund sei durchs Fenster gefallen und habe sich vollkommen mit Farbe beschmiert. Sie nahmen einen Stock, um ihn zu schlagen, und der bunte Schakal floh schnell durch die Tür. Auf der Straße sah eine Katze den bunten Schakal und auch sie hielt ihn für einen Hund. Sie sprang auf einen Baum und sagte: »Aber was für ein schöner bunter Hund!« – »Du bist selber ein Hund«, gab der Schakal zurück und flüchtete in die Steppe. Er fand einen schmalen Wasserlauf, in dem badete er. Da es sich aber um natürliche Pflanzenfarben handelte, mit denen man die Wolle für Teppiche färbte, war die Färbung dauerhaft. Es war keine Tinte, die man ausspülen kann. Je mehr er sich wusch, umso klarer und leuchtender wurden die Farben.

Notgedrungen stieg der Schakal aus dem Wasser, und als er getrocknet war, suchte er nach einer Lösung. »Was soll ich jetzt tun oder lassen, mit dieser Schwanzlosigkeit und der Farbenpracht sehe ich doch aus wie ein Pfau. Wie soll ich das den Leuten erklären?«

Er überlegte ein wenig und dachte: »Nichts ist besser, als wenn ich ganz große Reden führe und behaupte, ich hätte mit einem Löwen gekämpft, der Löwe habe meinen Schwanz abgebissen und dann habe mich der Prophet Elia gerettet und ich sei zu einer Erscheinung erhoben geworden.«

Mit diesen Gedanken lief er eben los, als der Fuchs ankam und ihn fragte: »Wie siehst du denn aus?«

Der Schakal erzählte: »Nichts passiert, Gott war mir gnädig. Nachdem ihr gestern Abend gegangen wart, brüllte der Löwe erneut. Ich wollte seinen Aufenthaltsort markieren und lief auf den Hügel, als ich – am Tag des Herrn geschieht dir kein Unglück – auf einmal den Löwen direkt vor meiner Nase stehen sah. Indem ich zu den Menschen fliehen wollte, setzte er mir nach und packte meinen Schwanz. Verzweifelt schrie ich um Hilfe und bat Gott selbst, er möge mir beistehen. Da sah ich einen Herrn aus Staub und Nebel hervortreten, der gab dem Löwen eine Ohrfeige und rettete mich. Er fragte mich: ›Was wünschst du?‹ Ich fragte, wer er sei, und er antwortete: ›Ich bin Elia.‹ Ich sagte: ›Oh Elia, ich habe keinen Schwanz. Der Löwe hat meinen Schwanz gefressen und jetzt werden sich die Schakale über mich lustig machen. Was soll ich tun?‹ Elia erwiderte: ›Sei nicht traurig, als Entschädigung will ich dich etwas lehren, das dir, wenn du es sprichst, jeden Wunsch, den du nur hast, erfüllen wird.‹ Ich sprach das Gebet und bat: ›Mein Gott, ich habe keinen Schwanz, gib mir etwas als Ersatz, das mich schöner macht als alle anderen Schakale.‹ Da blitzte und donnerte es plötzlich, ein Gewitter brach los und ich erhielt diese Farben. Kurz, aufgrund des Gebets von Elia bin ich so schön bunt geworden. Und nun heiße ich nicht mehr Schakal, sondern Schakapfau, das bedeutet: ein Schakal, der wie ein Pfau ist, und eine von Elia geschaffene Erscheinung. Das Gebet und mein Fluch bewirken auch Böses, und wer daran zweifelt, dem wird es schlecht ergehen.«

Der Fuchs entgegnete: »Mein Lieber, nun hör aber auf mit diesen albernen Späßchen und sag die Wahrheit, damit ich erfahre, warum du so aussiehst und wo dein Schwanz geblieben ist.« – »Wie ich sagte«, erwiderte der Schakal. »Du redest außerdem zu viel. Ich verfluche dich, du wirst dich einst in Rauch auflösen und gen Himmel fahren!«

Der Fuchs meinte: »Nein, an uns liegt es nicht, das weißt du selbst, wir sind eure aufrichtigen Freunde und Bittgebete haben wir auch.«

Der bunte Schakal sah, dass alles nach Wunsch verlief. Er kam zum Haus des Schakals, der geflohen war, und erzählte ihm die Geschichte, die er erfunden hatte. »Siehst du, ich hab's ja gesagt! Ich wusste, dass es auf der Anhöhe einen Löwen gibt. Aber Gott war mir gnädig und nun bin ich sehr froh, dass ich zu einer Erscheinung geworden bin und Schakapfau heiße.«

Der geflohene Schakal fragte: »Was bedeutet das denn, Schakapfau?«

Der bunte Schakal antwortete: »Das bedeutet, ein Schakal, der wie ein Pfau ist und zu einer Erscheinung gemacht wurde.«

Der geflohene Schakal meinte: »Na, so was. Aber das glaube ich nicht!«

»Gib acht auf deine Worte. Wenn du mir frech kommst, verfluche ich dich, und du wirst dich einst in Rauch auflösen und gen Himmel fahren!«

Der geflohene Schakal bekam Angst. »Nein, ich weiß ja, dass du in allem die Wahrheit sagst. Jetzt bleib hier, während ich die anderen Schakale benachrichtige.«

Danach versammelten sich die Schakale und gratulierten dem bunten Schakal. Sie akzeptierten seine Größe und erkundigten sich: »Was ist nun unsere Schuldigkeit?«

Der bunte Schakal befahl: »Eure Schuldigkeit besteht darin, dass der große Weinberg mein Eigentum ist und kein Schakal mehr das Recht hat, seinen Fuß hineinzusetzen.«

Die Schakale fragten: »Hat das auch jemand wie Elia gesagt?«

Der Bunte antwortete: »Das liegt in eurem eigenen Interesse.«

Sie sagten: »Sehr gut, wenn es so ist, dann haben wir nichts dagegen.«

Der Bunte fuhr fort: »Ja, genauso ist es. Und jede Woche müsst ihr mir ein dickes und fettes Huhn bringen.«

»Auch das, zu Diensten. Gibt es noch weitere Befehle?«

»Nein, sonst gibt es keine Aufträge. Aber wenn die Hühner fett sind, ist es besser für euch.«

»Dann tust du gar nichts für uns?«, wollten sie wissen.

»Doch«, erklärte der Bunte, »ich spreche Wünsche für euch, ich bete für euch.« Sie fragten, wie? Und er gab eine Probe: »Oh Gott, großer Gott, beschütze diese Schakale vor den bösen Hunden. Oh Gott, lass sie niemals in die Falle tappen. Oh Gott, mach die Trauben süß. Oh Gott, mach die Hühner fett und die Schakale glücklich …«

Sie sagten: »Das ist sehr gut und wir sind zufrieden. Wir bringen dir die Hühner und in den großen Garten setzen wir keinen Schritt. Und wir freuen uns sehr, dass der Schakapfau unser Oberhaupt und Chef ist.«

Als die Schakale hinausgingen, meinte eins ihrer Kinder: »Ich glaube nichts von dem Gerede. Als ob der Prophet Elia nichts anderes zu tun hätte, als einen Schakal bunt zu färben und ihn ein Gebet zu lehren.«

Die Schakale entgegneten: »Na und? Es gibt Dinge, die wir nicht verstehen. Diese Farben und diese Reden haben ja einen Grund!«

»Die Farben haben zwar einen Grund, aber mit dem Propheten Elia haben sie nichts zu tun. Ich glaube, die Reden hat er sich selbst ausgedacht«, sagte das Schakalkind.

»Woher kommen denn also die grüne, gelbe und rote Farbe und wo ist sein Schwanz geblieben?«

»Was weiß ich«, antwortete das Schakalkind. »Vielleicht hat er sich den Schwanz in der Falle eingeklemmt, vielleicht hat er sich in der Färberei einfärben lassen.«

»Der Färber hat etwas anderes zu tun, als einen Schakal zu färben«, widersprachen sie.

»Nicht zuletzt wundere ich mich über Folgendes«, wandte das Schakalkind ein. »Wenn jemand ein Tier retten sollte, wäre es etwa ein Tier, das Missernte bringt? Ist das etwa nicht derselbe boshafte Schakal, der die Weintrauben der Leute abgerissen hat?«

»Das ist Teil der Geheimnisse und niemand kennt den anderen. Vielleicht hat er etwas Gutes getan, dass er es wert war, gerettet zu werden.«

Das Kind gab nicht nach. »Angenommen, es sei so. Warum wünscht er sich dann nicht, da er sich doch etwas wünschen kann, dass die Hühner von selbst zu ihm kommen? Warum erbettelt er sie von euch? Wenn er die Wahrheit sagt, wäre es gut, er würde die Hühner herbeiholen und fressen.«

Die Schakale sagten: »Liebes Kind, beruhige dich. Unser Trost liegt darin, dass er, wenn er auch gelogen haben sollte, seine eigene Seele unglücklich macht.«

Auf diese Weise bereitete sich der bunte Schakal für zwei Wochen ein bequemeres Leben. Man brachte ihm einige Hühner. Der Inhaber des Weinbergs hatte ebenfalls nichts einzuwenden. »Seitdem dieser bunte Schakal hier ist, haben wir vor der Bosheit der anderen Schakale unsere Ruhe.« Doch eines Tages fiel der bunte Schakal im Weinberg in einen Brunnen und die Geschichte war zu Ende.

ID. Kapitel

Der Kern der Sache

Der Kern der Sache

Es war einmal ein Maultier, das besuchte einst das Kamel und sagte: »Teurer Meister, ich bin gekommen, um Euch zu einem wichtigen Thema zu befragen und mir von Euch Rat zu holen, damit ich einen Fehler, den ich an mir habe, korrigiere.«

Das Kamel antwortete: »Ich stehe Euch zur Verfügung. Zwar fehlt mir die Befähigung, aber natürlich kann jemand, der wirklich einen Rat haben möchte, leicht aus allem eine Lehre ziehen.«

Das Maultier fuhr fort: »Ja, ich weiß, dass dem, der nicht eitel und selbstsüchtig ist, ein Glück zuteilwird, wenn er an sich einen Fehler oder Mangel feststellt, sich mit einem Klügeren berät und sich korrigiert, damit er sich täglich verbessert und mehr geschätzt wird. Und ich dachte, Ihr seid die einzige Person, die mir helfen kann.«

Das Kamel erwiderte: »Ich bitte Euch, macht mich nicht verlegen. Ich bin nicht weise, aber in manchen Dingen habe ich Erfahrungen, die vielleicht nützlich sind.«

»Nein, Ihr seid unser Anführer und Oberhaupt und alle loben Euren Sachverstand und die Klarheit Eurer Gedanken. Ihr seid gegen niemanden voreingenommen und ich weiß, dass Ihr, wenn sich jemand mit Euch berät, unter allen Umständen bei der Wahrheit bleibt. Ich weiß, dass Ihr sehr edelmütig seid und mich bestens dazu anleiten könnt, meine Fehler zu berichtigen.«

»Die Güte ist ganz auf Eurer Seite«, sagte das Kamel. »Aber es ist schwierig, sich zum Verhalten anderer zu äußern. Niemand hat die Geduld, Kritik anzuhören. Niemand freut sich darüber, wenn du mit ihm über seinen Fehler sprichst. Und wenn du auch vollkommen unbeteiligt und aufrichtig bist, glaubt er trotzdem, du würdest ein persönliches Interesse verfolgen, und wird dir zum Feind.«

»Vielleicht denken die egoistischen und ungebildeten Leute so, aber ich nehme es nicht nur nicht übel, meine eigenen Fehler zu hören, sondern ich bin darüber froh, denn damit kann ich mich korrigieren.«

»Nun schön. An Eurem Äußeren erkenne ich keinen Fehler. Verratet mir, worin Euer Problem besteht.«

Das Maultier erklärte: »Mein Problem besteht darin, dass ich, wenn ich unterwegs bin, recht schnell stolpere und auf die Nase falle. Gerade heute Morgen, als ich eine Last trug, blieb ich mit dem Fuß an einem Stein hängen und fiel hin. Da schimpfte der Mensch, der mich begleitete, allerhand und behauptete, das Kamel könne laufen, das Maultier nicht. Jetzt möchte ich doch wissen, was ich beim Gehen falsch mache. Welchen Grund hat es, dass ich hinfalle? Warum stolpert das Kamel nie und fällt nicht hin, während ich oft falle und auf dem Bauch liege?«

»Das ist richtig. Der Grund dafür ist sehr rasch und leicht auszuräumen. Schau, mein Lieber, die Ursache des Stolperns und Hinfallens ist *Eile*. Eile macht vieles zunichte. Wir Kamele gehen in Ruhe unseren Weg, wir drängen nicht und wollen nicht den Weg einer Stunde in einer halben Stunde zurücklegen. Große Schnelligkeit im Handeln zieht viele Schwierigkeiten nach sich. Ich stelle mir vor, wenn du ein wenig ruhiger schreitest wie ein Kamel, wirst du unversehrt bleiben. Das ist der Unterschied, der zwischen einem Kamel und einem Maultier besteht.«

Das Maultier widersprach: »Ihr seid sehr ungnädig. Nein, das ist nicht der Grund, Ihr irrt Euch. Was redet Ihr da? Ihr glaubt wohl, ein Maultier könne nicht so gehen, wie ich es schon seit zehn Jahren gewohnt bin. Flink zu sein und früh anzukommen, ist doch kein Fehler. Wir müssen die eigentliche Ursache finden.«

»Ich weiß nicht«, meinte das Kamel, »das war so ein Punkt, an den ich dachte. Ich hatte nicht vor, Euch zu tadeln. Wenn ich Euch zu nahe getreten bin, bitte ich um Entschuldigung. Aber Achtung: Mir ist etwas anderes eingefallen, und zwar *Sorgfalt und Vorsicht*. Schau, mein Lieber, wir Kamele besitzen ein wenig Vorausschau und Weitblick. Wenn wir uns in Bewegung setzen, verschaffen wir uns über unseren Weg einen Überblick, soweit das Auge reicht. Wir kalkulieren, wo eine Grube ist, wo Steine liegen, wo es uneben ist, wo es halbwegs eben und wo es eben ist. Sorgfältig nehmen wir die Lage in Augenschein und marschieren. Wir tragen den Kopf hoch, aber wir sind nicht eingebildet. Meiner Meinung nach weiß auch das Maultier, wenn es ein wenig Weitblick übt und seinen Weg sorgfältig betrachtet, besser, wohin es seinen Fuß setzen soll, damit es nicht in eine Grube tritt, nicht gegen Steine stößt und Anhöhen und Niederungen wohlbehalten passiert. Wer unterwegs ist, darf keinen Unfug machen und sich nicht ablenken lassen, er muss Gras und Bäume vergessen, seine ganze Aufmerksamkeit auf die Arbeit und den Weg richten und sich mit Vorsicht vorwärts bewegen. Zerstreutheit und Sorglosigkeit bringen viele Schwierigkeiten ein.«

Verärgert entgegnete das Maultier: »Nein, das ist es auch nicht. Vielleicht verfolgst du einen Zweck damit, dass du diese Kritteleien anbringst. Ich achte schon auf den Weg, wenn ich laufe, ich bin ja nicht blind. Wir müssen den Kern der Sache finden. Dass ich stürze, muss einen anderen Grund haben.«

Das Kamel antwortete: »Ich weiß nicht, das war noch so ein Punkt, der mir in den Sinn kam. Ich hatte nicht die Absicht, Euch zu tadeln, und wenn ich Euch beleidigt habe, bitte ich um Entschuldigung. Es gibt noch etwas anderes, was der Grund des Hinfallens sein könnte. Schau, mein Lieber, wer einen Weg gewählt hat und seine Arbeit nicht wechseln kann, muss seine Gedanken mit der Arbeit in Übereinstimmung bringen. Meine und deine Arbeit ist es, unterwegs zu sein. Wir können nicht einfach spielen wie die Affen oder Wachdienst leisten wie die Hunde oder jagen wie die Löwen und Leoparden. Das Kamel befindet sich in Harmonie mit seiner Arbeit und versucht, geduldig und heiter zu sein. Ein Kamel ist trotz all der Größe, die es besitzt, immer gehorsam und demütig und tut seine Arbeit. Es beklagt sich nicht ständig, es ist nicht undankbar gegen Gott und es empört sich nicht. Aber das Maultier ist unzufrieden und undankbar und versucht nicht, seine Arbeit zu lieben und sich mit ihr zu arrangieren. Manchmal stellt es sich vor, ein Löwe oder ein Leopard zu sein, es möchte angreifen. Manchmal stellt es sich vor, ein Pferd zu sein, es möchte galoppieren und über Hindernisse springen. Manchmal stellt es sich vor, eine Katze zu sein und sich nicht in die Arbeit fügen zu dürfen. Daher scheint es egoistisch und hochmütig zu sein, und man verzeiht ihm nicht, wenn es hinfällt. Wenn das Kamel einmal stürzt, ist man zärtlich zu ihm und sagt: Das unschuldige Kindchen ist müde. Denn man weiß, dass sich ein Kamel nicht auflehnt. Aber wenn ein Maultier fällt, denkt man, es sei launisch und ungezogen, denn man hat gelegentlich Anzeichen von Eigensinn an ihm gesehen. Kurz, meiner Meinung nach muss ein wenig Umgänglichkeit und Duldsamkeit gelernt werden und dann findet sich kein Fehler mehr.«

Als das Maultier diese Worte hörte, wurde es zornig und rief: »Warum beleidigst du mich noch obendrein? Du bist selbst launisch und ungezogen. Warum erwähnst du denn nicht die Bosheit der Kamele und ihren Jähzorn? Davon sollte gleichfalls die Rede sein, damit ich Umgänglichkeit und Duldsamkeit lerne. Du meinst wohl, ich soll jedem, der auf mir reitet, Hände und Füße küssen und ihm ein Liedchen singen? Natürlich bin ich vom Lastentragen erschöpft, aber gut, ich mache meine Arbeit, was bleibt mir denn anderes übrig? Ich weiß nicht, was für einen Groll du gegen mich hast, dass du mich in jeder Hinsicht kritisieren willst. Ich habe nur nach dem Grund meiner Stürze gefragt und du redest solchen Unsinn. Wenn du etwas verstehst, dann nenne den Kern der Sache und den grundlegenden Fehler, wenn du es nicht weißt, dann sag, ich weiß es nicht, und Schluss. Warum erzählst du bloß so ein sinnloses Zeug?«

Das Kamel begriff, dass das Maultier nicht bereit war, seinen Fehler anzuerkennen und über die Korrektur seines Verhaltens nachzudenken. Es war nicht gekommen, um sich belehren zu lassen und einen Rat anzunehmen, sondern es war gekommen, um eine Entschuldigung und eine Ausrede für seine Stürze zu finden und die Schuld für seinen schlechten Gang auf irgendetwas anderes zu schieben und sich selbst als fehlerfrei auszugeben. Das Kamel dachte sich: »Also will ich es fröhlich machen, damit es vor Freude in die Luft springt und sich nicht mit mir verfeindet.« Notgedrungen erwiderte es:

»Liebes Maultier, glaube mir, ich wollte dich nicht tadeln. Das war noch so ein Punkt, der mir in den Sinn kam, und wenn ich Euch verärgert habe, bitte ich um Verzeihung. Ich irre mich bestimmt. Es gibt noch etwas anderes, woraus der Fehler herrühren könnte, und daran seid Ihr nicht schuld!«

»Na, was ist es denn?«, fragte das Maultier.

»Sicherlich weißt du, dass man das Maultier auch *Astar* nennt.«

»Selbstverständlich weiß ich das. Maultier ist ein Fremdwort und auf Persisch heißen wir eben *Astar*.«

Das Kamel antwortete: »Gott segne dich, du weißt gut Bescheid. Bestimmt ist dir bekannt, dass man das Kamel auch zuweilen *Aschtar* nennt.«

»Selbstverständlich weiß ich das. Ein *Aschtar* ist das gleiche wie ein Kamel und ein Kamel ist das gleiche wie ein *Aschtar*«, sagte das Maultier.

»Bravo. Nun nähern wir uns dem Thema, das möglicherweise einer der Gründe ist. Schau, mein Lieber, die beiden Wörter *Aschtar* und *Astar* schreibt man gleich, bis auf drei Punkte, die *Aschtar* mehr hat. Vielleicht ist genau das der Grund dafür, dass das Kamel nie hinfällt, während das Maultier hinfällt. Offenbar liegt der Hauptfehler in diesen drei Punkten. Wenn wir dagegen auch kein Mittel zur Verfügung haben. Schuld daran sind die Leute, die *Aschtar* mit drei Punkten mehr und *Astar* mit drei Punkten weniger schreiben!«

اشتر   استر

Fröhlich und heiter stimmte das Maultier zu: »So ist es. Das ist der Kern der Sache. Genau das ist der Hauptfehler und der wahre Grund. Wenn wir dagegen auch kein Mittel zur Verfügung haben. Bravo! Ausgezeichnet! Anerkennung für das Kamel, wie gut es den Fehler der Sache herausfindet. Jetzt

Ansichten, Gründe

siehst du, dass die drei früheren Punkte mit dem Problem gar nichts zu tun hatten und hauptsächlich diese drei Punkte schuld gewesen sind. Es stimmt tatsächlich, dass Ihr vieles versteht und ganz unvoreingenommen seid. Ich wusste, dass mein Gang nicht fehlerhaft ist! Und man macht mir ganz zu Unrecht Vorwürfe, wenn ich falle.«

Die passende Antwort

Es war einmal in jenen Zeiten, als es noch gar kein Radio gab. Auch Druckereien gab es noch nicht. Papier war nicht viel da, und nur wenige Menschen konnten lesen und schreiben. Nachrichten und Bekanntmachungen erfuhr man vielmehr mündlich und persönlich. Notgedrungen erhielten die Menschen Mitteilungen und Befehle der Regierung und des Gerichts über öffentliche Ausrufer und Boten. Sie holten die Einwohner auf dem großen Dorfplatz oder bei der Moschee zusammen oder sie standen an irgendeiner Stelle, wo man sich gerade versammelt hatte, und:

»Zu eurer Kenntnis, zu eurem Verständnis! Ein Erlass des Staatschefs, ein Edikt des Gouverneurs, eine offizielle Mitteilung. Die Anwesenden mögen an die Abwesenden weitergeben …« Aber manchmal übermittelten die Boten den Befehl oder die Nachricht nicht ganz genau, sondern ließen etwas weg und fügten etwas hinzu und so entstanden Schwierigkeiten.

Eines Tages bat der Gouverneur einer der Städte einen weisen Gelehrten, das Problem zu lösen. Der Weise erklärte: »Der Grund liegt darin, dass nicht jede Arbeit eine Arbeit für jeden ist. Wer die Nachrichten verkürzt oder ausschmückt, ist für den Beruf nicht geeignet.«

Der Gouverneur entgegnete: »Es sind nicht nur ein oder zwei Ausrufer und Boten, und die damit beschäftigt sind, haben die Aufgabe selbst gewählt und freiwillig übernommen.«

»Selbst zu wählen, reicht nicht aus«, meinte der Weise. »Es muss eine Prüfung und ein Wettbewerb zwischen ihnen stattfinden. Man muss die Leute für den Posten ernennen, damit es ihnen nicht zur Gewohnheit wird, den Wortlaut zu verkürzen oder etwas hinzuzusetzen.«

»Wie können wir sie vorher kennenlernen?«, wollte der Gouverneur wissen.

»Es zeichnet sie aus, wenn man sie etwas fragt und sie eine passende Antwort geben. Wer dagegen auf die Fragen zu wenig oder zu viel antwortet, wird auch Befehle, Nachrichten und Botschaften nicht richtig überbringen.«

Der Gouverneur bevollmächtigte den Weisen, die Prüfungsordnung zu erstellen und eine Gruppe auszuwählen.

Der Weise fertigte einen Fragebogen an, dem sich die freiwilligen Ausrufer und Boten zu einer bestimmten Zeit stellen sollten, und sie wurden ermahnt: »Wer eine Frage nicht passend beantwortet, scheidet aus.«

Der Fragebogen hatte zehn Fragen, so sollte jeder, der zehnmal richtig antwortete, akzeptiert und jeder, der einen Fehler machte, abgelehnt werden.

Einer der Freiwilligen war ein schriftkundiger und belesener Mann und ein guter Erzähler.

Der Weise fragte ihn: »Hast du eine Frau?«

Er erwiderte: »Ich habe eine Frau und zwei Söhne.«

»Nicht bestanden«, entschied der Weise.

Der Bewerber rief: »Oh Weiser, ich bin arbeitslos und habe Schulden und diese Arbeit gefällt mir und nach meinem Dafürhalten bin ich ihrer auch würdig. Warum bin ich denn durchgefallen? Hast du vielleicht irgendein Vorurteil gegen mich?«

Der Weise verneinte. »Ich habe kein Vorurteil, aber in der Prüfung verlangen wir eine Antwort, die der Frage entspricht, und die deinige entsprach ihr nicht. Ich fragte, ob du eine Frau hast. Du hättest ›Ja‹ oder ›Nein‹ sagen können und du hättest sagen können: ›Ich habe eine Frau‹, und dann schweigen und auf die nächste Frage warten. Aber du sagtest: ›Ich habe eine Frau und zwei Söhne‹. Wann habe ich denn nach Söhnen gefragt, dass du sie erwähnt hast?«

Der Arbeitsuchende bat: »Oh Weiser, sei nicht so streng. Ich bin nicht größer als *Mose Kalim* und du stehst nicht über Gott. Im Koran steht, Gott fragte Mose: *Was ist das da in deiner Hand?*, und statt einfach zu melden: *ein Stock*, machte Mose lange Ausführungen: ›Das ist mein Stock, auf den stütze ich mich, ich schüttele mit ihm Blätter für meine Schafe und ich brauche ihn auch für andere Zwecke.‹ Und Gott nahm ihn nicht ins Verhör, wieso er auf die Frage nicht passend geantwortet habe. Sei gerecht, da ich zudem nichts Schlechtes geäußert und nur eine zusätzliche Erläuterung gegeben habe.«

»Das waren Gott und sein Prophet«, entgegnete der Weise. »Sie verstanden einander besser und in ihrem Werk lag größere Weisheit. Wir suchen einen Boten, und woraus soll ersichtlich sein, dass jemand, der eine Frage nicht passend beantworten kann, eine Nachricht ihrem Wesen entsprechend an die Menschen weitergibt? Unsere Rechnung unterscheidet sich, da wir schwache Sklaven sind, von der Rechnung Gottes und seines Propheten.«

Der Bewerber widersprach. »Warum sollte sie sich unterscheiden? Sie unterscheidet sich überhaupt nicht. Auch Gott wollte Mose als Boten einsetzen.«

»Siehst du, siehst du?«, sagte der Weise. »Du bist gekommen, um auf meine Fragen zu antworten, und jetzt fragst du mehr als ich, das entspricht nicht unseren Bedingungen. Doch wenn du es wissen willst, dann sollst du wissen, dass ich zwar ein wenig von der Weisheit kenne, aber nicht alles weiß …

Ich sagte, ihre Rechnung unterscheidet sich von unserer, und ich habe zahlreiche Beweise:

Erstens, dass Gott alles weiß. Er kannte Mose und prüfte ihn nicht. Jene Frage war ein weiser Spruch und ein Rat. Aber ich kannte dich nicht und habe dich geprüft. Und der einzige Rat, den es gab, bestand darin, angemessen zu antworten, um nicht zu scheitern. Das ist ein Unterschied.

Zweitens, dass Gott sich von vornherein für Mose entschieden und ihm schon vorher mitgeteilt hatte, er habe ihn zum Propheten auserwählt. Wir haben dir aber zunächst einige Fragen gestellt, damit du danach für die Aufgabe entweder ausgewählt oder nicht ausgewählt würdest. Das sind zwei Unterschiede.

Drittens, dass Gott wusste, was Mose in der Hand hatte, und ihn um der Weisheit willen fragte, aber ich habe mich nach etwas erkundigt, was ich nicht wusste. Das sind drei Unterschiede.

Viertens, dass Gott mit dem Stock etwas vorhatte, da er ihn später in eine Schlange verwandelte. Ich habe aber mit deiner Frau nichts vor, sondern es geht um dich. Vier Unterschiede.

Fünftens, dass Moses Erklärung den Stock selbst betraf, nach dem er gefragt worden war. Deine Erklärung betraf dagegen nicht deine Frau, nach der wir dich fragten.

Sechstens, dass Gott an Mose diese eine Frage richtete, während wir zehn Fragen vereinbart hatten. Die nach den Söhnen wäre die zweite gewesen und du bist übers Ziel hinausgeschossen. Das sind sechs Unterschiede.

Siebtens, dass Gott den Propheten für seine eigenen Botschaften berufen hat. Hier geht es aber nicht um mich, sondern ich spreche mit dir auf Anweisung eines Dritten, gehorche dessen Befehl und bin ihm zur Rechenschaft verpflichtet. Sieben Unterschiede.

Achtens, dass Gott für den Befehl, den er Mose gab, dessen Bruder Aaron als seinen Helfer und Mitarbeiter bestimmte und wir dich allein zum Überbringen von Nachrichten schicken möchten.

Neuntens, dass Mose in einem heiligen Tal war und seine Schuhe ausgezogen hatte und du in mein Haus, das kein heiliger Ort ist, mit Schuhen gekommen bist und viele Worte machst.

Zehntens, dass Mose, als Gott ihm befahl: ›Wirf deinen Stock hin‹, sofort gehorchte, du aber, als ich ›nicht bestanden‹ sagte, nicht gehorcht, sondern Kritik geübt hast. Und vielleicht war das doch auch eine Prüfung von Ergebenheit und Gehorsam.

Elftens, dass Mose wie andere Propheten für die Zufriedenheit Gottes arbeitete und von niemandem Lohn und Bezahlung verlangte. Du möchtest aber Dienst tun und dafür ein Entgelt erhalten.

Zwölftens, dass du dich jetzt, wo du beschäftigungslos bist und eine Arbeit suchst und Schulden hast und flehentlich bittest, dich ausgerechnet jetzt mit *Mose Kalim* vergleichst und mit mir streitest und Kritik übst, Vorhaltungen machst, Beschuldigungen erhebst und mir ein persönliches Interesse vorwirfst. Überlege dir einmal, was du morgen, wenn du einen Auftrag als Bote des Gouverneurs ausführst, mit den scheuen, wehrlosen Leuten machen würdest.

Ist das genug oder soll ich fortfahren, warum ihre Rechnung anders aufgeht und warum du nicht bestanden hast?«

»Nein, das genügt«, meinte der Kandidat. »Ihr habt recht, ich habe zu viel gesagt und mich frech benommen. Ich habe meine Grenzen überschritten und das Maß vollgemacht. Offensichtlich bin ich für die Arbeit, die Ihr im Sinn habt, nicht geeignet. Es ist besser so, dass ich nicht bestanden habe.«

Der Weise erwiderte: »Bravo, anscheinend besitzt du einen gewissen Sinn für Gerechtigkeit. Jetzt hast du gesehen, dass ich gegen dich nicht voreingenommen war. Du bist für eine andere Arbeit geeignet. Es wäre wirklich schade, wenn du ein Ausrufer oder Bote würdest. Bei deinem Scharfsinn und deiner Gewissenhaftigkeit habe ich die Hoffnung, dass wir dich, wenn für Vernehmungen oder die Kriminalpolizei und für Nachforschungen jemand gesucht wird, wieder zur Prüfung einladen.«

Die Hörner des Kamels

Es war einmal ein Zurückgebliebener, der gern ganz vorn sein wollte. Er wusste zu wenig und redete zu viel. Er hatte gesehen, dass sich die Gelehrten über das, was sie wissen, unterhalten, Artikel schreiben und in großem Glanz erscheinen, und er wünschte sich auch diese Größe. Doch er dachte nicht darüber nach, wie viel die Gelehrten gelesen, zugehört und gelernt haben und dass sie erst danach sprechen. Er glaubte, die Größe liege im Gespräch, und lief in jede wissenschaftliche Versammlung, mischte sich in jedes Thema ein und äußerte über alles seine Meinung: Poesie, Erzählungen, Ethik, Religion, Wissenschaft, Kunst. Und weil er sehr wenig wusste, waren seine Reden notwendigerweise ganz ohne Verstand.

Die anderen waren freundlich und entschuldigten seinen Unsinn damit, dass er noch jung sei, sich einen Namen machen wolle und niemandem einen Schaden zufüge. Er war jedoch in seine eigenen Worte verliebt und sprach immer recht langatmig.

Der junge Mann hatte einen wohlwollenden Freund, der eines Tages zu ihm sagte:

»Niemand neidet dir etwas. Sprich von allem, was du genau kennst, aber schweig über das, was du nicht kennst, und sei kein Klugschwätzer. Hör aufmerksam zu, damit du Kenntnisse erwirbst. Trägt man vor, was man weiß, so wird man geschätzt, trägt man vor, was man nicht weiß, wird man bloßgestellt.«

Er hörte indessen nicht zu und sein Freund war bekümmert über ihn.

Bis man eines Tages in einer Versammlung auf Fische zu sprechen kam. Zwar hatte der junge Mann von Fischen keine Ahnung, aber er war an Affektiertheit und das Zurschaustellen von Wissen gewöhnt. Er übernahm die Sachkenntnis von einem Vorredner und schickte sich zu einer Rede über die Fische an.

Sein Freund dachte sich: »Es tut ihm gut, wenn ich ihn einmal blamiere. Er wird gekränkt sein, aber es wird ihn wachrütteln. Es ist nicht die Aufgabe der Freundschaft, schlafen zu lassen, sondern aufzuwecken.« Mitten in seiner Rede fiel er ihm ins Wort: »Schweig und lass diejenigen sprechen, die etwas davon verstehen. Du kennst dich doch mit Fischen gar nicht aus, was redest du also?«

Der junge Mann war beleidigt. »Wie? Ich sollte nicht wissen, was ein Fisch ist? Ich, der eine Seereise gemacht hat, der Fischgerichte gegessen hat?«

Der Freund antwortete: »Nein, du weißt es nicht. Wenn du es weißt, dann sprich zuerst über den Kopf des Fisches. Was kennzeichnet ihn?« Ein neunmalkluger Prahlhans schmiedet sich Worte, Sätze und Phrasen in der Weise zusammen, dass dem Publikum Hören und Sehen vergeht, aber am Ende scheint es so, als hätte er nichts gesagt. So reimte sich der junge Mann einiges an Worten, Sätzen und abgenutzten, leeren Phrasen zusammen und begann:

»Der Kopf des Fisches ist ein regelrechter Fischkopf. Wie jedes Tier einen Kopf besitzt und sein Kopf dem Körper entspricht. Ein östlicher Weiser war der Meinung, in der Natur berge alles eine Harmonie. Ein westlicher Philosoph hat geäußert, die Harmonie sei etwas, was wir sehen. Soweit wir es beurteilen können, sind die Augen des Fisches an ihrem Ort, die Ohren an ihrem Ort und das Maul ist an seinem Ort. Die Augen sehen nach vorn und die Ohren hören Geräusche. Stimmen sind manchmal hoch und manchmal tief und der Bass ist für uns beinahe unhörbar. Der Kopf von Wirbeltieren hat einen Schädelknochen, während Weichtiere keine Knochen haben. Kleine Fische besitzen kleine, forschende Augen und große Fische besitzen garantiert große Augen. Genauso …«

Sein Freund unterbrach ihn: »Mein Lieber, was du da erzählt hast und sonst noch erzählen magst, hat mit den Merkmalen des Fischkopfes nichts zu tun, denn das ist alles Unsinn. Ich sagte, dass du die Fische nicht kennst, und aus deinen Worten strömen Geschwätzigkeit und Unkenntnis. Ich habe nach dem Kennzeichen des Fischkopfes gefragt. Welches Merkmal hat der Kopf des Fisches, das andere Lebewesen nicht haben?«

Der junge Mann war verwirrt und sagte: »Gerade das wollte ich soeben ausführen. Auf dem Kopf des Fisches gibt es zwei Wölbungen, die der östliche Weise für den Schmuck des Fisches hält und der westliche Zoologe für Spuren uralter Hörner. Heute kann man sie nicht wie die Hörner des Kamels als Hörner betrachten …«

Die Anwesenden lachten, manche lauter und andere leiser, und sein Freund erklärte: »Gut, dass du das Zeichen genannt hast. Ich wusste schon, dass du die Fische nicht kennst, aber jetzt hat sich noch etwas herausgestellt. Nun ist klar, dass du selbst das Kamel nicht von der Kuh unterscheiden kannst. Was Hörner hat, ist die Kuh, nicht das Kamel.«

Der Schatz

Es war einmal ein Bauer, der lenkte seinen Pflug übers Feld. Auf einmal wurde die Pflugschar in der Erde von einem Gegenstand festgehalten und die Kuh blieb stehen. Der Bauer trieb sie an, sie lief nicht. Er stachelte sie an, es nützte nichts. Er schlug sie mit der Gerte, doch sosehr die Kuh sich anstrengte, der Pflug rührte sich nicht von der Stelle.

Der Bauer holte seinen Spaten, grub den Boden um und sah, dass es ein kupferner Wasserkrug war. Die Pflugschar hatte sich in seinem Henkel verfangen und der Krug steckte in der Erde fest. Plötzlich sagte der Bauer: »Ein Schatz!«

Er grub tiefer und holte den Wasserkrug heraus. Mit Mühe befreite er die Öffnung von dem Kalk, mit dem sie verschlossen war. Tatsächlich war es ein Schatz und der Krug war voll alter Goldmünzen.

Unwillkürlich stieß der Bauer einen Freudenschrei aus: »Gold! Es ist Gold! Bei meiner Seele, es ist Gold!« Dann schaute er sich um, ob ihn jemand gehört hätte oder nicht. Es war niemand da.

Seine Arbeit konnte er nicht mehr fortsetzen. Er dachte sich: »Was nützt es mir, den Boden zu pflügen, wo ich jetzt reich bin?« So ließ er die Arbeit Arbeit sein, verbarg den Krug in einem Sack aus dicker Leinwand, band ihn der Kuh zusammen mit dem Pflug auf den Rücken und brachte ihn nach Hause. Er fragte sich, ob er träumte oder wach sei. Mitten im Stall schüttete er den Krug aus. Klimper, klimper, häuften sich die Münzen auf und das Gold glänzte in seinen Augen. Er freute sich, aber er wusste nicht, was tun und was lassen. Je länger er über den Schatz grübelte, desto verwirrter wurde er. Alle möglichen Traumbilder der Welt legte er sich zurecht, in seinem Kopf mischten sich Freude und Qual: »Gut, es ist ein Schatz, es ist Reichtum, es ist Gold. Die Vorschrift der Scharia lautet, ich soll *ein Fünftel* als Steuer zahlen und das *Almosen* für die Armen spenden und dann ist es erlaubt. Aber soll ich nun ein Fünftel und das Almosen von der Substanz geben oder von seinem Wert? Ich habe ja zurzeit gar kein Geld auf der hohen Kante. Übrigens, wem soll ich es geben, um es richtig zu machen? Und danach kann ich nicht mehr in diesem Dorf leben. Im bürgerlichen Gesetz steht, ein Schatz gehört der Staatskasse. Heißt das, man gibt mir nichts davon ab? Keinen Finderlohn? Oder wenn gar der Gouverneur davon erfährt, am Ende packen sie mich am Kragen und behaupten, es seien etliche Wasserkrüge gewesen. Soviel ich auch schwöre, dass es – Gott sei mein Zeuge! – nur dieser eine war, wer wird mir glauben? Aber wie soll ich ihn verstecken, wie verkaufen? Wie soll ich es ausgeben und wie soll ich leben?«

Er konnte die ganze Nacht nicht schlafen: »Wenn bloß niemand den Krug gesehen und bemerkt hat, dass ich aufgehört habe zu arbeiten!« Am Morgen entschied er: »Da nun einmal keine Rücklagen da sind, werde ich wieder meiner Arbeit nachgehen.«

Den Wasserkrug vergrub er im Stall und am frühen Morgen nahm er die Kuh mit in die Steppe und beschäftigte sich mit dem Pflügen, doch er war nicht bei der Sache. Zuweilen beschloss er, Mitteilung zu machen, um sich zu beruhigen. Dann wiederum sagte er sich: »Achtung! Der Schatz lag in meinem Grund und Boden. Einmal im Leben habe ich einen Schatz gefunden, soll ich ihn jetzt mit vollen Händen denen vorwerfen, die hundertmal so viel Gold besitzen? Oh Gott, was für ein seltsames Unglück.« Angst stellte sich ein, Phantasien stellten sich ein.

Manchmal meinte er: »Wie viel glücklicher war ich gestern, als ich den Krug noch nicht entdeckt hatte. Ich führte die Kuh, sang ein Lied und pflügte die Erde. Wie bin ich doch vom Regen in die Traufe geraten.« Er hielt an und überlegte, er führte Selbstgespräche und konnte sich nicht entscheiden und bis zum späten Nachmittag kam er keinen Schritt weiter.

Zufällig war der Gouverneur der Stadt drei Tage zuvor zur Jagd aufgebrochen und an jenem Nachmittag kehrte er mit seinen Begleitern zurück. Ihr Weg führte durch diese Gegend. Der Bauer sah in der Ferne zwei Diener des Gouverneurs, die vorausmarschierten und die Straße sicherten. Plötzlich beschloss er, dem Gouverneur das Schatzproblem anzuzeigen und sich von der Aufregung zu befreien. Er rief sie und gab ihnen Zeichen, zu ihm zu kommen. Bis sie jedoch bei ihm anlangten, bereute er schon sein Vorhaben.

Sie kamen und fragten: »Na, was willst du?«

Er antwortete: »Ich möchte gern wissen, in welcher Richtung die Straße zur Stadt führt?«

Die Diener sahen sich an und lachten. »Du wohnst in diesem Dorf und in der Nähe der Straße und erkundigst dich bei uns nach dem Weg in die Stadt? Wir müssten dich danach fragen. Also gut, in dieser Richtung geht es in die Stadt.«

Sie zeigten ihm den Weg und gingen. Sobald sie sich ein wenig entfernt hatten, änderte der Bauer seine Meinung. Er dachte: »Wo soll das nur enden? Ich kann den Schatz nicht essen, lass es mich mal sagen, dann habe ich meine Ruhe.«

Nochmals rief er die beiden und bat sie dringend, zu ihm zu kommen, um zu hören, was er zu berichten habe. Es sei ein sehr wichtiges Thema.

Sie kamen zurück. »Na, sag, was du willst?«

Von Neuem tat es dem Bauern leid, sein Geheimnis zu verraten, und er wusste nicht, was er sagen sollte. Ihm fiel nichts anderes ein, als zu bitten: »Verzeiht mir, dass ich noch einmal störe. Ich bin etwas zerstreut, ich habe vergessen, welchen Weg ihr mir gezeigt habt. Meintet ihr diese Richtung oder die andere?«

Die Diener wurden zornig und entgegneten: »Bist du verrückt oder machst du dich über uns lustig oder fantasierst du?« Sie wollten ihn festnehmen und zum Gouverneur bringen, aber er flehte sie an und sie sahen es ihm nach. Sie zeigten ihm noch einmal den Weg und kehrten um.

Als sie an der Chaussee ankamen, war der Gouverneur schon da. Er fragte sie: »Warum seid ihr nicht auf der Straße? Wo wart ihr denn?« Die Diener, die sich noch über die Sache mit dem Bauern wunderten, warfen einander Blicke zu und lächelten. Sie hatten noch nicht geantwortet, als der Gouverneur, da er ihr Lächeln sah, misstrauisch wurde und befahl, alle beide zu verhaften.

Einer von ihnen, der der Klügere war, erklärte: »Euer Exzellenz, wir haben uns nichts zuschulden kommen lassen, sondern wir haben gelacht, weil uns der Bauer dort dringend gerufen und uns erst dies und dann wieder das gesagt hat. Wir mussten über seine Dummheit lachen. Nun wissen wir nicht, ob er verrückt ist oder boshaft.«

Der Gouverneur befahl: »Bringt den Bauern her.« Als der Bauer sah, dass man ihn zum Gouverneur brachte, bekam er Angst. Trotzdem beschloss er: »Komme, was wolle, ich sage nichts.« Unterwegs sprach er unwillkürlich mit sich selbst:

»Ohne Gold Kummer und mit Gold Kummer, aber besser Kummer mit Gold.« Sie führten ihn vor und wiederholten auch seine Worte, die sie gehört hatten. Die Sache mit dem Gold war nun heraus und der Bauer verlor die Selbstbeherrschung. Er überlegte: »Ohne Kopf schlecht und mit Kopf schlecht, aber besser schlecht mit Kopf. Vielleicht genügt ein Zeichen und mein Leben geht hops. Also besser den Kopf haben als das Gold.« So entschloss er sich, dem Gouverneur das Geheimnis zu offenbaren:

»Seit gestern bin ich ganz durcheinander. Ich habe einen Schatz gefunden und sosehr ich nachdenke, ich weiß nicht, was ich damit machen soll. Weder mag ich ihn hergeben, noch kann er mir nützen. Unterwegs dachte ich, dass der Mensch immer irgendeinen Kummer hat, es also besser ist, Gold und Kummer zu haben. Ich wollte keinen Ton sagen, doch ich war unvorsichtig, sodass meine Zunge mich verraten hat. Ich bin ganz verwirrt, jetzt liegt die Entscheidung bei Euch. Bis gestern war ich ruhiger. Der Wasserkrug ist im Stall.«

Der Gouverneur begann: »Nach deinen Worten würde es mich nichts angehen, wenn du in der Erde heute gültiges Geld gefunden hättest. Du wüsstest selbst, was erlaubt und was verboten ist. Alte Münzen hingegen gehören der Staatskasse. Auch wir verzehren und verkaufen sie nicht, sie sind historische Zeugnisse, und ob es Gold oder Silber ist, macht keinen Unterschied. Historische Funde, seien es Münzen, seien es Tonscherben oder seien es ungebrannte, beschriftete Ziegel, gehören der Stadt und dem Reich. Sie sind Gegenstände der Forschung und Wissenschaft. Doch weil du den Schatz gefunden und jedenfalls die Wahrheit gesagt hast, erhältst du eine Belohnung. Zwar gehört dir nicht der Schatz, aber die Belohnung ist eine Anerkennung deiner Ehrlichkeit …«

Der Bauer antwortete: »Gott sei Dank, dass die Sache so ausgegangen ist und ich wieder meine Ruhe gefunden habe, genauso wie ich vorher gearbeitet und gelebt habe und keine Verlegenheit und keine Aufregung hatte. Aber in diesen paar Tagen hat mir der in den Schoß gefallene Schatz nur Qual und Pein verursacht.«

Der Gouverneur erwiderte: »Bravo, da du ein kluger Mensch bist und das Geheimnis der Ruhe herausgefunden hast, bist du doppelt belohnt.«

Sie nahmen ihm den Schatz und die Qual ab und überließen ihm die Prämie, mit der der Bauer einen schärferen Pflug kaufte und sich seiner Arbeit und seinem Leben zuversichtlicher widmete als zuvor.

Die Eier der Wildente

Es war einmal ein Haushuhn, das begann zu brüten und hatte sich in dem Verlangen nach Küken auf seine Eier gelegt.

Die Nachbarin hatte zwei Wildenteneier, aber sie wünschte sich Hühnereier. So dachte sie: »Solange die Küken nicht geschlüpft sind, merkt niemand etwas.« Als das Huhn damit beschäftigt war, Körner zu picken, täuschte sie es, nahm zwei Hühnereier weg und legte an ihrer Stelle Wildenteneier hin. Und die Tage vergingen.

Als die Küken ihre Köpfe aus den Eiern streckten, widmete sich das Huhn weiterhin ihrer Aufzucht und war fröhlich und glücklich darüber, dass die Kleinen hinter ihm herliefen und piepsten. Zwei der Küken hatten eine etwas raue Stimme, doch das Huhn glaubte, sie hätten sich erkältet, und gab noch mehr auf sie acht, bis sie größer wurden.

Eines Tages, als die Küken gemeinsam mit dem Huhn grasten, kamen sie ans Meeresufer. Das Meer weckte bei ihnen die Begierde, auf dem Wasser zu schwimmen. Sie riefen: »Wir möchten auf dem Wasser laufen.« Das Huhn antwortete: »So etwas ist nichts für uns. Was haben Haushühner mit dem Meer zu schaffen, das ist etwas für die Wildenten. Gott verhüte, dass ihr ihnen gleicht!«

Die beiden Küken erwiderten: »Wir wissen nicht warum, aber wir müssen einfach schwimmen.«

»Ihr werdet untergehen und ertrinken«, sagte das Huhn. »Ich bin viel größer als ihr und kann auch nicht auf dem Wasser gehen. Wie wollt ihr denn auf dem Wasser laufen? Gott bewahre, Gott bewahre!«

Die übrigen Küken unterhielten sich ebenfalls darüber. Sie alle fürchteten sich vor dem Wasser: »Wasser ist nicht so fest wie Erde, es ist weich und gibt nach. Wenn es nur wenig Wasser ist und darunter fester Boden, gut, das ist etwas anderes, aber das Meer, um Himmel willen!«

Die beiden Küken meinten jedoch: »Wir müssen gehen, ohne Wenn und Aber. Wir gehen. Ihr könnt zuschauen, ihr fürchtet euch, ihr versteht es nicht, ihr wisst es nicht, Wasser ist genauso gut wie Erde. Überall muss man gehen, alles muss man machen, passt mal auf, wir sind schon weg …«

Und sie schwammen davon. Das Huhn und die Küken sahen ängstlich und zitternd zu und sagten: »Na, so was!«

Die anderen Küken fragten das Huhn: »Gut, Mama! Wir können das nicht. Du hast auch gesagt, du kannst es nicht. Wie laufen sie also auf dem Wasser? Sie sind fort. Was sollen wir jetzt machen?«

Das Huhn antwortete: »Ich weiß nicht, ich verstehe das nicht. Ich habe alle Eier selbst gelegt, ich habe auch immer einwandfreie Körner gefressen und von meinen Eiern habe ich das nicht erwartet. Ich weiß nicht, woher diese Sorgenkinder gekommen sind. Es kann nicht sein, dass sie aus Hühnereiern stammen. Da sie auf dem Wasser schwimmen, müssen sie wohl von Wildenteneiern herkommen, und so ist es besser, dass sie sich von uns getrennt haben. Sie gehören nicht zu uns. Ihr seid so, wie ihr sein sollt.«

Indisch und indischer

Es war einmal ein Spaziergänger, der bummelte über den Markt und gelangte in die Straße der Kleinwarenhändler, die alles Mögliche anboten. Ein Verkäufer stand in seinem Schmiedeladen, Schwerter hingen an der Tür und den Wänden, und er rief:

»Hier gibt es indische Schwerter. Indische Klingen zu verkaufen. Für Hiebe und für Siege. Schwerter aus Indien, einzigartige indische Klingen. Oh ehrlich verdientes Geld, oh kenntnisreicher Herr, trag eine indische Klinge, damit du das beste Schwert der Welt hast.«

Der Spaziergänger dachte sich: »Ich habe alles zu Hause, bloß kein Schwert. Vielleicht kann ich es eines Tages gebrauchen und so, wie dieser Mann sie lobt, müssen indische Klingen die besten sein. Wenn ich also eins kaufe, dann ein indisches.«

Er betrat den Laden und fragte: »Wie ist denn ein indisches Schwert beschaffen?«

Der Verkäufer antwortete: »Wie es hieß, sollen indische Klingen ein Stückchen weiter weg ein Muss sein, weil indische Schwerter scharf und schnell sind, mit Feuer und Wasser geschmiedet. Sie sind schneidend, reißend, und auf der Welt gibt es nichts Schärferes.«

Der Spaziergänger verneigte sich und fragte: »Woran erkennt man denn, dass es indische Klingen sind?«

Der Verkäufer erwiderte: »Was redest du, Bruder? Es ist ja kein fauler Zauber dabei. Den Baum erkennt man an seinen Früchten und die indische Klinge an ihrer Wirkung. Die Besonderheit indischer Schwerter liegt darin, dass sie alles, worauf du damit schlägst, in zwei Hälften teilen. Elefanten holt man aus Indien, Nashörner holt man aus Afrika, weiße

Dämonen aus dem Land *Turan*, schwarze Steine vom *Damavand*. Indische Schwerter teilen mit Leichtigkeit alles in zwei Hälften.«

Der Spaziergänger kaufte eins der Schwerter und sagte fröhlich und heiter: »Jetzt will ich es ausprobieren.« Vor seinen Füßen lag ein Feldstein und er fragte: »Kann man es damit versuchen?«

Der Verkäufer antwortete: »Es ist dein Schwert und deine Hand, warum nicht?«

Der Spaziergänger hob sein Schwert, und als er es auf den Feldstein niedergehen ließ, zerbrach es in zwei Teile. Er protestierte: »Hast du nicht gesagt, dass indische Schwerter alles in zwei Hälften teilen? Warum also ist es jetzt selbst in zwei Hälften zerbrochen? Vielleicht war das gar kein indisches Schwert!«

»Doch«, widersprach der Verkäufer, »das war es, aber manche Dinge sind eben dinglicher als andere. Es war zwar ein indisches Schwert, aber der Stein war indischer!«

Das große Tischtuch

Es war einmal ein Dorf, dessen Einwohner waren gute Menschen, doch sie waren einfach und arm. Eine Gruppe von ihnen, die in der Steppe arbeitete, saß bei der Mahlzeit. Jeder faltete sein Tuch auseinander und aß sein Brot und seinen Käse.

Eines Mittags, als sie im Schatten der Mauer einer Karawanserei dabei waren, ihr Brot zu essen, erschienen ein paar berittene Krieger. Sie banden ihre Pferde im Stall fest und kamen mit dem Schwert in der Hand wieder heraus.

Als der Anführer der Reiter sah, wie die Leute ihr Brot aßen, baute er sich vor ihnen auf und rief, indem er sein Schwert schüttelte:

»Was ist das für eine Art zu essen!«

»Was ist dabei?«, fragten sie.

»Der Fehler ist, dass ihr zwar gemeinsam reist, aber nicht gemeinsam von einem Tuch esst, und das ist falsch.«

Ein Mann, der Stammesälteste, antwortete: »Du irrst dich, wir sind nicht auf Reisen. Vielleicht schließt du darauf, weil du selbst unterwegs bist, demnach möchtest du vielleicht unser Gast sein und möchtest, dass das Tuch groß ist. Wenn es darum geht, sag es. Wenn nicht, erschrecke uns nicht unnötig und fang keinen Streit an.«

Der Reiter erwiderte: »Du verstehst gar nichts und mit dieser Moral wirst du nie ein Mensch. Ich meine, warum esst ihr wie die Katzen, jeder für sich allein? Menschen müssen sich zusammenschweißen und in Freundschaft und Einigkeit leben. Nein, ich will kein Brot, aber ihr müsst die Tücher zu einem zusammenlegen.«

Der alte Mann sagte: »Oh Reiter, lass uns in Ruhe. Wir sind einfache Leute, wir sind alle Nachbarn und miteinander vertraut und so ist es unsere Gewohnheit. Wir haben manche guten Gründe, die du nicht kennst.«

Der Reiter antwortete: »Hol dich der Teufel. Welchen Grund kennst du, den ich nicht kenne? Siehst du etwa nicht dieses Schwert?«

»Doch, ich sehe es«, erwiderte der alte Mann. »Aber wir tun keinem etwas und möchten auch nicht, dass uns jemand etwas antut. Wer bist du denn, dass du unsere Ruhe störst?«

»Lass diese Reden. Welche Ruhe? Das ist ein einziges Unglück und eine Ignoranz. Los, legt die Tücher zusammen, brecht die Brote auseinander, legt den Käse auf einen Haufen und esst wie Menschen. Sonst bin ich gezwungen, die Sache in die Hand zu nehmen, dass ihr es bereut.«

Der alte Mann sagte: »Es ist schicklicher, wenn du dich nicht einmischst. Kannst du dich nicht bitte setzen, damit wir einander alles erklären, was wir nicht wissen?«

»Ich möchte gar nicht, dass wir uns überhaupt jemals irgendetwas erklären. Also los, gehorcht, sonst rufe ich meine Reiter und bringe euch Frieden und Einigkeit mit dem Stock bei.«

Der alte Mann entgegnete: »Freundschaft und Einigkeit lehrt man mit Büchern und im Gespräch, nicht mit dem Stock. Wenn du weißt, was Freundschaft ist, wieso sprichst du dann wie ein Feind?«

»Schluss mit den Frechheiten«, fuhr ihn der Reiter an. »Ich halte das Schwert nicht zum Spaß in der Hand. Ihr habt meinem Befehl zu folgen, wenn nicht, heize ich euch ein, ich brate euch, ich mache euch zu Märtyrern …«

Sie sahen, dass er sehr in Fahrt war und es keinen Ausweg gab. Sie fürchteten sich und legten die Tücher zu einem zusammen. Die Brote und den Käse packten sie auf einen Haufen, doch die Grobheit löste das Problem nicht. Als die Tücher eins geworden waren, murmelte der alte Mann in seinem örtlichen Dialekt, den der Reiter nicht verstand: »Brüder, der Tyrann hat sein ungerechtes Ziel erreicht, aber Gott segne jene, die wissen, wo ihre Grenzen sind, und jeder soll sein eigenes Brot essen.«

Alle suchten sich ihr Brot heraus. Als der Reiter das große Tischtuch sah, sagte er: »So ist es richtig. Genau das war mein Ziel. Ich gehe, aber wehe dem, der sich meinem Befehl widersetzt.«

Der Krieger verließ sie, und sobald er fort war, beruhigten sich die Freunde und legten ihre Tücher wie gewohnt wieder auseinander. Sie trennten die Brote und den Käse und alle murmelten vor sich hin, was für eine erstaunliche Rohheit das gewesen sei.

In dem Augenblick traf ein anderer Reisender ein, der auf einem müden Esel ritt, mit einem Buch unter dem Arm, einer Schreibfeder hinterm Ohr, einem Stab in der Hand und einer *Aba* über den Schultern. Er stieg ab und grüßte sie. »Brüder, wie geht es euch? Ich hoffe, ihr seid wohlauf.«

Sie erwiderten seinen Gruß und luden ihn ein, Platz zu nehmen. Er bat sie um Erlaubnis, sein Tischtuch ebenfalls herzubringen. Dann setzte er sich zu ihnen, breitete Brot und Käse auf seinem Tuch aus und sagte: »Im Namen Gottes.« Bald begann er, mit ihnen zu sprechen: »Ich komme aus dem Dorf Soundso, und als ich euch sah, habe mich gefreut, dass ich in dieser Karawanserei nicht allein bin. Ich hoffe, dass ihr immer gemeinschaftlich verbunden und guter Dinge seid. Ich weiß nicht, mit wem von euch ich das Tischgespräch führen soll. Wenn nur das Tischtuch eins wäre! Nun gut, wir sind alle Brüder und alle gleich. Wir in unserem Dorf haben ebenso gegessen, genauso wie ihr, und es war auch gut. Warum war es gut? Weil sich das Leben der Menschen unterscheidet. Der eine hat mehr, der andere weniger. Der eine hat Zähne, der andere nicht. Der eine zweifelt, was erlaubt und was verboten ist, und weiß, womit er sein Brot verdient hat. Einer genießt Ansehen und möchte nicht, dass die anderen wissen, was er isst. Auch der Geschmack unterscheidet sich ein wenig.«

Einstimmig pflichteten ihm alle Anwesenden bei: »Das ist richtig, genauso ist es.«

Der Neuankömmling fuhr fort: »Genauso ist es. Doch eines Tages, als mehrere von uns gemeinsam auf Reisen gingen, beschlossen wir: Da wir nun zusammen reisen, essen wir auch gemeinsam. Wir teilten Brot und Käse und sahen, dass es viel besser war. Wenn ein Gast eintrifft, zeigt ein großes Tuch mehr Würde. Wenn ein Fremder dazukommt, sieht er uns einig, einmütig, freundschaftlich und vertraut und wagt es nicht mehr, sich vor uns aufzuspielen. Für uns selbst war es kein Unterschied, wenn es nicht sogar besser geworden ist. Gute Umgangsformen und Respekt haben zugenommen, niemand hat mehr mit ungewaschenen Händen zugelangt. Und niemand hatte mehr als einen Magen. Kurz, wir haben uns zusammengeschlossen. Wie eine große Familie saßen wir im Kreis und es war sehr angenehm und behaglich. Seitdem breiten wir unsere Tücher, wo immer wir sind, zu einem einzigen aus. Da wir jetzt gewöhnlich zusammenarbeiten und gemeinsam reisen, stellen wir fest, dass es uns sehr nützt. Keiner unter uns ist mehr allein. Der Prophet hat gelehrt, dass Segen und Barmherzigkeit in einem großen Tischtuch liegen. Wir haben das ebenfalls erlebt und gesehen, dass Wohl und Segen zunehmen.«

Einer der Anwesenden meinte: »Dann wäre es gut, wenn wir jetzt unsere Tücher zusammenlegen und das Brot miteinander teilen würden.«

Der Reisende sagte: »Gott segne euch alle. Was für gute Menschen ihr seid, dass eine freundliche Sprache bei euch etwas gilt. Brüderlichkeit und Einigkeit sind Gaben der Größe.«

Auch der alte Mann war einverstanden. »Also legt Brot und Käse zusammen, sodass sie nicht mehr voneinander zu unterscheiden sind. Der Mann hat recht, Segen und Barmherzigkeit liegen in einem großen Tischtuch.«

Jemand meinte: »Der Krieger wollte das doch auch!«

»Ja, er sagte das Gleiche«, bestätigte der alte Mann. »Aber er fühlte nicht mit uns. Er sprach von Frieden, doch in kriegerischer Manier und böse, zornig und mit Gewalt. Der Mensch möchte sich nicht dem Druck mächtiger Worte beugen. Doch unser lieber Freund spricht gut und freundlich und gütig und er sagt die Wahrheit.«

Der verehrte Gast

Es war einmal vor langer Zeit ein Mann, der jedes Jahr für einige Tage aus der großen Stadt in ein kleines Dorf wanderte und sich eine Weile dort aufhielt, das klare Wasser und die reine Luft genoss und sich die natürlichen, gesunden und einfachen Speisen der Gegend schmecken ließ. Er kaufte ein paar billige Waren und kehrte zurück.

Einen Einwohner des Dorfes hatte er näher kennengelernt und er nannte ihn den verehrten Freund. Sobald er im Dorf eintraf, suchte er das Haus des verehrten Freundes auf. Er wurde gastlich von ihm aufgenommen und jedes Mal bei der Abreise sagte er zu seinem Freund, dem Bauern: »Bruder, so geht das doch schließlich nicht. Wann sehen wir euch denn in der Stadt? Ich habe dich für deine große Freundlichkeit und Gastfreundschaft so gelobt, dass die Meinigen alle sehnsüchtig auf deinen Besuch warten. Bei Gott, lass dich einmal bei uns blicken, damit wir euch auch eines Tages bei uns aufnehmen. Es ist uns doch peinlich!«

Jedes Jahr verschob der Landwirt die Zusage auf das nächste Jahr und erwiderte: »Es ist uns eine Ehre. Bringt uns nicht in Verlegenheit. Es ist ja kein Abschied für immer. Wir sind dankbar. Was es hier gibt, kommt ja von euch selbst. Es stimmt zwar, dass wir Nahrung und Lebensmittel für die Stadt erzeugen, aber unser Leben beruht auch auf dem Handel und Austausch mit euch. Zurzeit habe ich in der Stadt nichts zu besorgen, aber wenn sich die Gelegenheit bietet und ich komme, dann besuche ich euch, um Guten Tag zu sagen. Wir haben ja keinen anderen Ort. Seid ganz sicher, dass ich die Nacht in eurem Haus verbringen werde, wenn ich in der Stadt bin.«

So verhielt es sich, bis nach Jahr und Tag der Freund vom Lande einmal etwas in der Stadt zu erledigen hatte. Eine Kiste Weintrauben und einen Korb trockenes Brot aus dem Dorf schickte er als Geschenke in das Haus seines Freundes in der Stadt und übersandte ihm die Mitteilung, dass *Masch Ramazan* ihn grüßen und ihm ausrichten lasse, er habe heute in der Stadt zu tun und werde am Abend sein Gast sein.

Der Freund in der Stadt freute sich und erteilte im Hause Instruktionen: »Masch Ramazan hat uns seit Jahren durch seine Freundlichkeit in Verlegenheit gebracht und jetzt hält er sich für einen Tag in der Stadt auf. Ich möchte ihm einen großartigen Empfang bereiten, wie er ihn in seinem ganzen Leben noch nicht gesehen hat. Richtet alles sorgfältig her und gebt auch den Brüdern und ihren Söhnen Bescheid, dass sie heute Abend kommen und den Masch Ramazan näher kennenlernen, denn dieser Mann ist die vollkommene Freude und die vollkommene Treue und wir sind ihm sehr zu Dank verpflichtet.«

Man bereitete ein üppiges Abendessen vor und benachrichtigte die ganze Verwandtschaft. Man schmückte das Haus und zündete zu Ehren des Masch Ramazan den Kronleuchter im großen Zimmer an. Und vom späten Nachmittag an erwarteten alle den Hausherrn und seinen verehrten Gast.

Während der Hausherr am Abend üblicherweise spät nach Hause kam, ging Masch Ramazan gewöhnlich überall, wo er war, bei beginnendem Sonnenuntergang heim, verrichtete das Abend- und Nachtgebet, nahm das Abendessen zu sich und legte sich früh schlafen, um am Morgen beim Gebetsruf wach zu sein.

Es war bei Beginn des Sonnenuntergangs, als Masch Ramazan die Gasse betrat, in der sein Freund wohnte. Die Brüder und Neffen des Hausherrn waren noch mit den letzten Vorbereitungen für den Gast beschäftigt und besprengten die

Straße mit Wasser. Die Familie im Haus meldete, dass alles vorbereitet sei, aber das Wasser zur Neige gehe. Man müsse von der Zisterne am Ende der Gasse etwas Wasser holen. (Offenbar spielt die Geschichte in einer Zeit, als es noch keine Wasserleitungen in den Häusern gab und die Menschen das Trinkwasser aus viele Meter tiefen Zisternen nach Hause trugen.)

Masch Ramazan kam bei dem Haus an und stellte fest, dass er niemanden kannte. Die ganze Familie lief geschäftig hin und her. An der Tür traf Masch Ramazan den Bruder des Hausherrn und sagte: »Guten Abend!«

Als der Bruder Masch Ramazan sah, glaubte er, es sei jemand, der von der Feier und dem Festmahl Wind bekommen und sich eingefunden habe, um einen Bissen zu erbetteln. Er wollte ihn deshalb ein wenig einspannen und antwortete: »Guten Abend, Gott segne dich. Komm nur, sehr gut, dass du hier bist und zur rechten Zeit. Nimm zuerst diesen Eimer Wasser und gieß es von hier bis zur Ecke über die Straße, denn wir empfangen heute einen verehrten Gast.«

Masch Ramazan, der zu den treuherzigen Menschen gehörte, sagte: »Jawohl!« Er nahm den Eimer und begoss die Straße. Dann erklärten sie: »Gut gemacht. Jetzt füll noch diese beiden Töpfe mit Wasser aus der Zisterne an der Straßenecke und bring sie her, dann sehen wir weiter.« Sie gaben Masch Ramazan zwei große Krüge in die Hand und er schöpfte Wasser und brachte es ihnen. Als er kam, rief der Bruder des Hausherrn einen Dienstboten, nahm ein trockenes Brot und eine Traube von dem Wein, gab sie Masch Ramazan und sagte: »Hier, mein Lieber, das ist für dich, und einen schönen Tag.«

Masch Ramazan verstand und erwiderte nichts. Er ging in ein Gasthaus, nahm ein Zimmer und kehrte am Morgen in sein Dorf zurück. Am späten Abend kam der Hausherr heim, aber solange man auch saß und wartete, von Masch Ramazan war nichts zu sehen. Was sie für den Besuch vorbereitet hatten, aßen sie selbst auf das Wohl des verehrten Gastes und gingen auseinander.

Einige Tage später suchte der Freund aus der Stadt das Dorf auf. Er fragte Masch Ramazan: »Bruder, was hast du denn nur gemacht? Nach einer halben Ewigkeit hast du die Stadt besucht, wir haben nach deiner Mitteilung auf dich gewartet und du bist nicht gekommen.«

Masch Ramazan antwortete: »Doch, ich war da, aber man hat mir da einen Eimer mit Wasser in die Hand gegeben, dass ich die Gasse begieße, und man hat mir Krüge gegeben, dass ich Wasser hole. Dann hat man mir Brot und Weintrauben gegeben und mir guten Appetit gewünscht. Ich habe verstanden, dass man dort die Menschen an ihrer Kleidung erkennt und jemandem, bevor er nicht zwei Krüge Wasser geholt hat, keinen Bissen Brot gibt, und sei es sein eigenes. Da meine Kleidung der Gesellschaft nicht angemessen war, wäre es keine Freude gewesen, wenn ich mich vorgestellt hätte. Ich bin gegangen, damit die Sache unbemerkt blieb und ihr einen schönen Abend hattet. Es ist einerlei. Wo immer wir sind, sind wir eure Gäste.«

Der Zuträger

Es war einmal ein Kalif namens Hakim, ein gescheiter und verständiger Mann, der hatte ein Gefolge von Leuten um sich, die ihm mit Besonnenheit dienten und denen er gewogen war, die etwas unterdrückt wurden und verschwiegen waren. Wer sich allerdings dem Befehl des Kalifen widersetzte und im Verborgenen Feindschaft gegen ihn übte, wurde rasch erkannt, denn überall hielt er sich Informanten und Spione jeder Art, und deren Dienste honorierte er mit zahllosen Belohnungen.

Der Kalif hatte im Harem einen einfältigen Eunuchen, der etwas zurückgeblieben war und wenig Ansehen und Achtung genoss. Er glaubte, Information sei das Gleiche wie Lästerung und üble Nachrede.

Eines Tages sah der Eunuch, dass der Stallmeister des Kalifen auf dessen Pferd stieg und von Stall zu Stall ritt.

Der Eunuch dachte: »Anscheinend freut sich der Kalif über Denunziation und Lästerei. Ich muss es ihm berichten, um mich bei ihm beliebt zu machen.«

Früh am Morgen ging er zur Audienz beim Kalifen und begrüßte ihn: »Lang lebe der erhabene Beschützer der Sklaven.«

»Na, was ist los?«, fragte der Kalif.

Der Eunuch antwortete: »Ich habe etwas gesehen, von jemandem, mit dem ich befreundet bin, doch unsere Pflicht ist Dienstfertigkeit und Aufrichtigkeit. Ich kann nicht eine Treulosigkeit sehen und schweigen.«

»Fein«, sagte der Kalif. »Äußerst lobenswert. Erzähl mir schnell, was du gesehen hast.«

»Gestern Abend habe ich den Stallmeister des Kalifen beobachtet, wie er auf dem Pferd des Kalifen ritt, und vor Staunen verschlug es mir die Sprache. Jetzt wisst Ihr es selbst!«

Der Kalif rief die Diener und befahl: »Los, nehmt den Dummkopf fest und bringt ihn ins Gefängnis, bis ich ihm seine gerechte Strafe zukommen lasse.«

Der Eunuch weinte und flehte: »Verehrter Herr, ich habe mich nicht frech benommen und hatte keine böse Absicht. Ich habe nicht gelogen, sondern etwas berichtet, was ich mit eigenen Augen gesehen habe.«

Der Kalif entgegnete: »Du hast zwar nicht gelogen und es mit eigenen Augen gesehen, du hast dich nicht frech benommen, aber du handelst nicht uneigennützig. Warum willst du bei mir Misstrauen gegen den Stallmeister säen? Warum willst du meine Gedanken verwirren und einen anderen in Verruf bringen?«

»Oh Gnade, das Pferd gehört dem Kalifen. Darf denn der Stallmeister auf dem Pferd des Kalifen sitzen?«

Der Kalif fragte: »Sag mir, ob er auch dann auf dem Pferd sitzt, wenn ich darauf reite?« Der Eunuch antwortete: »Nein, nur wenn das Pferd frei und unbeschäftigt ist.«

»Sitzt er auf dem Pferd und behauptet er, der Kalif zu sein?«

»Nein, ich habe nicht gehört, dass er einen solchen Anspruch erhoben hätte.«

»Sitzt er auf dem Pferd und greift er mich an?«

»Nein, es war so, als hätte er etwas anderes vor.«

»Sitzt er auf dem Pferd und gibt er Befehle?«

»Nein, er sitzt auf dem Pferd und trainiert es.«

»Sitzt er auf dem Pferd und geht er auf die Jagd oder zeigt er sich damit in der Stadt?«

»Nein, er sitzt darauf und reitet von Stall zu Stall.«

»Sitzt er in meiner Gegenwart und der meiner Freunde auf dem Pferd?«

»Nein, nur wenn er allein ist.«

»Sitzt er auf dem Pferd und schikaniert er es?«

»Nein, er sitzt darauf und ist mucksmäuschenstill.«

»Sitzt er feindselig darauf und führt er sich kriegerisch auf? Trägt er einen Schild und schwingt er das Schwert?«

»Nein, ich weiß nicht, ich verstehe nichts.«

Der Kalif sagte: »Also, du Unwissender ohne Vernunft, inwiefern schadet es mir, wenn der Stallmeister unter den Umständen auf dem Pferd sitzt, die du geschildert hast, sodass du es einen Verrat nennst? Er ist der Stallmeister und pflegt die Pferde. Er züchtet sie. Er gibt ihnen Wasser und Gerste und macht ihre Boxen sauber, er bringt sie von einem Stall in den anderen und er trainiert sie. Vermutlich reitet er auch auf ihnen, aber er hat dabei keine böse Absicht. Wenngleich dies mein Thron ist, hat vielleicht der Zimmermann, der ihn gebaut hat, ebenfalls darauf gesessen. Das ist mein Hut. Der Hutmacher, der ihn hergestellt hat, hat ihn vielleicht zur Probe auch auf seinen Kopf gesetzt. Das ist meine *Qaba*. Der Schneider, der sie genäht hat, hat sie vielleicht selbst anprobiert, jedoch ohne eine schlechte Absicht. Eine schlechte Absicht hast du, da du dich mit Schmeichelei und Zuträgerei andienen und einem Wehrlosen Schwierigkeiten bereiten willst. Du hast gehört, dass ich Spione und Informanten belohne, aber ich unterscheide zwischen Aufrichtigkeit und Eigennutz. Was hattest du überhaupt im Stall zu suchen, wo du im Harem sein sollst?«

Der Eunuch rief: »Mein Herr …, mein Herr …«

»Mein Herr, halt lieber deinen Mund«, sagte der Kalif. »Bringt ihn weg!«

Die Schuldkerne

Es war einmal im Bazar von Damaskus, wo ein Schuster und ein Lebensmittelhändler ihre Läden vis-à-vis hatten. Eines Tages nahm der Lebensmittelhändler Timor eine Dattel vom Tablett, aß sie und legte den Kern auf seinen Daumen. Mit dem Mittelfinger schnippte er den Kern zum Laden des Schuhmachers. Der Dattelkern traf dessen Nase und das tat weh. Der Lebensmittelhändler sagte zu seinem Nachbarn, dem Textilhändler, der bei ihm stand: »Getroffen! Hast du's gesehen?«

Der Schuster hob den Kopf und sah den Lebensmittelhändler lachen. Er erwiderte: »Das ist sehr geschmacklos. Diesmal verzeihe ich dir, aber mach das nicht wieder, das wird dir nicht guttun!«

Die Nachbarn lachten und forderten den Lebensmittelhändler auf: »Lass das, Timor Khan. Mach keine Scherze mit dem Mann.«

»Scherze?«, schrie der Schuster. »Scherze sind etwas, was keinem Menschen ein Leid zufügt. Das war kein Scherz, sondern ein Zeichen von Dummheit. Wenn ein solcher Kern jemanden am Auge trifft, kann er ihn blind machen.«

Am nächsten Tag schoss der Lebensmittelhändler wieder einen Dattelkern zum Laden des Schusters hinüber. Der Kern fiel auf dessen Werkbank. Der Schuster nahm ihn und warf ihn in eine Kiste, die neben ihm stand. Er rief seine Nachbarn als Zeugen herbei und erklärte: »Ich gehöre nicht zu denen, die debattieren, ich kann nicht jeden Tag streiten. Merkt euch, dass dieser Timor mich völlig grundlos provoziert. Wenn morgen irgendetwas vorkommt, macht mir keinen Vorwurf.«

Die Nachbarn lachten und meinten: »Bis jetzt ist ja nichts passiert. Ärgere dich doch nicht über einen Dattelkern.«

Timor, der Lebensmittelhändler, war ein wenig unerfahren und eigensinnig. Er sagte zu dem Schuhmacher: »Sprich nicht auf diese Art und Weise mit mir. Wenn du mich gebeten hättest, nicht mehr zu werfen, dann hätte ich aufgehört, aber jetzt, da du mir drohst, werfe ich erst recht. Mal sehen, was du unternimmst.«

Der Schuster wandte sich an die Nachbarn: »Seht ihr nun, ich tue ihm nichts. Es ist Timor, der mich grundlos quält, und die Tyrannei nimmt kein gutes Ende.« Und an den Lebensmittelhändler gewandt erklärte er: »Du unvernünftiger Mensch, ich will doch nichts von dir. Du tust etwas Böses und müsstest mich um Entschuldigung bitten. Erwartest du, dass ich dich bitte aufzuhören? Diese Müßiggänger sind ebenfalls schuld, weil sie über deine Geschmacklosigkeit lachen.«

Wieder lachten die Nachbarn. »Ach, du lieber Himmel, jetzt sind auch wir noch schuld daran?«

Und der Lebensmittelhändler ließ nicht nach. Jeden Tag aß er Datteln und schnippte die Kerne zu dem Schuster hinüber. Der Schuster sprach kein Wort mehr. Jeden Tag sammelte er die Kerne ein und warf sie in die Kiste und die Nachbarn wussten das.

Eine Weile verging, bis eines Tages ein Dattelkern den Schuhmacher am Auge traf und er zornig wurde. Er rief die Nachbarn, zeigte ihnen die Kiste mit den Kernen und sagte: »Seht ihr, all diese Dattelkerne hat Timor in meinen Laden geworfen. Ihr sollt Zeugen sein, dass ich bis jetzt nichts getan habe. Wenn der Lebensmittelhändler damit aufhört, bin ich bis heute bereit, ihm zu verzeihen, aber wenn er noch einmal einen Dattelkern zu mir schleudert und ich wütend werde, hat er, was immer geschieht, sich selbst zuzuschreiben!«

Der Lebensmittelhändler fragte: »Nein, was hast du zum Beispiel vor? Willst du das Messer ziehen und einen Menschen töten?«

Die Schuldkerne 161

Der Schuster erwiderte: »Ich ziehe kein Messer, aber du bekommst deine Antwort.«

Die Nachbarn gaben Timor zu verstehen, er möge ihn nicht länger ärgern, aber der Lebensmittelhändler lachte. Am nächsten Tag schoss er wieder einen Dattelkern in den Laden des Schusters und der traf ihn an der Stirn. Der Schuster wurde wütend, rief die Nachbarn als Zeugen zu sich und sagte: »Seht her, das sind alle Kerne, die Timor zu mir geschossen hat. Jetzt nimm!«

Er zielte auf den Kopf des Lebensmittelhändlers und schlug ihm die Kiste voller Kerne, die miteinander verklebt waren, im Zorn an den Kopf. Die Dattelkerne waren schwer und trafen den Lebensmittelhändler an der Schläfe. Er seufzte: »Au«, und verlor das Bewusstsein.

Die Leute versammelten sich und eine Stunde später hieß es, der Lebensmittelhändler sei nicht wieder zu sich gekommen. Die Händler benachrichtigten den Polizeichef, die Patrouille verhaftete den Schuster, es wurde ein Prozess eingeleitet und die Sache kam vor Gericht. Der Schuster war ein ruhiger und duldsamer Mensch und bis zu jenem Tag hatte er niemandem etwas angetan. In dem Abenteuer mit den Dattelkernen hatte er eine Weile die Quälerei ertragen und die Tyrannei hingenommen, aber jetzt fand er infolge eines Augenblicks des Zorns seine Hände in Handschellen und wurde des Totschlags beschuldigt. Bis gestern konnte jede vernünftige Person dem Lebensmittelhändler Timor vorwerfen, er quäle die Leute und sei böse zu ihnen, aber heute hatte sich das Blatt gewendet und der unbedarfte Unterdrückte erschien als Peiniger. Anfangs hatte sich auch keiner seiner Nachbarn vorgestellt, dass die unangebrachten Scherze des Timor zu solch einem schmerzhaften Ergebnis führen würden, aber es war geschehen. Es gibt viele sinnlose Scherze, die zuerst mit Lachen und Vergnügen beginnen und schließlich mit Weinen und Niedergeschlagenheit enden. Wie es zum Beispiel kein Scherz ist, jemandem den Stuhl wegzuziehen. Unverständig und dumm ist das, denn möglicherweise endet die Sache damit, dass jemand fällt und sich Hals und Beine bricht. Als die Nachbarn den Timor warnten: »Timor Khan, mach keine Scherze mit dem Mann«, hatte der Schuster recht: »Scherze? Scherze sind etwas, was keinem Menschen ein Leid zufügt.«

Der Richter sprach zu dem Schuster: »Man hat dich wegen eines Vergehens der fahrlässigen Tötung verhaftet. Warum warst du mit dem Lebensmittelhändler Timor verfeindet?«

Der Schuster antwortete: »Herr, ich habe, bei Gott, keine Feindschaft gegen ihn gehegt. Er hat mir etwas Böses angetan und alle Nachbarn sind Zeugen. Seit zwei oder drei Monaten hat er jeden Tag Datteln gegessen und die Kerne zu mir geschossen. Soviel ich ihn auch gewarnt habe, er hörte nicht auf. Es waren genau diese Kerne, die er auf mich geschleudert hatte, mit denen ich ihn nun geschlagen habe. Wie du mir, so ich dir.«

»Das ist nicht richtig«, widersprach ihm der Richter. »Er hat dich nicht getötet, aber deine Tat hatte seinen Tod zur Folge.«

»Ich habe Vergeltung geübt«, entgegnete der Schuster, »und es ihm mit gleicher Münze heimgezahlt, sonst nichts. In dieser

Kiste war nicht ein Stück mehr. Ein Übel ist mit dem gleichen Übel zu vergelten.«

Der Richter antwortete: »Gleiches ist mit Gleichem zu vergelten. Es war aber keine gerechte Strafe für ihn, dass du ihn erschlagen hast. Bestrafen kann nur der Richter. Darüber hinaus hast du nicht gleich gehandelt. Er hat die Kerne einzeln geworfen, du alle auf einmal. Wo gleicht da das eine dem anderen?«

»Seit drei Monaten habe ich ihn gewarnt, er hat nicht gehört. Das wissen alle. Wie viel Geduld und Duldsamkeit soll denn ein Mensch haben?«

»Dieses Maß an Geduld und Duldsamkeit hast du ganz umsonst aufgewendet«, belehrte ihn der Richter. »Gut wäre es gewesen, wenn du gleich am ersten oder zweiten Tag Klage eingereicht hättest und wir den Fall geprüft hätten. Gut wäre es gewesen, wenn du die Kerne jeden Tag einzeln geworfen hättest, dann wäre die Sache schneller zur Sprache gekommen und hätte früher zur richterlichen Untersuchung geführt. Warum hast du drei Monate gewartet, bis er in seinem Tun übermütig wurde?«

»Da bin ich aber verwundert«, verteidigte sich der Schuster. »Ihr meint, Zurückhaltung sei schlecht, Rache sei auch schlecht. Was sollen wir denn machen? Ich hatte ihm ja nichts getan. Er hat mich tyrannisiert, ich wurde von ihm gequält. Zwei oder drei Monate habe ich gewartet, heute war meine Geduld zu Ende und ich habe ihn geschlagen. Und die Nachbarn haben die ganze Zeit über sein Treiben gelacht. Jetzt lachen sie über das, was ich getan habe. Was für ein Verbrechen habe ich denn begangen, dass man meine Tat hier verhandeln muss?«

Der Richter gab den Befehl, die Nachbarn vorzuführen, und befragte jeden einzeln nach den Ereignissen. Drei unter ihnen ermittelte er als Teilnehmer des Verbrechens. Sie sagten: »Was haben wir uns denn zuschulden kommen lassen? Der

Lebensmittelhändler hat mit dem Schuster Spaß gemacht. Wir waren ganz unbeteiligt.«

Der Richter antwortete: »Mit eurem Lachen und eurer Unparteilichkeit habt ihr euch damit einverstanden erklärt, dass der Lebensmittelhändler ganze zwei oder drei Monate lang diesen unglücklichen Mann gequält hat. Tatsächlich habt ihr bei dem Unrecht mitgeholfen. Ebenso habt ihr dazu beigetragen, dass der Mann wütend wurde und seine Beherrschung verlor. Hättet ihr den Lebensmittelhändler vom ersten Tag an gewarnt, hättet ihr nicht über seinen geschmacklosen Scherz gelacht, dann wäre er nicht übermütig geworden und es wäre nicht so weit gekommen.«

»Wir haben uns schließlich vor Timor gefürchtet«, behaupteten sie. »Er war ein unangenehmer Mann. Wenn er sich mit uns verfeindet hätte, dann hätte er uns auch gequält.«

Der Richter sagte: »Sich vor anderen Menschen zu fürchten, ist rückständig. Alle haben sich vor dem Gesetz zu fürchten. Dafür sitzen wir hier, dass keiner vor dem anderen Angst hat. Ihr hättet dem Schuster den Tipp geben können, Klage einzureichen, und ihr hättet diese Zeugenaussage machen können, bevor sich die Sache zuspitzte. Tatsächlich habt ihr Timor ermuntert und angespornt, die Kerne zu werfen.«

»Hat sich damit herausgestellt, Herr Richter, dass ich unschuldig bin?«, fragte der Schuster.

Der Richter antwortete: »Du bist der Hauptschuldige, aber sie sind auch schuldig. Du hast zwei große Fehler gemacht: Zum einen hast du die Tyrannei zu lange ertragen und hingenommen. Du hast dem Peiniger bei seinem Handeln Gesellschaft geleistet und nicht früher daran gedacht, es zu verhindern. Zum anderen ist für jeden Streit eine gesetzliche Regelung da. Drei Monate hast du gewartet und dich in diesen drei Monaten mit niemandem beraten, noch bist du auf die Idee gekommen, den richtigen Weg herauszufinden, dem

Tyrannen zu begegnen. Du durftest ihm die Kerne nicht auf den Kopf schlagen. Du hättest die Kerne zum Polizeichef und zum Richter bringen und Klage erheben sollen, und nach all diesen Zeugenaussagen hätten wir ihm eine angemessene Strafe gegeben. Du hättest früher deine Ruhe gehabt und er wäre bestraft worden. Es gibt in der Gesellschaft manche Übel. Wenn es so vorgesehen wäre, dass jeder Unterdrückte sich selbst nach seinem Geschmack an dem Unterdrücker rächt, würde das ganze Leben der Menschen zusammenbrechen. Dafür gibt es den Polizeichef, die Patrouille, den Untersuchungsrichter, den Richter und die Organe der Rechtspflege. Er war schuldig, aber jetzt ist deine Schuld größer.«

Der Schuster sagte: »Oh Richter, ich bitte dich sehr. Wenn ich ihm die Kerne auf den Kopf geschlagen hätte und er nicht gestorben wäre, dann wäre doch nichts passiert.«

Der Richter entgegnete: »Für Wenn und Aber ist es jetzt zu spät. Du hättest die Folgen bedenken müssen, bevor du ihn mit den Kernen erschlugst. Ungehörige Scherze sind Schuldkerne. Als Spiel und zum Scherz einen Dattelkern zu schießen, war von Anfang an ein Kern der Schuld. Den Schuldkern säte der Lebensmittelhändler. Die Nachbarn mit ihrem Lachen und du, indem du es erduldet hast, ihr habt ihn bewässert, und er hat gekeimt und ist ein kräftiger Baum geworden. Jetzt ist dieser Baum auf dem Kopf des Lebensmittelhändlers Timor zerbrochen. Seine Strafe wäre nicht so hoch ausgefallen, dein Zorn hat sie groß werden lassen. Dir und den Teilnehmern messen wir die gleiche Strafe zu. Es gibt keine andere Lösung als Strafe und Gefängnis, damit andere gescheit werden und das Feuer kleiner Scherze nicht schüren und Schuldkerne nicht bewässern.«

Götzendiener!

Es war einmal ein ängstlicher und misstrauischer Mann, der Anstalten traf, aus seiner Stadt auszuwandern. Damit das Gepäck leicht wäre und sein Eigentum auf dem gefährlichen Weg nicht in die Hände von Straßenräubern fiele, verkaufte er seine gesamte Habe und kaufte dafür einen wertvollen Edelstein, um ihn unter seiner Kleidung verbergen und überall mit sich tragen zu können.

An dem Abend, als er den Edelstein erhielt, war er noch nicht reisefertig. Er dachte: »Jetzt wissen alle Leute im Ort, dass ich ihn habe. Vielleicht kommt mir ein Dieb auf die Spur. Ich muss ihn irgendwo verstecken und, geschehe was wolle, meine Zunge hüten.«

In der Nacht nahm er das Regal in der Wandnische des Zimmers in Augenschein und sah, dass es kein sicherer Ort war. Er prüfte, wie es unter der Bastmatte wäre, und fand: Das ging nicht. Er erwog, ein kleines Loch in den Boden zu graben, und sagte sich: »Nein, alle Leute verbergen ihr Geld unterm Teppich und alle wissen das.« Er wollte schon im Hof eine Ecke des Blumenbeets ausheben, fürchtete aber, das Versteck könnte anhand der frischen Grabespuren gefunden werden. Er überlegte, den Edelstein in einen Eimer zu stecken und mit einem Seil in den Brunnen zu hängen, aber: »Gott behüte! Wenn jemand an dem Seil zieht.«

Er dachte sich: »Ich nehme einen Ziegel aus der Wand und verstecke den Edelstein dahinter. Den Ziegel setze ich wieder an seine Stelle zurück.« Mit dem Beil schlug er fast lautlos gegen die Wand und dachte: »Oh weh, jetzt werden die Kinder wach und die Nachbarn wissen Bescheid.« Auch das gab er auf. »Ich werde etwas von dem Stroh-Lehm vom Dach nehmen und ihn darunter verschwinden lassen. Aber vielleicht kommt die Katze, um Pipi zu machen, kratzt an dem Stroh und spielt damit, dann fällt er aufs Nachbardach. Das geht also auch nicht.« Er dachte: »Ich befestige ihn in einer Kiste, nehme eine Schnur, klettere auf die Platane und binde die Kiste an einen Ast. Niemand wird auf die Idee kommen, dass man einen Edelstein auf einem Baum versteckt hat.« Als er im Begriff war, auf den Baum zu steigen, sagte er sich: »Na, ausgezeichnet und morgen früh haben die Krähen die Kiste zerrupft und den Edelstein weggenommen. Das geht also auch nicht.« Nun überlegte er: »Wir haben im Haus zwei Schränke. Den einen schließe ich zu und hänge ein großes Schloss davor. Den Edelstein verstecke ich im anderen Schrank und dessen Tür lasse ich offen. Niemand wird etwas ahnen.« Doch sein Herz fand keine Ruhe. »Solch einen wertvollen Edelstein bewahrt man nicht in einem Schrank auf, dessen Tür offen ist. Schon in einen verschlossenen Schrank mit einem Schloss, das den Dieb anlockt, legt man ihn nicht. Unter dem Bett und im Kasten ist es am allerschlechtesten.«

Die Unschlüssigkeit hatte ihn am Kragen gepackt. Er dachte: »Ich verstecke ihn im Einlauf der Dachrinne«, aber: »Vielleicht stürmt und regnet es und spült ihn hinaus«, und: »Ich befestige ihn unter einer Leitersprosse. Und wenn auch jemand die Leiter umstellt, unter der Sprosse wird er nichts suchen«, dann: »Doch, Mäuse. Vielleicht zernagen sie sie, da sie morsch ist, und schleppen den Edelstein weg.« Er zog es in Betracht, ihn in Papier einzuwickeln, mit Wachs zu überziehen und in die nicht mehr benutzte Zisterne zu werfen. Doch er sagte sich: »Das Wasser ist faulig und vielleicht betäubt mich sein giftiger Dampf.« Was immer sich im Hof an Steinen und Ziegeln fand, prüfte er, und bei jedem stellte sich ein Fehler heraus. In einer Ecke am Haus lag ein kleiner Haufen Kalk. Er dachte: »Ich werfe den Edelstein in den Wasserkrug, rühre etwas Kalk mit Wasser an und gieße ihn darüber, wie bei einem Wasserkrug, dessen Loch man mit Kalk geflickt hat. Am Tag der Abreise zerbreche ich den Wasserkrug und nehme den Edelstein heraus.« Plötzlich seufzte er: »Ach, *der Dieb der Wasserkrüge* ist berühmt. Ohnehin ist etwas Tragbares für diesen Zweck nicht geeignet. Wie wäre es, wenn ich ihn einfach unter diesem Kalk verstecke?« Aber vielleicht käme morgen der Nachbar und würde sagen: »Gib mir diesen Rest Kalk, damit wir das Fundament unserer Mauer damit ausbessern.« Im Hausflur stand ein großer Mörser aus Stein. »Unter diesem Mörser ist ein guter Platz.« Indessen konnte er ihn selbst mit größter Anstrengung nicht von der Stelle bewegen. Ihm war klar, dass seine Kraft nicht genügte. Verwirrt und beunruhigt wollte er zu Bett gehen, aber er konnte nicht einschlafen. »Oh Gott, wie verstecken nur Schmuggler, Diebe und Spione etwas? Warum fällt mir nichts ein?«

Schließlich half ihm sein Verstand und dank einem Seil und einem Holzbalken verbarg er den Edelstein an einer Stelle, die ihm am sichersten schien. Dann warf er das Seil und das Holz auf die Gasse und sein Gemüt kam zur Ruhe. Indem er sich entspannte, schlief er ein. Ein Rest Angst war noch in seinen Gedanken und seinem Herzen übrig geblieben. Im Traum sah er einen Dieb von der Hofmauer herunterspringen. Er versuchte, um Hilfe zu rufen und die Nachbarn aufmerksam zu machen, doch sosehr er auch seinen Mund öffnete und seine Kehle anstrengte, er brachte keinen Ton heraus. Die Angst hatte ihn stumm gemacht und vor Aufregung schreckte er aus dem Schlaf hoch. Als er aufwachte, rief er: »Es gibt keinen Gott außer Gott«, was für ein wirrer Traum war das nur. »Aber ich habe doch keine Angst mehr. Wieso sollte ich Angst haben? Ein Dieb kann den Verbleib des Edelsteins nicht finden, und wenn er auch den Verstand eines *Dschinns* hätte. Woher soll der Dieb wissen, dass man ein Seil und ein Holz zu Hilfe nehmen muss. Ein Dieb kennt ja das Geheimnis nicht.« Und so schlief er wieder ein.

Am nächsten Morgen stellte sich heraus, dass er in der Stadt noch manches zu erledigen hatte und sich seine Abreise um eine Weile verzögerte. Es vergingen ein Tag, zwei Tage, zehn Tage, ein Monat, und da er von dem Versteck des Edelsteins überzeugt war, dachte er nicht mehr daran. Er wusste, dass selbst der Verstand eines Dschinns nicht ausreichte, ihn zu finden. Nach und nach regelte er seine Angelegenheiten und eines Tages beschloss er, morgen abzureisen. In der letzten Nacht nahm er seine Qaba und trennte das Futter unter der Achsel auf. Er bereitete eine Stelle vor, um den Edelstein unterm Arm in der Qaba zu verbergen und ins Futter einzunähen. Als er ihn hervorholen wollte, ging er gedankenlos zu der Bastmatte und hob sie an einer Ecke hoch, denn hier legte er immer sein Geld ab und daran hatte er sich gewöhnt. Aber als er die Matte hochhob, sah er, dass nichts darunter lag. Auf einmal schoss ihm das Blut in den Kopf, er erschrak und stöhnte: »Ach, wo sonst?« Er war fassungslos. Wie jemand, der plötzlich sein Gedächtnis verloren hat, konnte er sich, sosehr er grübelte, wieso der Edelstein nicht da war, an nichts erinnern. Er setzte sich hin und überlegte. »Ich habe den Edelstein in jener Nacht nicht unter die Bastmatte gesteckt. Vielleicht habe ich ihn auf das Wandregal gelegt, nein, das ist auch kein sicherer Ort. Sehr merkwürdig. In jener Nacht habe ich mir hundert Gedanken gemacht und am Ende einen guten Platz gefunden, aber wo war das?« Er hatte es ganz und gar vergessen.

So begann er zu suchen, grub die Ecke im Gärtchen um, durchsuchte die Schränke, schaute nach der Platane. Die Leitersprosse, den Eimer und den Brunnen, den Kalk und den Wasserkrug, den Einlauf der Dachrinne, die Zisterne, das Dach: Vorsichtshalber untersuchte er jeden Ort. Nein, er hatte ihn woanders untergebracht und wusste nicht wo. »War ich denn in dieser Nacht betrunken oder bin ich jetzt verrückt geworden? Wie ist es möglich, dass ich mich nicht mehr an die Stelle entsinnen kann? Ob die Mäuse meinen Edelstein mitgenommen haben? Oder die Katze oder ein Dieb? Nein, ich weiß, dass der Ort sicher war, und zwar in jeder Hinsicht sicher, aber wo war das?«

Es fiel und fiel ihm nicht ein. Er schlug sich den Gedanken an die Reise aus dem Kopf, und da er den Verbleib des Edelsteins nicht fand, geriet er außer sich. Tag und Nacht war er auf der Suche nach dem Edelsteinversteck und fand es nicht. »Ich weiß, hierhin habe ich ihn nicht gelegt, ich weiß, dahin habe ich ihn nicht gelegt, ich muss suchen. Vielleicht habe ich ihn wieder hier gelassen, vielleicht habe ich ihn wieder da gelassen.« Nach und nach grub er das ganze Blumenbeet um, trennte sämtliche Wandziegel heraus, kratzte den ganzen Stroh-Lehm vom Dach, durchforschte alle Ecken und Winkel des Hauses. Von dem Edelstein fand sich keine Spur. Eines Tages fragte ihn der Nachbar, mit dem er Wand an Wand wohnte: »Amirza, warum ruinierst du dein Haus?« Notgedrungen erzählte er ihm von seinem Kummer und bat ihn, mit niemandem darüber zu sprechen, aber schon zwei Tage später wussten alle Nachbarn und Einwohner des Ortes darüber Bescheid.

Am Morgen fragte ihn jeder, der ihn traf: »Na, ist er aufgetaucht? Ist es dir eingefallen?«, und Amirza erwiderte: »Nein, mein Lieber, lasst mich. Ihr verwirrt mich noch mehr. Ich weiß nicht, was für ein Fehler in meinem hohlen Kopf passiert ist, dass das Gehirn nicht mehr funktioniert. Ich habe gehört, dass jemand vor Entsetzen über ein Ereignis sein Gedächtnis verliert und sogar seinen Namen vergisst, aber ich kann mich ja an alles erinnern, nur dieses eine habe ich vergessen.«

Allmählich kam es so weit, dass er zu Gebet und Gelübde und dem Versprechen einer frommen Schenkung Zuflucht nahm, es nützte nichts. Er besuchte Zauberer, Traumdeuter, Wahrsager und Hellseher, ohne Erfolg. Der Wahrsager behauptete: »Wir sehen einen Dieb, der etwas Wertvolles weggenommen hat und flieht.«

Amirza antwortete: »Du verstehst überhaupt nichts. Was kann denn ein Dieb! Selbst ein Dschinn könnte den Edelstein nicht ausfindig machen. Ich will seinen Ort erfahren und im Übrigen weiß ich, dass er sicher ist.« Er erkannte, dass von dem Wahrsager und dem Hellseher, dem Traumdeuter und dem Weissager nichts zu erwarten war.

Eines Tages machte er sich unter dem Druck der Unruhe und Verwirrung auf den Weg zum Friedhof. Er sagte sich: »Ich gehe und bleibe da, bis ich sterbe. Ein Mensch, der selbst sein Eigentum versteckt hat und es auf solche Art vergisst, wofür taugt der noch?« Betrübt und verzweifelt betrat er den Friedhof und lief so lange auf Felsen und Sand umher, bis er müde wurde und ihn der Schlaf überwältigte. Er legte sich auf die Erde, zog einen Ziegel, der da herumlag, unter seinen Kopf und schlief ein. Es fühlte sich grob und uneben an unter seinem Kopf. »Sieh nur, wohin es mit mir gekommen ist, dass ich einen Ziegel unter meinen Kopf legen muss.«

So schlief er ein und vor lauter Unbequemlichkeit sah er sich im Traum mit dem Ziegel sprechen: »Oh Ziegel, hast du nicht meinen Edelstein gesehen?« Der Ziegel antwortete: »Doch, ich weiß, wo er ist.« Er fragte: »Wo ist er?« – »Ich verrate es dir«, sagte der Ziegel, »aber nur unter der Bedingung, dass du mich verehrst!« Er fragte: »Wie soll ich dich verehren?« Der Ziegel antwortete: »Ich habe die Nase voll von all der Gesellschaft hier. Du musst mich in die Stadt tragen und überall mitführen.« Er fragte: »Wie soll ich dich tragen?« Der Ziegel erklärte: »Du musst ein Seil und ein Holz nehmen und mich mit dem Seil auf das Holz binden, das Holz auf deinen Nacken legen und ...«

Die Wörter Seil und Holz ließen den Mann aus dem Schlaf hochfahren. Er schrie vor Freude. »Ich hab's gefunden, ich hab's gefunden. Bravo, lieber Ziegel. Ich verehre dich. Das Seil und das Holz, das war's, was mir entfallen war.«

Er erinnerte sich an jene Nacht. Zuerst hatte er nach all den Überlegungen gesehen, dass der steinerne Mörser ein guter Ort wäre. Da seine Kraft nicht ausreichte, ihn hochzuheben, hatte er ein Seil genommen, es um den Mörser gebunden und in der Mitte eines Balkens befestigt. Dessen eines Ende hatte er auf die Erde gestützt und das andere auf seine Schulter. So hob er den Steinmörser ein wenig von seinem Platz an, zog ihn zur Seite und legte den Edelstein in die Erde. Mithilfe des Balkens und des Seils schob er den Mörser wieder in seine Position und dachte sich: »Jetzt ist es gut. Niemand außer mir weiß, wie man ihn von seinem Platz anhebt.« Dann warf er das Seil und das Holz auf die Straße. Niemals in seinem ganzen Leben hatte er den Mörser bewegen können. In jener Nacht hatte er in einem Augenblick dieses Mittel entdeckt und danach wieder vergessen. Den Mörser sah er jeden Tag, aber er wusste, dass er ihn nicht bewegen konnte.

Er sagte sich: »Diese Erinnerung gehört zu den Wundern des Ziegels. Hätte ich ihn nicht unter meinen Kopf gelegt und wäre er nicht so unbequem gewesen, dass mir der Kopf wehtat, so hätte ich ihn nicht im Traum gesehen. Ich hätte mich nicht mit ihm unterhalten und den Edelstein nicht gefunden.« Er nahm den Ziegel, der unter seinem Kopf gelegen hatte, küsste ihn, klemmte ihn unter den Arm und brachte ihn nach Hause. Vom Nachbarn lieh er sich ein Seil und ein Holz und verschob den Mörser auf die bekannte Weise. Er nahm den Edelstein heraus und nach einiger Zeit bestimmte die Zerstreutheit sein Leben von Neuem. Doch von dem Ziegel trennte er sich nicht, er trug ihn unterm Arm und führte ihn auf allen Wegen mit sich. Im Gasthaus, in der Moschee, im Bazar, sogar im Hammam und überall.

Die Leute fragten ihn immer: »Menschenskind, warum legst du den Ziegel nicht in die Ecke und befreist dich von dieser Last?« Er antwortete: »Ich weiß etwas, was ihr nicht wisst. Dieser Ziegel birgt ein Wunder. Ich hatte etwas verloren und war eine Weile ohne Hoffnung. Der Ziegel hat das Verlorene wiedergefunden.« Und er erzählte die Geschichte. Die Leute lächelten und sagten: »Ärmster«. Er widersprach: »Arm seid ihr, weil ihr die Macht des Ziegels nicht kennt.« – »Wenn es ein Wunderziegel wäre«, meinten sie, »würde er selbst zu einem Edelstein. Warum lag er dann auf dem Friedhof? Du bist gescheit! Gott hat dir Vernunft gegeben, Verstand, ein Gedächtnis und Geist. Ich nehme an, du hattest es eine Weile vergessen und dann hast du dich daran erinnert. Was hat der Ziegel damit zu tun? Gott bewahre, dass du nicht an Halluzinationen leidest und am Ende lebenslänglich ein Götzenanbeter geworden bist.«

Er entgegnete: »Ihr wisst es nicht, ihr habt nicht etwas verloren und nicht auf dem Friedhof den Kopf auf einen Ziegel gelegt, damit er das Verlorene für euch wiederfindet. Was wisst ihr schon? Ich trenne mich nicht von dem Ziegel und überall trage ich ihn bei mir, bis ins Grab.«

Die Leute sagten: »Du trägst ihn? Trag ihn nur. Wir sind der Meinung, du warst eine Zeit lang Gefangener einer Vergesslichkeitskrankheit. Jetzt sei kein schändlicher Gefangener dieses Ziegels. Wenn aber der Ziegel deine Zufriedenheit sichert, ist niemand geizig.«

Ein Backofengefecht

Es war einmal ein kleiner Junge, der bekam am Abend Lust, auf die Straße zu gehen und zu spielen. Die Mutter sagte: »Der Abend ist nicht die Zeit für die Straße. Dort ist es dunkel.«

»Ich nehme eine Lampe mit«, erwiderte der Junge.

Die Mutter warnte: »Auf der Straße ist der Hund.«

»Der Hund wagt es nicht, sich vor mir blicken zu lassen.«

Er nahm eine Lampe und ging hinaus. Am Ende der Straße stand ein mächtiger Hund, und sobald er die Lampe in der Hand des Jungen sah, bekam er Angst und begann zu bellen: »Wau, wau«.

Der Junge wusste, dass er sich mit dem Hund nicht messen konnte. Er fürchtete sich, ließ die Lampe fallen, flüchtete ins Haus, rannte schnell, schnell in die Küche und sprang in den Backofen, der frisch hergerichtet war. Dann rief er seine Mutter und sagte: »Mutter, bring mir einen Stein, bring mir einen Stock, bring mir Pfeil und Bogen. Dann geh zum Ende der Straße und sag dem Hund: Du hast Wau gemacht, du bist selber Wau, Wau sind deine Eltern, Wau ist dein Großvater, Wau sind deine siebzigtausend Verwandten und deine Familie. Dachtest du, ich hätte Angst vor Wau? Wenn du ehrlich bist und von Mut und Tapferkeit eine Ahnung hast, dann komm zum Backofen, damit ich dir zeige, mit wem du es zu tun hast!«

Aufrichtigkeit

Der Gesandte Gottes hielt sehr viel von Beratungen und immer bestellte er in allen möglichen Angelegenheiten die Freunde zu Konsultationen ein. Auch in solchen Fällen, in denen er keine Anweisung von der göttlichen Offenbarung erhalten hatte, beriet sich der Prophet mit den Freunden und er akzeptierte gute Ideen. Bekanntlich stimmte er dem Vorschlag Salmans des Persers im Grabenkrieg zu, einen Graben um die Stadt Medina auszuheben, und so war es in vielen Fragen.

Unter den Freunden des Propheten Mohammad gab es einen, der seine Worte besonnen und voller Güte wählte, und einige Male geschah es, wenn man ein Thema besprach, dass der Prophet die Worte dieses Gläubigen als Beispiel anführte und bei seinen Anordnungen dessen Meinung folgte.

Einer der Freunde beneidete jenen Gläubigen dafür, wie glücklich er sei, dass der Prophet seine Worte als weise anerkannte.

Bis eines Tages der Prophet folgenden berühmten Ausspruch den Gefährten zur Belehrung widmete: »Wer vierzig Tage lang seine Absichten für Gott läutert, dem strömen die Quellen der Weisheit vom Herzen auf die Zunge.«

Als jener Mann den Satz hörte, wurde er sehr froh und dachte: »Ich habe den Schlüssel zu den weisen Reden gefunden. Danach kann auch ich gute Worte finden, die man zitiert, und ich werde stolz darauf sein.«

Er fastete vierzig Tage lang und beschäftigte sich mit dem Gebet, wandte sich allem Guten zu und hielt sich von allem Ungehörigen fern. Nach vierzig Tagen sah er, dass die Quellen der Weisheit noch nicht auf seine Zunge geströmt waren und sein Geist keine neuen und bemerkenswerten Worte empfing.

III. Kapitel – Der Kern der Sache

Er ging zum Propheten und beklagte sich: »Oh Gesandter Gottes, einige Male hast du gut über jenen gewissen Gläubigen gesprochen und seine weisen Reden gelobt. Ich wollte gern wie er sein. Du sagtest einmal, dass jedem, der sich vierzig Tage lang für Gott in Ergebenheit übt, die Quellen der Weisheit auf die Zunge strömen. So habe auch ich vierzig Tage lang mit reinen Absichten gebetet. Selbstverständlich verlangt Gott von seinem Diener nichts mehr als Geduld und ich habe mich nach Kräften um Geduld und das Vermögen der Ergebenheit bemüht. Wie kommt es also, dass von den Quellen der Weisheit in meiner Sprache nichts zu spüren ist?«

Der Prophet antwortete: »Unsere Bedingung war die Aufrichtigkeit. Ich sagte: ›Wenn jemand vierzig Tage lang seine Absichten für Gott läutert‹, und nicht, dass er mit dem Wunsch, eine Belohnung zu erhalten, vierzig Tage lang betet. Reine Absichten sind solche, die nur auf Gott und den Willen Gottes gerichtet sind und jede Handlung nur ausschließlich zur Zufriedenheit Gottes bewirken, kein anderes Streben und keine anderen Begierden. Doch du hast in dem Bestreben gebetet, dass von dir erstaunliche Reden ausgehen. Kein Zweifel, dass dein Gebet belohnt wird, aber die Bedingung dafür, dass einem Menschen die Weisheit auf die Zunge strömt, ist die Reinheit der Absicht.«

Ergebenheit, Aufrichtigkeit, Herzlichkeit sind Dinge, gegen die sogar der Satan machtlos ist. Der Satan selbst hat eingestanden, dass er die aufrichtigen Diener nicht vom rechten Weg abbringen kann. Wer dagegen für eine Absicht und eine Begierde arbeitet, und wenn er die Aufrichtigen noch sosehr nachahmt, wird nicht das gleiche Ergebnis erzielen wie sie.

IV. Kapitel

Persische Sprichwörter

Der Trick des Töpfers

Es war einmal ein Töpfermeister, der in seinem Handwerk reiche Erfahrungen hatte. Die Töpfe und glasierten Schalen, die er aus Ton herstellte, fanden viele Käufer.

Er hatte auch einen Lehrling, der sehr geschickt war. Dessen Verstand schätzte der Meister und er ließ nicht nach, ihn in die Geheimnisse seines Berufs einzuweihen.

Nach einigen Jahren meinte der Lehrling, er habe nun alle Töpferei- und Keramikarbeiten gelernt und sei in der Lage, sich eine eigene Werkstatt einzurichten, womit sich auch sein Einkommen erhöhen würde. So nahm er vor seinem Meister zu einem Vorwand Zuflucht und sagte: »Mein Lohn ist zu niedrig.«

Der Meister erhöhte den Lohn ein wenig, doch der Lehrling war trotzdem nicht zufrieden. Nach einigen Tagen erklärte er wieder: »Ich kann für diesen Lohn nicht arbeiten.« Der Meister fragte ihn: »Kennst du jemanden hier in der Stadt, der mehr bezahlt?« Der Lehrling antwortete: »Nein, ich kenne keinen, aber ich kann selbst eine Töpferei eröffnen und den ganzen Gewinn daraus ziehen.«

»Nun gut, das kannst du«, sagte der Meister. »Vergiss nur nicht, dass ich viel Mühe darauf verwendet habe, dich alles zu lehren, was das Töpferhandwerk betrifft, und dass es ungerecht ist, wenn du mich jetzt plötzlich allein lässt.«

Der Lehrling erwiderte: »Es stimmt zwar, dass ich den Beruf hier erlernt habe, aber ich habe den Lohn, den ich erhielt, vielfach erarbeitet und ich bin nicht mehr bereit, hier zu arbeiten.« Der Meister antwortete: »Also schön, aber bleib doch noch sechs Monate bei uns, bis ich einen neuen Lehrling gefunden habe, dann mach, was du willst.« Der Lehrling entgegnete:

»Nein, auf gar keinen Fall. Ich gehe noch heute, richte mir eine Werkstatt ein und produziere alles, was ich gelernt habe. Und ich werde es sogar besser machen.«

Der Lehrling eröffnete eine Töpferwerkstatt. Er schuf ein paar Töpfe, verkaufte sie und freute sich. Dann erweiterte er seine Werkstatt. Er wollte auch glasierte Keramikschalen herstellen, um mit seinem Meister zu konkurrieren.

Die Schalen fertigte er genauso an, wie er es gelernt hatte, und verzierte sie mit noch schöneren Zeichnungen und Bildern, überzog sie mit Glasur, stellte sie in den Ofen und brannte sie. Doch als die Schalen gebrannt waren und er sie aus dem Ofen holte, sah er, dass ihre Farbe nicht transparent, sondern matt und stumpf war. Sie glänzten auch nicht so wie die des Meisters, sondern waren farblos und fahl.

Er setzte sich hin und dachte nach. »Ich muss einen Fehler gemacht haben.« Von Neuem bereitete er die Erde vor, und diesmal noch gewissenhafter, stellte noch feineren Ton her und wandte beim Formen der Schalen noch mehr Sorgfalt an. Die Zeichnungen und Bilder trug er noch behutsamer auf. Mit der besten Glasur überzog er sie und mit großer Geduld und Ruhe schob er sie in den Ofen und brannte sie. Als er sie herausholte, stellt er jedoch fest, dass sie wieder nicht so farbenfroh und glänzend waren wie die Schüsseln seines Meisters.

Der Lehrling verstand jetzt, dass er eins der Berufsgeheimnisse noch nicht erfahren hatte. Deshalb nahm er eines Tages etliche seiner Schüsseln, brachte sie dem Meister und sagte: »Lieber Meister, es ist wahr, dass ich mit deiner Werkstatt konkurrieren wollte, aber es ist mir nicht gelungen, und was ich auch versucht habe, die Schalen sind nicht besser geworden als diese hier. Könntest du bitte so freundlich sein und mir sagen, woran das liegt?«

»Sag mir mal«, bat der Meister, »aus welcher Grube du die Erde geholt hast.«

Der Lehrling nannte die Grube.

»Das ist richtig. Wie hast du den Ton geknetet?«

Der Lehrling beschrieb es.

»Das ist richtig. Wie hast du die Glasur hergestellt?«

Der Lehrling schilderte es.

»Das ist richtig. Wie hast du das Feuer im Ofen angezündet? Wie hast du die Schalen in den Ofen geschoben?«

Der Lehrling antwortete: »Genauso, wie du es immer gemacht hast.«

»Sehr gut«, meinte der Meister. »Jetzt weiß ich nicht, was ich sagen soll. Als du von hier weggegangen bist, war ich sehr betrübt, weil ich keinen Lehrling mehr hatte. Ich bin ja alt und kann nicht mehr alle Arbeiten allein erledigen. Meine Enttäuschung kam dich teuer zu stehen.«

Der Lehrling erwiderte: »Vielleicht hast du recht. Nun sag mir, was ich tun soll.«

»Natürlich beklage ich mich nicht über dich. Jeder Lehrling muss eines Tages Meister werden, aber wenn du einräumst, dass du mich zu unpassender Zeit alleingelassen hast, dann tu etwas, das auch Gott gefällt. Komm und arbeite hier noch ein Jahr, bis der neue Lehrling ein wenig gelernt hat, und dann geh in deine eigene Werkstatt, so ist mein Herz ebenfalls mit dir zufrieden und ich bete, dass deine Arbeit gelingt.«

Der Lehrling hatte Mitleid mit dem Meister und war einverstanden. Er kehrte zurück und blieb noch ein Jahr, doch alle Tätigkeiten waren genauso, wie sie immer gewesen waren. Der Lehrling holte die Erde und knetete den Ton, er formte die Schüsseln, verzierte sie mit Zeichnungen und Bildern und trug die Glasur auf. Er packte Brennholz und Steinkohle in den Ofen, und als sie die glasierten Schüsseln in den Ofen setzen wollten, stellte sich der Meister daneben, nahm eine Schale nach der anderen aus der Hand des Lehrlings entgegen und schob sie hinein. Dann zündeten sie den Ofen an und brannten die Töpfe und Schalen. Als sie sie herausholten, war das Ergebnis überragend.

Ein Jahr verging und der Lehrling lernte nichts Neues. Als der Vertrag auslief, sagte der Meister am letzten Tag: »Da du jetzt ein guter Junge geworden bist und mir geholfen hast und ich mit dir zufrieden bin, will ich dir erklären, warum dir die Farbe der glasierten Schalen nicht gelungen ist.«

Der Lehrling sagte: »Ich bin Euch sehr, sehr dankbar für Eure Freundlichkeit und werde Euch mein Leben lang zugetan sein.«

Der Meister stellte sich neben den Ofen. »Reich mir die Schüsseln, damit ich sie in den Ofen setze. Mach deine Augen weit auf und spitz die Ohren, damit du den entscheidenden Trick der Sache lernst.«

Er nahm die Schalen aus der Hand des Lehrlings entgegen, und bevor er sie in den Ofen setzte, blies er ein paarmal darüber, dann stellte er sie hinein. Unterdessen fragte er: »Hast du verstanden?« Der Lehrling antwortete: »Ich sehe es, aber ich erkenne nichts Neues.« Der Meister nahm noch eine Schale, blies einige Male fest darüber und zeigte dem Lehrling Staub und Sand, die davon aufwirbelten. »Siehst du? Der ganze Witz liegt in diesem Pusten. Auf jede Schale, die ich aus deiner Hand nehme, puste ich ein paarmal und dann stelle ich sie in den Ofen. Das Pusten ist es, was die Farbe der Schalen hervorbringt, und du hast eben nicht gepustet.«

»Das stimmt«, bestätigte der Lehrling. »Ich habe nicht gepustet, aber wie hängt das mit der Farbe der Glasur zusammen?«

Der Meister erklärte: »Das ist der Trick der Sache. Der Zusammenhang besteht darin, dass die Schalen, die nach dem Formen einige Tage in der Werkstatt stehen, voll Staub und Sand sind. Im Ofen verschmelzen Staub und Sand mit der Glasur und machen sie trüb. Wenn wir darüber blasen, verschwinden sie und die Glasur wird klar und sauber gebrannt und erhält Glanz und Schimmer. Jetzt geh und nimm deine Werkstatt in Betrieb. All deine Arbeiten waren richtig, nur ein Pusten fehlte.«

Die Erzählung ähnelt sehr einer Geschichte, die Saadi im *Golestan* wiedergibt: der Geschichte eines Ringkampfmeisters, der dreihundertsechzig Kunstgriffe kannte. Bei ihm war ein Lehrling, der all diese Künste bis auf eine gelernt hatte. Da prahlte der Lehrling mit seiner Kraft und nahm für sich in Anspruch, der Größte zu sein. Dann kämpfte er gegen seinen Meister und unterlag. Er war beschämt und sagte: »Der Meister hat mich nicht aufgrund seiner Kraft besiegt, sondern er hat einen neuen Trick angewandt, den ich nicht kannte und den er mich nicht gelehrt hat.« Der Meister erwiderte: »Diesen einen Trick habe ich mir für den heutigen Tag aufgehoben. Geh und sei nicht mehr anmaßend gegenüber demjenigen, dem du wie einem Vater zu Dank verpflichtet bist.«

Eine Krähe – vierzig Krähen

Unter den Menschen reinen Herzens waren einst Onkel Radschab und Onkel Schaaban, zwei Nachbarn. Onkel Radschab hatte eine Frau, die sehr geschwätzig war und kein Geheimnis für sich behalten konnte. Eines Tages erzählte Onkel Radschab zu Hause, dass Onkel Schaaban heute wütend gewesen sei und gemeint habe, seine Frau könne nicht kochen. Gestern Abend sei ihre Mahlzeit so versalzen gewesen, dass man sie nicht habe essen können. Die Frau von Onkel Radschab gab die Nachricht an die Frau von Onkel Schaaban zurück und die wiederum sagte zu Onkel Schaaban:»Warum musst du vor fremden Leuten schlecht über mich reden?« Am nächsten Tag beschwerte sich Onkel Schaaban bei Onkel Radschab:»Wenn wir miteinander sprechen, warum gibst du das zu Hause weiter?« Onkel Radschab ging zu seiner Frau und protestierte: »Wenn wir uns über etwas unterhalten, warum trägst du das weiter?« Es entstand ein Haufen Ärger, aber trotzdem blieb kein Wort in Onkel Radschabs Haus geheim.

Eines Tages dachte Onkel Radschab, es wäre gut, wenn er sich eine Lüge ausdenken, sie seiner Frau erzählen und ihr auferlegen würde, niemandem etwas davon mitzuteilen, damit sie, wenn sie es weitertrüge und das bekannt werden würde, es selbst bereue und bedauere.

Als sich Onkel Radschab an jenem Morgen anschickte, sich vor dem Gebet zu waschen, schrie er auf einmal:»Oh weh, was war das?«, und er tat so, als würde er sich fürchten und zittern. Seine Frau kam gelaufen und fragte:»Was ist los?« Onkel Radschab sagte:»Hast du nicht die Krähe gesehen?« Seine Frau verneinte. Nun behauptete Onkel Radschab:»Als ich gerade dabei war, mir Hände und Gesicht zu waschen, musste ich mir ganz stark die Nase schnauben, und plötzlich zerriss mein Trommelfell und ein Krähe kam aus meinem Ohr herausgeflogen. Ich hatte so große Angst, aber Gott bewahre, lass das bloß niemanden wissen. Die Leute machen sich über einen lustig und niemand glaubt es. Jetzt habe ich sogar Kopfschmerzen vor Angst, mir ist ganz übel. Geh und koch mir etwas Tee von Frauenfarn und Erdrauch. Wenn ich den trinke, geht es mir besser.«

Die Frau warf ihren Tschador über und lief, um von dem Drogisten am Ende der Gasse Frauenfarn und Erdrauch zu holen. Der Drogist sagte: »Gute Besserung, so Gott will. Ist denn jemand krank?« Die Frau antwortete: »Nein, nicht so schlimm. Als sich Onkel Radschab heute Morgen die Nase schnaubte, sind zwei Krähen aus seinen Ohren herausgeflogen und er hat sich ein wenig gefürchtet, aber erzählen Sie das nicht weiter, sonst wird er noch zum Gespött der Leute.«

Der Drogist antwortete: »Nein, was geht uns das an.«

Dann ging der Drogist nach Hause und berichtete seiner Frau: »Hast du schon gehört, was heute Seltsames passiert ist? Heute Morgen hat sich Onkel Radschab ganz fest die Nase geschnaubt, da sind seine Trommelfelle gerissen und drei Krähen aus seinen Ohren geflogen.« Die Frau des Drogisten lief zum Haus ihrer Schwester und rief: »Schwester, das Ende der Welt steht bevor und wir erfahren Wunderliches. Heute sind aus den Ohren von Onkel Radschab vier Krähen geflogen.« Die Schwester wiederum sagte zu ihrem Ehemann, dem Fleischer: »Aus den Ohren von Onkel Radschab sind fünf Krähen herausgekommen.« Der Fleischer zu seinem Nachbarn, dem Bäcker: »Sechs Krähen«, und der Bäcker zu seinem Nachbarn, dem Schuster: »Sieben«, und der Schuster zum Hufschmied: »Acht« ... Und auf diese Weise erreichte die Nachricht alle Einwohner des Ortes und es war noch nicht Mittag, als der Aufseher für die Bewässerung des Viertels nach

Hause ging und zu seiner Frau sagte: »Ich habe gehört, dass heute neununddreißig Krähen aus dem Mund von Onkel Radschab geflogen sind und es ihm sehr schlecht geht.« Die Frau des Aufsehers, die Onkel Radschabs Cousine mütterlicherseits war, rief: »Oh, Zeter und Mordio. Was ist nur mit meinem Cousin geschehen? Lass uns gehen und ihm einen Krankenbesuch machen.«

Sie gaben den Nachbarn Bescheid und eine Menge Leute versammelten sich, um Onkel Radschab zu besuchen. Und sie sahen, dass er gesund und wohlauf zu Hause mit seinen Kindern spielte.

Die Cousine fragte: »Cousin, wie geht es dir? Ich habe heute etwas Merkwürdiges gehört. Es hieß, du seist krank, Gott bewahre.« Onkel Radschab antwortete: »Nein, mir geht es sehr gut. Was ist denn passiert?« Sie erwiderte: »Ich weiß nicht, jemand meinte, heute seien vierzig Krähen aus dem Gehirn von Onkel Radschab geflogen.« Onkel Radschab sagte: »Nichts dergleichen. Von wem hast du das gehört?« – »Von meinem Mann.« Der Mann, der dabei war, widersprach. »Ich habe nicht vierzig gesagt, sondern neununddreißig.«

Onkel Radschab fragte ihn, von wem er das gehört habe. Der Aufseher erwiderte: »Vom Sattler am Ende des Bazars.« Onkel Radschab bat, man möge ihn befragen. Der Sattler erklärte: »Ich habe nicht neununddreißig gesagt, sondern achtunddreißig.« – »Es ist nicht wichtig, wie viele es waren. Von wem hast du es gehört?« Er antwortete: »Vom Strohhändler auf dem alten Platz.« Man ging und fragte ihn, folgte seiner Auskunft und überprüfte sie, und die Krähen wurden eine nach der anderen immer weniger, bis man zu dem Hufschmied, dem Schuster, dem Bäcker, dem Fleischer und dessen Frau, der Schwester der Frau und dem Drogisten am Ende der Gasse kam, der behauptete: »Es waren drei Krähen.« Und weiter: »Ich habe es mit eigenen Ohren von Onkel Radschabs Frau gehört.«

Und schließlich: »Zwei. Ich habe mich um eine geirrt, als ich drei sagte.«

Sie brachten den Drogisten her, stellten ihn gegenüber und es war offenkundig, dass Onkel Radschabs Frau erneut etwas weitergetragen hatte, aber sie hatte nur aus einer Krähe zwei Krähen gemacht und nachher war man bei vierzig angekommen. Nun sprach Onkel Radschab: »Selbst eine Krähe war eine Lüge. Ich habe mir diese Lüge ausgedacht, damit sie dir eine Lehre sei, damit unsere internen Gespräche nicht mehr das Haus verlassen. Jetzt ist erwiesen, dass aus einer Krähe vierzig Krähen werden und niemand etwas so wiedergibt, wie er es gehört hat. Jeder fügt etwas hinzu.«

Von dieser Säule zu jener Säule wird es leichter

Vor langer Zeit wurde in irgendeinem Ort jemand von einem Unbekannten getötet. Die Nachtwächter verhafteten einen Unschuldigen, den sie in der Nähe gesehen hatten, und brachten ihn vor den Richter. Der Richter befragte ihn, und da er keinen Beweis für seine Unschuld beibringen konnte, verurteilte man ihn, und soviel er auch flehte und beteuerte, er sei unschuldig, es nützte nichts und seine Hinrichtung sollte vollzogen werden. In jenen Tagen gab es kein Rechtsmittel und niemand konnte den Richterspruch anfechten.

Der Richter übergab den Verurteilten dem Henker und ordnete an: »Man soll ihn morgen früh zum Richtplatz bringen, an die Säule binden, im Beisein der Zuschauer das Urteil verlesen und ihn hinrichten.«

Es gab keinen Ausweg. Sie brachten den Verurteilten ins Gefängnis und am nächsten Morgen zum Richtplatz, banden ihn mit dem Strick an einer Säule fest und verlasen das Urteil seiner Hinrichtung. Im letzten Augenblick gab der Verurteilte ein Zeichen, dass er ein Anliegen habe. Sie sagten: »Sprich.« Er begann: »Erstens bin ich kein Mörder, sondern unschuldig, und wenn ihr mich hinrichtet und sich nachher die Wahrheit herausstellt, werdet ihr es bereuen. Wenn es möglich ist, lasst mich am Leben.« Sie sagten: »Das liegt nicht mehr in unserer Hand und wir kennen auch nicht die Wahrheit. Es gibt ein Urteil, das verkündet wurde, und wir müssen es ausführen. Hast du sonst noch etwas zu sagen?«

»Ja«, fuhr der Verurteilte fort. »Wenn ihr mich jetzt also hinrichtet, dann tut es, aber eine Bitte habe ich. Erfüllt mir den Wunsch und dann folgt dem Befehl des Richters.«

Sie fragten ihn, was sein Wunsch sei. Er antwortete: »Mein Wunsch ist es, dass ihr mich von dieser Säule, an die ihr mich gebunden habt, losmacht und mich an jene Säule gegenüber bindet und dort die Hinrichtung vollzieht.«

Sie entgegneten: »Treibst du im letzten Augenblick noch alberne Späße? Was soll das nützen? Welcher Unterschied besteht denn zwischen dieser Säule und jener Säule?«

Der Verurteilte antwortete: »Was geht es euch an, ob es ein Spaß ist oder was auch immer. Es gibt das Gesetz in der Welt, dass man dem zum Tode Verurteilten, wenn es möglich ist und niemandem schadet, den letzten Wunsch erfüllt. Und das ist eben mein letzter Wunsch.«

Dem Henker gefielen die Worte nicht, doch der Verurteilte bat so dringend, dass er Mitleid mit ihm bekam und nachgab. Da er aber fürchtete, der Verurteilte habe die Absicht zu fliehen, wandte er alle Vorsicht an und forderte die Zuschauer auf: »Tretet ein wenig zurück, und die Wachen sollen aufpassen.« Dann band man den Verurteilten los und brachte ihn hinüber, um ihn an der gegenüberliegenden Säule festzubinden.

Gerade in dem Augenblick, als man damit fertig war, ihn an die zweite Säule zu binden, und der Henker bereit war, das Urteil zu vollstrecken, trabten von einer Ecke des Platzes einige Reiter heran und gaben den Befehl, die Menschen sollten zur Seite gehen, um den Bürgermeister passieren zu lassen. Der Bürgermeister kam früh am Morgen in irgendeiner Angelegenheit dort vorbei. Als er die Menge sah, fragte er, was geschehen sei. Der Henker sagte ihm, dass man einen Verurteilten hinrichte und die Menschen zuschauten.

»Welchen Verurteilten?«, fragte der Bürgermeister.

Man antwortete: »Hier ist das Urteil.«

Der Bürgermeister warf einen Blick auf das Urteil und meinte: »Das ist sehr merkwürdig. Ist denn mein Befehl heute Morgen nicht bei Gericht eingetroffen?«

Man sagte ihm: »Das Urteil wurde gestern verkündet.«

Der Bürgermeister erklärte: »Offenbar ist der Mann unschuldig. Bindet ihn los und bringt ihn ins Gefängnis, damit neu verhandelt wird, denn der Mörder hat gestern von dem Todesurteil gegen diesen Mann erfahren und wurde von seinem Gewissen geplagt. Er hat gestern Abend bei uns Zuflucht gesucht und gestanden, das Opfer getötet zu haben, und obwohl er sich vor der Hinrichtung fürchte, sei er nicht bereit, einen Unschuldigen an seiner Stelle hinrichten zu lassen und die Verantwortung für den Tod zweier Menschen auf sich zu nehmen. Wir haben ihn sofort dem Richter überstellt und die Anweisung erteilt, bei seiner Bestrafung Milde walten zu lassen.«

»Habe ich es nicht gesagt?«, rief der Verurteilte. »Hättet ihr mich nicht von jener Säule zu dieser Säule gebracht, so hättet ihr mich schon hingerichtet. Aber ich wusste, dass es von jener Säule zu dieser Säule, so Gott will, leichter wird.«

Solche Töpfe – solche Rüben

Es heißt, ein Mann aus Isfahan und ein Mann aus Azerbaidschan arbeiteten gemeinsam in einer fremden Stadt. Keiner von beiden hatte die Heimatstadt des anderen je gesehen. Wenn sie freihatten und sich unterhielten, erzählten sie einander von ihrer Stadt und dem Land, von den dortigen Sitten und Bräuchen und historischen Stätten, von der Arbeit und dem Leben der Menschen. Natürlich wissen wir, dass es in jeder Stadt und jedem Land Dinge gibt, die zu sehen und kennenzulernen für andere ungewöhnlich ist.

Nachdem eine Weile vergangen war und beide einiges von den Altertümern, Verhältnissen und Sehenswürdigkeiten ihrer Städte berichtet und gehört hatten und der Vorrat aufgebraucht war, begannen sie mit Übertreibungen sowie dem Konstruieren und Polieren immer wunderlicherer Reden, die manchmal schwer zu glauben waren, doch keiner von beiden konnte den Gegenspieler der Lüge beschuldigen.

Schließlich sagte eines Tages der Mann aus Isfahan, als er die Arbeiten der Kupferschmiede lobte: »*Abbas Safawi* gab den Befehl, dass das Geschirr der gesamten Bevölkerung aus Kupfer sein sollte, weil Kupfergeschirr nie zerbricht. Und wenn es dennoch zerbricht, ist es nicht verloren und der Schaden ist geringer. Man schmilzt es wieder ein und stellt es von Neuem und besser wieder her, während man Geschirr aus Glas, Holz, Keramik und Porzellan nur noch wegwerfen kann, wenn es zerbricht. Aus dem Grunde hatten die Kupferschmiedearbeiten in Isfahan lebhaften Absatz und der Bazar der Kupferschmiede von Isfahan ist in der ganzen Welt berühmt. Auch jetzt noch werden in Isfahan Gefäße aus Kupfer geschmiedet, die nirgendwo ihresgleichen finden. Ich habe einmal auf dem großen

Platz gesehen, wie man einen Topf aus Kupfer herstellte, den fünfzig Kupferschmiede im Innern bearbeiteten. Die Wand des Topfes war so hoch, dass man die Arbeiter selbst nicht sehen konnte und nur das Dröhnen ihrer Hammerschläge zu hören war. Fünfzig Künstler versahen ihn zudem von außen mit Gravuren und bunten Verzierungen. So einen Topf wie diesen kann man sonst nirgendwo in der Welt finden.«

Dem Arbeiter aus Azerbaidschan war klar, dass sein Freund übertrieb, doch er ließ sich nichts anmerken und antwortete: »Ja, manche Handwerkskünste glänzen in einigen Städten sehr«, und als er an der Reihe war, lenkte er das Gespräch auf die Landwirtschaft und sagte: »In unserer Stadt ist das landwirtschaftliche Geschick größer als irgendwo sonst. Der Grund dafür, dass all die Milch- und Käseprodukte, das Öl und der Honig so berühmt sind, liegt darin, dass die Schafe und Rinder die besten Gräser und Wurzelgemüse fressen und die Bienen auch die besten Blüten finden. Ich brauche nur die Rüben zu nennen. In unserer Stadt wächst eine Sorte Rüben, die sehr groß sind. Jede dieser Rüben ist so groß wie die Kuppel einer Moschee. Wenn man diese Rüben aus der Erde holen will, graben zehn Arbeiter mehrere Tage lang, um sie rundherum freizulegen. Dann binden sie ein festes Seil darum und ziehen sie mit einigen starken Rindern aus der Grube. Die Wurzel jedoch wird nicht ausgegraben, sondern bleibt in der Erde. Die Rüben schmecken, wenn sie gekocht sind, so süß wie reiner Zucker.«

Als er mit seinen Ausführungen so weit gekommen war, konnte sich sein Freund nicht mehr zurückhalten. »Angenommen, es wachsen solche Rüben«, wandte er ein, »worin liegt der Vorteil dieser Größe? Jede Frucht, jedes Gemüse und jede essbare Wurzel sollte eine Größe erreichen, in der man sie ohne Mühe nutzen kann. Wir an eurer Stelle würden diese Sorte Rüben überhaupt nicht anbauen. Denk selbst einmal nach. Eine

Rübe, deren Ernte so viel Mühe macht, wie schwierig ist es erst, sie zu kochen, da man sie nicht im Ganzen kochen kann.« Sein Freund antwortete: »Tatsächlich ist es ganz einfach, sie zu kochen. Man setzt einige dieser Rüben in jene großen Kupfertöpfe, die ihr herstellt, und kocht sie darin. Man darf es doch wirklich nicht zulassen, dass ein solcher Topf solche Rüben missen muss.« Das sagte er, aber trotz allem war er nicht zufrieden und erklärte nochmals in seinem örtlichen Dialekt: »Ja, solche Töpfe – solche Rüben«.

Dann lachten beide und vereinbarten, bei ihren Erzählungen nicht mehr zu übertreiben. Jedes Mal, wenn sie dann über etwas Erstaunliches sprechen wollten, lachten sie und sagten: »Das handelt nicht von so einem Topf und solchen Rüben, sondern es ist die Wahrheit.« Daraus ist dieses Sprichwort entstanden und als Mahnung geblieben.

Leg auch einen Ziegel auf den Topf

Es wird erzählt, dass man eine selbstgefällige Braut ins Haus des Ehemanns gebracht hatte und sie nicht kochen konnte. Eine Zeit lang übernahm die Mutter des Ehemanns das Kochen im Hause, aber eines Tages war sie nicht ganz gesund. Zufällig hatte man an jenem Tag Gäste und es war verabredet, für den Abend *Pilaw* zuzubereiten.

Die junge Frau hatte von irgendwem gehört, Schwiegermütter würden nicht gut mit den Schwiegertöchtern auskommen. Sie überlegte, was sie jetzt tun sollte. Wenn sie versuchte, den Pilaw selbstständig zu kochen, würde sie es nicht können. Er würde nicht gelingen und ihr Ansehen wäre dahin. Wenn sie die Schwiegermutter fragte, so fürchtete sie, dass sie ihr Vorwürfe machen und zornig werden würde. Wenn sie sich an jemand anders wandte, wäre vielleicht der Reis nicht so wie immer und dann würde die Schwiegermutter sagen: »Es wäre gut gewesen, wenn du mich gefragt hättest.« Schließlich sah sie keine andere Möglichkeit, als sich von der Schwiegermutter helfen zu lassen.

Sie ging zu ihr und versuchte, sich auf eine Weise zu erkundigen, die nicht erkennen ließe, dass ihr die Erfahrung fehlte. »Liebe Mutter, ich wüsste gern, wie viel Reis ich für fünf Personen kochen muss, damit es nicht zu wenig und nicht zu viel ist, sondern genau die richtige Menge.«

Die Schwiegermutter sagte: »Gott segne dich, liebe Tochter. Gut, dass du fragst, wenn du etwas nicht weißt, statt die Arbeit zu verderben. Für fünf Personen reichen sieben *Sir*, aber es ist besser, wenn du etwas mehr nimmst. Vielleicht kommt noch jemand dazu. Doch sag mal, weißt du, wie man ihn kocht? Wenn nicht, erkläre ich es dir.« Die Schwiegertochter erwiderte:

»Wie Ihr meint, Mutter. Ich habe zwar selbst schon tausendmal Pilaw gekocht, aber es ist besser, wenn Ihr es sagt.«

Die Schwiegermutter begann: »Sehr gut, zuerst schüttest du den Reis auf ein Tablett und machst ihn gründlich sauber.«

Die junge Frau entgegnete: »Das wusste ich schon selber.« Die Schwiegermutter sprach weiter: »Sehr schön, dann gibst du den Reis ins Wasser und wechselst es zweimal, und dann lässt du ihn einige Stunden im Wasser liegen. Anschließend zerlässt du zwei Sir Butter in der Pfanne, und sobald sie zu sieden beginnt, stellst du sie an die Seite.«

»Das wusste ich schon selber«, sagte die Schwiegertochter. Die Mutter fuhr fort: »Nun gut, dann schüttest du den Reis, der ein wenig gequollen ist, in den Topf und gießt so viel Wasser dazu, dass es einen Fingerbreit über dem Reis steht. An Salz gibst du etwas mehr als eine Prise hinein und lässt ihn auf dem Feuer, bis er kocht.« Die Schwiegertochter sagte: »Das wusste ich schon selber.«

»Ja. Wenn der Reis ein wenig gekocht hat, probierst du ihn, und wenn du siehst, dass die Reiskörner beim Draufbeißen nicht mehr hart sind, nimmst du sofort den Topf vom Feuer und schüttest den Reis in ein Sieb, damit das überschüssige Wasser abtropft.«

»Ja, das war mir schon selber bekannt«, warf die junge Frau ein. Die Schwiegermutter fuhr fort: »Nun, wenn der Reis abgetropft ist, schüttest du ihn wieder in den Topf und gießt mit einem Löffel die flüssige Butter seitlich rundherum in den Topf und über den Reis. Du musst aufpassen, dass die Butter nicht nur an eine Stelle läuft, sondern sich über den ganzen Reis verteilt.« Die Schwiegertochter erwiderte: »Das alles wusste ich selber.«

Dass die junge Frau immer wiederholte: »Das wusste ich selber«, machte die Schwiegermutter verdrießlich. Sie durchschaute, dass die Tochter ihre Unerfahrenheit vor ihr verbergen wollte, und dachte: »Ich will ihr eine Lektion erteilen, damit sie nicht mehr behauptet, sie wusste es schon selber und konnte es selber.« Auch dann, wenn jemand etwas kann, schadet es nicht, wenn er es noch einmal hört, aber wenn er sagt: »Das weiß ich selbst«, führt das dazu, dass die anderen niemals bereit sein werden, ihm etwas Neues zu erklären. Daher fuhr die Schwiegermutter fort: »Wenn die Butter ordentlich zerlaufen ist, legst du einen rohen Ziegel auf den Topf und darauf noch etwas Feuer und lässt den Reis eine halbe Stunde gut durchziehen. Nachdem er gezogen ist, füllst du ihn in eine Schüssel, legst das zerteilte, gekochte Fleisch auf den Pilaw und trägst es auf.« Die Tochter entgegnete: »Ich danke Euch, doch das alles wusste ich schon selber.«

Dann ging sie und führte alle Arbeitsschritte einen nach dem anderen aus, wie sie es gehört hatte. Zum Schluss legte sie auch einen rohen Ziegel auf den Topf und ließ den Reis ziehen. Kein Wunder, dass sich der Ziegel in dem Dampf, der aus dem Topf aufstieg, nach einigen Minuten auflöste und in den Reis rieselte, sodass der voll Erde und Sand war.

Als die Schwiegertochter den Reis in die Schüssel füllen wollte, stellte sie fest, dass er zwar sehr gut duftete, aber der Ziegel die Arbeit zunichtegemacht hatte und der Reis voll Erde, Sand und Asche war. Da lief sie zu ihrem Ehemann und klagte: »Schau, was deine Mutter angerichtet hat. Der ganze Pilaw ist verdorben.«

Er antwortete: »Ich finde, der Reis duftet sehr gut.«

»Ja, nur der Ziegel hat ihn verdorben.«

Der Mann fing an zu lachen und fragte: »Warum hast du einen Ziegel auf den Topf gelegt?«

»Deine Mutter hat mir das beigebracht.«

»Wusstest du denn nicht selbst, wie man Reis kocht?«

»Ehrlich gesagt: Ich wusste es nicht und habe sie gefragt. Sie meinte: ›Leg einen Ziegel darauf und lass den Pilaw ziehen.‹

Jetzt siehst du, dass es wahr ist, wenn man sagt, dass Schwiegertochter und Schwiegermutter nicht zusammenpassen.«

In dem Augenblick erschien die Mutter des Ehemanns. Sie lachte und sagte: »Nein, meine Liebe, das stimmt nicht. Die Schwiegermutter will niemals, dass das Essen ihres Sohnes und ihrer Schwiegertochter verdirbt. Sie wünscht von Herzen, dass Gott den Sohn und die Schwiegertochter miteinander glücklich werden lässt. Ich bin ja nicht gekommen, um dir Anweisungen zu geben, du hast selbst gefragt. Wenn man allerdings etwas wissen möchte, darf man nicht mehr behaupten: ›Das wusste ich selber.‹ Ich habe das gemacht, damit du es dir merkst und zukünftig deine Selbstgefälligkeit aufgibst. Wenn du etwas nicht weißt, sollst du fragen und es lernen und auch dankbar sein und nicht die Erfahrung der Älteren verspotten. Meine Lüge war die Antwort auf deine Lügen. Wenn du gewusst hättest, wie man Reis kocht, hättest du ebenso gewusst, dass man keinen Ziegel auf den Topf legt.«

Die junge Frau sagte: »Ihr habt recht, aber ich wollte Euch nicht wissen lassen, dass ich es nicht kann. Ich hatte Angst, Ihr würdet mir Vorwürfe machen.«

Die Schwiegermutter antwortete: »Nein, meine Liebe. Vorwürfe macht man nicht dem, der etwas nicht weiß. Vorwürfe macht man dem, der nicht lernen will, und wenn jemand meint, alles zu wissen und alles zu verstehen, dann will er nicht lernen. Niemand kann alles vom ersten Tag an, aber wenn er das Lernen nicht verachtet und nicht anmaßend ist, lernt er besser. Nun, ich habe ebenfalls Pilaw für euch gekocht und er ist fertig. Geht und holt ihn aus dem Zimmer dort. Legt das Fleisch darauf und tragt ihn auf.«

Die junge Frau sah ihren Fehler ein und von dem Tag an waren sich Schwiegertochter und Schwiegermutter einig wie Mutter und Tochter.

Unter allen Propheten den Georg gefunden

Einst schnappte sich der schlaue Fuchs einen Hahn und trug ihn an einen sicheren Ort, um ihn zu fressen. Der Hahn begriff, dass die Wüste einsam und kein Retter in Sicht war. Unterwegs begann er zu flehen: »Oh Fuchs, um Gottes Gnade willen lass mich frei, ich werde für deinen Segen beten.« Der Fuchs gab keine Antwort und in seinem Herzen dachte er: »Wenn deine Gebete erhört werden, dann bete für dich selbst.«

Als der Hahn sah, dass der Fuchs nicht antwortete, sagte er: »Wollen wir nicht ein Geschäft abschließen: Du lässt mich frei, dafür bringe ich dir jeden Abend ein dickes, fettes Huhn aus dem Hühnerstall.« Der Fuchs gab keine Antwort und dachte sich: »Alle, die unvorsichtig sind und in Schwierigkeiten geraten, geben für ihre Rettung solche Versprechen. Ich bin dabei zu verhungern, und wenn ich dich jetzt loslasse, sehe ich dich nicht wieder.«

Mit seinen Zähnen packte er den Nacken des Hahns noch fester und lief, um zu seinem Versteck zu kommen und endlich den Hahn zu fressen. Der Hahn fühlte, dass er beinahe erstickte, und bat erneut: »Wenn du damit nicht einverstanden bist, dann mach selbst einen Vorschlag, den ich, wenn ich kann, ausführe, sodass du nicht die Verantwortung für meinen Tod zu tragen hast.« Der Fuchs antwortete nicht und dachte: »Welcher Vorschlag wäre besser, als dich jetzt zu fressen, wenn auch die Verantwortung für deinen Tod auf mir lastet. Wir haben ja schon hundert Hühner und Hähne gefressen, auf einen mehr kommt es nicht an. Wir gehen ohnehin unter, ob es einer ist oder hundert.«

Der Hahn sah, dass der Fuchs leider auf keines seiner Worte hören wollte. Als sie eine Ruine betraten, wusste er, dass es jetzt soweit war und der Fuchs ihm die Kehle zudrücken, ihn zerreißen und fressen würde. Er sagte: »Da du mich nun unter keiner Bedingung am Leben lassen, sondern mich fressen willst, habe ich in diesem letzten Augenblick eine Bitte, und zwar, da ich ein gläubiger Hahn bin, dass du, wenn du mich in Stücke reißen willst, wenigstens den Namen eines Propheten nennst, damit ich im Segen des Namens dieses Propheten die Bitterkeit des Verlusts meines Lebens vergesse und ruhiger sterbe. Zum Ausgleich sorge ich dafür, dass mein Fleisch für dich *halal* ist. Wende dich an Gott, nenne den Namen eines Propheten.«

Der Hahn wollte erreichen, dass der Fuchs, während er den Namen eines Propheten aussprach, seinen Mund öffnete, sodass er fliehen könnte. Der Fuchs, der ein großer Halunke war, wusste das, aber er hatte Mitleid mit dem Hahn und dachte ein wenig nach, und indem er seine Zähne um den Hals des Hahns presste, sagte er: »Georg« (Georg ist der Name eines Heiligen aus alter Zeit). Und mit diesem Scharfsinn erfüllte er einerseits die Bitte des Hahns, andererseits musste er, um den Namen Georg zu nennen, seinen Mund nicht öffnen.

Warum musste er seinen Mund nicht öffnen?

Kein Khan gekommen, kein Khan gegangen

Man sagt, es war einmal ein treuherziger Mann namens Safarqoli, der sehr gern Stammesoberhaupt gewesen wäre wie ein *Khan*, aber er führte ein schlichtes Leben. Trotzdem versuchte er, sich den Anschein zu geben, als sei er reich und mächtig. Manchmal, bei gewissen Gelegenheiten, trat er verschwenderisch auf, damit die Leute sagten, er sei äußerst großzügig und lebe wie ein berühmter und vermögender Mann. Die Leute wussten das und nannten ihn Safarqoli Khan und er freute sich darüber.

Zufällig reiste er eines Tages von einem Dorf in ein anderes und wollte sich für den Weg mit Proviant versorgen, doch er hatte sehr wenig Geld. Er ging zum Dorfplatz, um sich etwas Brot und eine kleine Melone zu besorgen. Aber als ihn der Gemüsehändler erblickte, sagte er: »Oh, Euer Exzellenz Safarqoli Khan, ich grüße Euch.« Safarqoli freute sich und sah, dass er jetzt nicht nur eine kleine Melone kaufen konnte. Er suchte unter allen Melonen die größte aus und bezahlte sie. Und so blieb ihm kein Geld übrig, um Brot zu kaufen.

Er nahm die Melone und machte sich auf den Weg. Gegen Mittag wurde er hungrig. Mitten auf dem Weg setzte er sich unter einen Baum an den Rand einer Quelle und zerteilte die Melone. Er dachte sich: »Die Melone ist sehr groß, ich kann sie aufgeschnitten gar nicht mitnehmen. Also ist es gut, wenn ich etwas davon esse und etwas von dem Melonenfleisch in der Schale zurücklasse, damit jeder, der vorbeikommt, weiß, dass ein satter, zufriedener Mann wie Safarqoli Khan hier gewesen ist.«

Das tat er und dann schlief er ein wenig. Als er aufwachte, stellte er fest, dass er schon wieder hungrig war. Er dachte sich:

»Man sagt zu recht: ›Denk an Brot, Melonen sind Wasser.‹ Jetzt bin ich gezwungen, auch den Rest der Melone zu essen.« Mit einem Stein kratzte er das ganze Melonenfleisch heraus und aß es. Die dünne Schale blieb übrig.

Er dachte: »Nun sieht es schlecht aus. Die Melonenschale ist dünn und ich bin nicht einmal satt geworden.« Dann überlegte er und meinte: »Ich esse die Schale auch noch und die Kerne lasse ich liegen. Wer immer hier vorbeikommt, wird auf jeden Fall glauben, dass Safarqoli Khan sogar ein Pferd hatte, dass er selbst die Melone gegessen hat, sein Pferd die Schale, und die Kerne übrig geblieben sind.«

Safarqoli aß nun die Melonenschale, aber er fühlte, dass er immer noch nicht satt war. Er dachte sich: »Wer ahnt überhaupt, dass ich diesen Weg gegangen bin?« So gab er es auf, Zeichen zu setzen, und aß auch die Melonenkerne. In seinem Dialekt sagte er: »Na, siehst du: Kein Khan gekommen, kein Khan gegangen.«

Verwünscht ist die hektische Arbeit

Ein neues Kind war geboren und man hatte keine Wiege im Haus. Der Vater des Kindes ging zum Tischler an der Ecke und bat ihn, eine Wiege anzufertigen. Der Tischler versprach es und einige Tage vergingen. Der Kunde kam ein paarmal vorbei und eines Tages protestierte er: »Mein Lieber, wenn du sie nicht bauen willst, sag es, dann bestelle ich sie woanders.«

Der Tischler sagte: »Doch, ich baue sie, aber üblicherweise hat man für Auftragsarbeiten einen gewissen Vorschuss zu zahlen, damit wir sicher sind, dass man die Wiege auf jeden Fall braucht.« Der Kunde gab ihm etwas Geld als Vorschuss und sie vereinbarten, die Wiege sollte drei Tage später fertig sein.

Der Termin war um etliche Tage überschritten, aber da der Käufer den Vorschuss bezahlt hatte, wandte er sich nicht an einen anderen Tischler. Hin und wieder besuchte er ihn und fragte: »Ist sie fertig?«, und der Tischler antwortete: »Morgen oder übermorgen.« Der Kunde ging und wieder einige Tage später kam er erneut, und da die Wiege nicht gebaut war, wurde er wütend und ging ein paar Tage nicht mehr hin. Als er wiederkam, war der Auftrag immer noch nicht ausgeführt.

Aber das Kind brauchte die Wiege, und da sie nicht fertig war, machte man ihm im Haus eine Hängematte zurecht und befestigte sie an den Wänden des Zimmers, was sehr störend war. Sie warteten darauf, dass sie, wenn die Wiege da wäre, die Hängematte abnehmen und die Wiege in die Zimmerecke stellen könnten. Alle paar Tage erkundigte sich der Vater des Kindes bei dem Tischler und sah, dass die Wiege noch nicht gebaut war. Sie stritten etwas und er ging wieder.

Im Hause gewöhnte man sich allmählich daran, dass es keine Wiege gab, und das Kind wuchs. Da der Vater jedoch den Vorschuss gezahlt hatte und ihn nicht verlieren wollte, erkundigte er sich manchmal nach der Wiege. Und jedes Mal verlangte er: »Gib mir den Vorschuss zurück.« Der Tischler entgegnete: »Nein, mein Herr, ich baue die Wiege.« Nach und nach, da es so lange dauerte, wurde das Thema vergessen.

So war es und das Kind war groß geworden. Es wurde zehn Jahre und zwanzig Jahre alt und dann heiratete es eine Frau und hatte bald selbst ein Kind. Als das neue Kind geboren wurde, war wieder keine Wiege im Haus. Die Großmutter sagte zu ihrem Sohn: »Da ihr nun wirklich eine Wiege braucht, wäre es gut, wenn du zu jenem Tischler gehst und die Wiege holst, für die wir vor einigen Jahren den Vorschuss gezahlt haben. Dann ist der Vorschuss nicht verloren und die Wiege erfüllt ihren Zweck.«

Der Sohn ging und forderte vom Tischler die Wiege ein. Der Tischler antwortete: »Ich war sehr beschäftigt und konnte sie noch nicht anfertigen. So Gott will, stelle ich eine gute Wiege her, da werdet ihr begeistert sein.« Der Mann wurde zornig und rief: »Wann willst du sie endlich bauen? Die Wiege wurde für mich bestellt und jetzt siehst du, dass ich erwachsen bin und selbst ein Kind habe. Machst du sie heute noch oder morgen? Mit einem Wort, entscheide dich: Entweder zahlst du den Vorschuss zurück oder du machst die Wiege bis morgen fertig. Wenn ich morgen komme und sie nicht bereitsteht, weiß ich, was zu tun ist!«

Der Tischler antwortete: »Mein Herr, ich will dir mal was sagen: Hektische Arbeiten gefallen mir überhaupt nicht. Da ihr es jetzt so eilig habt und mir seit zweiundzwanzig Jahren Umstände macht, gebe ich euch den Vorschuss zurück und baue auch keine Wiege. Sag mal! Ich wollte euch einen Dienst erweisen, aber jede hektische Arbeit ist verwünscht. Bitte sehr, hier ist der Vorschuss. Wenn es solche Eile hat, bestellt sie bei einem anderen Tischler.«

Wie kann der verbieten, Datteln zu essen, der selber Datteln gegessen hat?

Es heißt, zur Zeit des Gesandten Gottes sei eine Mutter in Begleitung ihres minderjährigen Kindes zu ihm gekommen und habe geklagt: »Oh Gesandter Gottes, dieses Kind macht mich schwach. Das Kind liebt die Datteln so sehr, es isst zu viele davon. Jetzt geht es ihm nicht gut, es ist krank. Auch der Arzt hat gemeint, dass es die Datteln nicht verträgt, aber es gehorcht mir nicht, und sosehr ich es beschwöre, keine Datteln zu essen, es hört und hört nicht. Da Ihr der Prophet seid und Euer Wort Einfluss hat, bringe ich es heute hierher, damit Ihr es belehrt und anweist, sich beim Datteln essen zu mäßigen.«

Der Prophet sprach: »Schön. Geht heute nach Hause und bringt mir das Kind morgen, damit ich ihm einen Rat gebe.«

Die Mutter nahm das Kind mit und brachte es am nächsten Tag wieder. Der Prophet unterhielt sich freundlich mit dem Kind und während des Gesprächs gab er ihm den Rat, auf die Worte seiner Mutter zu hören und nicht zu viele Datteln zu essen, damit es wieder gesund würde. Danach könne es wieder mehr Süßigkeiten essen und könne auch mehr spielen. Es werde fröhlich und die Mutter werde mit ihm zufrieden sein. Man werde sagen, es sei ein liebes Kind, und alle werden es mögen.

Das Kind war einverstanden und antwortete: »Bis jetzt hat man mir nicht erklärt, warum ich sie nicht essen soll. Hätte ich richtig verstanden, warum mir die Datteln schaden, dann hätte ich gehorcht, doch meine Mutter wollte mich mit Geschrei und Fluch und Segen zum Gehorsam zwingen und ich wollte doch Datteln haben. Aber jetzt, wo ich den Grund kenne, werde ich immer, wenn meine Mutter es verlangt, aufhören sie zu essen.

Natürlich will ich ein liebes Kind sein, alle Kinder möchten lieb sein, nur wollen sie immer die Gründe verstehen.«

Der Prophet nahm das Kind in den Arm und sagte dann: »Ich habe zudem erwähnt, dass der Unterricht in der Wiege beginnen muss. Wenn die Bildung in der Wiege anfängt, hat man es in späteren Jahren leichter, und wenn man Kindern erklärt, was gut und was schlecht ist, braucht man nicht zu schreien.«

Als er zu Ende gesprochen hatte, dankte die Mutter dem Propheten und fragte: »Da die Sache jetzt so leicht war, könntet Ihr mir wohl verraten, warum Ihr das Kind nicht gestern belehrt habt? Was ist denn heute anders als gestern?«

Der Prophet antwortete: »Gestern und heute unterscheiden sich nicht, aber gestern hatte ich selber Datteln gegessen und es gehörte sich, dass ich es anderen an einem Tag verbiete, an dem ich keine Datteln gegessen habe.«

Ein gutes Wort zeigt dann Wirkung, wenn der, von dem es kommt, es auch selbst befolgt.

Es fehlen noch zweieinhalb Schlucke

Man berichtete, König Salomo, der die Sprachen aller Lebewesen kannte und sämtliche Geschöpfe, ob Dschinn oder Menschengeschlecht unter seinem Befehl hatte, habe einst gebetet, Gott möge ihm erlauben, an einem Tag die ganze Schöpfung zu einem Festmahl einzuladen.

Er erhielt von Gott die Botschaft, niemand außer Gott könne all seinen Geschöpfen einen Empfang geben, aber ein Festmahl sei eine gute Sache und es wäre kein Fehler, wenn Salomo sich mit einem gewissen Ehrgeiz um eine gute Sache bemühen würde.

Salomo prüfte die Zahl aller Weidetiere, Vögel, Raubtiere, Kriechtiere und Meerestiere und befahl ihnen allen, denen er zu gebieten hatte, von den Menschen bis zu den Ameisen und Heuschrecken, sich eine Weile mit dem Sammeln von Speisen zu befassen, und er legte fest, dass an einem bestimmten Tag am Strand des Meeres das Festmahl stattfinden sollte.

Es kam der Tag des Festmahls und alle Speisen waren zusammengetragen worden wie ein Berg in der Steppe. Salomo und alle Diener waren für den Empfang vorbereitet. Vor allen anderen Tieren streckte ein großer Fisch vor der Küste seinen Kopf aus dem Wasser und sagte: »Ich bin früher gekommen. Gebt mir etwas zu essen, denn ich muss mich wieder um meine Angelegenheiten kümmern.«

Salomo ließ dem Fisch ein gebratenes Schaf ins Maul werfen. Der Fisch schluckte den Bissen und meinte: »Das ist zu wenig, ich bin nicht satt geworden.« Man lief und gab ihm außerdem ein Opferkamel. Der Fisch fraß es ebenfalls und verlangte: »Bringt noch eins her, ich bin nicht satt geworden.« Salomo sagte: »Gebt dem Fisch alles, was er haben möchte.

Gebt ihm so viel zu fressen, bis er genug hat. Auf jeden Fall steht ihm als Gast eine Mahlzeit zu.«

Die Diener brachten mehr und mehr Speisen und der Fisch fraß und erklärte: »Das ist immer noch zu wenig.« Sie berichteten Salomo, der Fisch sei dabei, alles aufzufressen! Salomo antwortete: »Das ist nicht zu ändern. Wir haben ihn eingeladen und müssen ihn satt machen.«

Nach und nach gab man dem Fisch alle Speisen, die am Strand zusammengetragen worden waren, und er fraß alles und sagte: »Ich will noch mehr.« Sie beschworen ihn: »Lieber Freund, immerhin hast du die Portionen aller Geschöpfe gefressen, es ist nichts mehr übrig geblieben.« Der Fisch entgegnete: »Dafür kann ich nichts. Wolltet ihr etwa alle Lebewesen auf diese Art bewirten? Wo ist dieser Salomo, dass ich ihn auch noch fresse?«

»Warum redest du solchen Unsinn?«, fragten die Diener. »Übrigens sag uns mal, ob eigentlich feststeht, wie groß eine deiner Mahlzeiten ist?«

Der Fisch erwiderte: »Natürlich steht das fest. Jede meiner Mahlzeiten hat drei Schlucke. Was ihr mir gegeben habt, entsprach einem halben Schluck und es fehlen noch zweieinhalb Schlucke.«

Salomo erhielt die Nachricht, dass die anderen Gäste noch nicht eingetroffen waren, dass aber schon nichts mehr von den Speisen da war, sondern der Fisch alles gefressen hatte und ihm noch zweieinhalb Schlucke fehlten.

Er sagte: »Nun gut, räumt zuerst die Festausstattung weg, dann gebt den übrigen Gästen Bescheid, dass wir die Einladung auf einen anderen Tag verschieben. Doch was antworten wir dem Fisch?«

In dem Augenblick kam eine Ameise und sprach: »Oh Salomo, lass das Festmahl nicht ausfallen. Wenn du es nicht kannst, empfange ich sie alle selbst.« Salomo fragte: »Wie denn?« Die Ameise erklärte: »Kein Problem. Ich werfe diesen Heuschreckenschenkel ins Meer und gebe ihm den Namen Fleischbrühe. Wenn sein Fleisch nicht für alle reicht, dann reicht die Fleischbrühe für alle und auch der Fisch bekommt zweieinhalb Schlucke davon.«

Die Worte der Ameise sind ebenfalls sprichwörtlich, denn wenn jemand andere mit Ausflüchten oder unpassenden Worten zufriedenstellen will, führt man das Sprichwort an: »Wenn das Fleisch nicht für alle reicht, dann reicht die Fleischbrühe.«

Die Geschichte von den Mäusen und dem Käselaib

Zwei Mäuse hatten einst ein Stück Käse gefunden, doch über die Frage, wie es zu teilen wäre, waren sie verschiedener Meinung, sie wollten verhindern, dass ein Teil kleiner oder größer würde. Sosehr sie aber nachdachten, ihnen war klar, dass sie ihn nicht in zwei gleiche Hälften teilen konnten.

Die eine Maus schlug vor: »Komm, setzen wir uns hin und essen ihn einfach auf, bis nichts mehr da ist.«

Die andere lehnte ab. »Nein, so ohne Recht und Ordnung geht das nicht. Vielleicht isst die eine mehr und die andere wird betrogen. Besser ist es, wenn wir jemanden finden, der teilen kann und den Käse genau halbiert.«

Die erste sagte: »Ich fürchte, jeder, den wir finden, wird einen Teil für sich haben wollen. Dann ist unser Nachteil größer.«

Die zweite widersprach: »Nein, es gibt Leute, die gar kein Verlangen nach einem Käse wie unserem haben. Gleich hier in der Nachbarschaft wohnt eine Katze, von der es heißt, sie sei ein recht faires Tier. Man erzählt sich, sie habe sich ein Bein gebrochen und die Arbeit eingestellt, sie sei für Mäuse nicht mehr gefährlich. Da wir nun einmal kein Werkzeug haben, um den Käse zu teilen, wäre es gut, wenn wir ihre Hilfe in Anspruch nehmen. Wie auch immer, Katzen haben mehr Erfahrung und vielleicht kann die gerechte Katze besser mit der Sache fertig werden.«

Nach etlichem Hin und Her wurden sie einig, sich von der Katze helfen zu lassen. Sie rollten den Käselaib über die Erde, bis sie bei ihr ankamen, und legten ihr das Problem dar.

Die Katze sagte: »Ja, einen Käse zu teilen, ist schwierig, und wenn man nicht sorgfältig und vorsichtig vorgeht, kann es sein, dass einer benachteiligt wird. Auch hat jede Arbeit ihr Werkzeug und das Werkzeug für diese Arbeit ist die Waage, die ich bauen kann. Gut, dass ihr euch an mich gewandt habt. Ich werde das jetzt regeln.«

Die Katze nahm zwei halbe Pomeranzenschalen und baute mit Fäden, Nägeln und einem Bratspieß eine Waage. Den Käselaib hieb sie mit einem Schlag in zwei Hälften und legte jedes Stück auf eine Seite der Waage. Aber eins von ihnen war ein wenig schwerer und die Waagschale senkte sich.

Die Katze nahm das schwerere Stück und schlug ihre Zähne hinein. Sie verschlang einen Bissen davon und legte es wieder auf die Waage. Jetzt war es leichter geworden und die andere Waagschale senkte sich.

Die Katze nahm das zweite Stück, biss einen Happen davon ab und fraß ihn. Sie legte das Stück wieder auf seinen Platz und stellte fest, dass jetzt das andere schwerer war. Notgedrungen fraß sie ein Eckchen von dem schwereren Stück und wieder von diesem und wieder von jenem …

In dem Augenblick bemerkte sie, dass die Mäuse ihr starr und staunend zusahen und kurz davor waren aufzuschreien. Die schlaue Katze dachte sich: Es wäre gut, eine Ausrede zu gebrauchen, um sie verlegen zu machen, damit sie es nicht wagen, mich zu kritisieren. Daher nörgelte sie: »Ach, ach, was ist das nur für ein Käse, den ihr da gefunden habt. Seit Jahren teile ich das Essen für die Leute, aber noch nie habe ich einen derart ›unmessbaren und ungleichmäßigen‹ Käse gesehen. Ihn abzuwiegen ist wirklich ein Problem!«

Die eine Maus sagte: »Ich weiß nicht, wir haben ihn nicht probiert.«

»Offensichtlich, offensichtlich«, erwiderte die Katze. »Wenn ihr ihn probiert hättet, würdet ihr verstehen, was ich meine. Dieser Käse ist ein ganz und gar unmessbarer Käse.«

Dann biss sie die beiden Käsestücke noch einige Male leichter und schwerer, und jedes Mal fraß sie einen Bissen, bis nach und nach außer zwei kleinen Krümeln nichts mehr übrig war. Darauf verkündete die gewissenhafte Katze: »Ich bin erschöpft. Nun, schön und gut, eure Sache ist im Begriff, sich zu regeln.« Danach fraß sie auch die beiden übrig gebliebenen Krümel selbst und sagte: »In Ordnung. Das war mein Arbeitslohn für das Teilen. Nun geht, übt ein wenig Fairness und streitet euch nicht weiter über solche belanglosen Themen. Diesmal bin ich euch zu Hilfe gekommen und habe vor euren eigenen Augen die Teilung bewerkstelligt. Wenn nicht, Gott bewahre, wärt ihr womöglich in die Fänge eines Unterdrückers geraten, der euch von Anfang an den großen Käselaib aus den Pfoten genommen hätte und verschwunden wäre.«

Als die Mäuse sahen, dass von dem Käse nichts übrig geblieben war, begannen sie, einander zu beschimpfen. Die eine sagte zur anderen: »Es war deine Schuld, du hast vorgeschlagen, wir sollten uns an die Katze wenden.« Die andere entgegnete: »Es war deine Schuld, du wolltest mehr essen. Auch damals, als wir die Walnusskerne gefunden hatten, warst du es, die mehr gegessen hat.« Und sie fingen an zu streiten.

Die Katze sagte: »Hallo, hier wird nicht gestritten. Mir gefällt der Lärm nicht. Ich finde, es ist vernünftiger, wenn ihr euch vertragt und versucht, einen besseren Käse zu finden. Und wenn ihr wieder einmal meine Hilfe braucht, bin ich bereit, euch zu dienen. Nun kommt mal näher, damit ich euch miteinander versöhne!«

»Nein, wir haben genug von dem Käseteilen«, erwiderten die Mäuse. »Was wir verstehen sollten, haben wir verstanden. Wir versöhnen uns selbst miteinander und Ihr braucht Euch nicht mehr zu bemühen.«

Wir haben den Pelz losgelassen, der Pelz lässt nicht los

Einst hatte ein armer Mensch wenig anzuziehen und er war im Regen nass geworden. Er zitterte vor Kälte, und dass er keine Kleidung zum Wechseln hatte, war ihm unbequem. Gerade in dem Augenblick setzte vom Gebirge her eine Überschwemmung ein. Sie ließ den Fluss über die Ufer treten und etwas, das aussah wie ein Pelz, trieb auf dem Wasser.

Jemand sagte zu dem Mann: »Sieh mal dort, auf dem Wasser, ein Fass mit Käse oder Öl oder Saft. Das hat die Flut gebracht, du kannst es nehmen und verkaufen und dir Kleider dafür kaufen.« Ein anderer meinte: »Da ist ja schon ein Pelz, den hat Gott geschickt. Streng dich ein wenig an, hol ihn heraus und zieh ihn an.«

Den armen Teufel packte die Gier, er zog sich aus und warf sich ins Wasser. Mit großer Mühe näherte er sich dem Pelz, um ihn aus dem Strom zu holen. Aber was die Überschwemmung gebracht hatte, war kein Pelz und kein Ölfass, sondern es war ein lebendiger Bär, den die Flut mitgerissen hatte. Er strampelte im Wasser und wartete darauf, dass er etwas zu fassen bekäme, um sich in Sicherheit zu bringen. Sobald sich der Mann näherte und die Hand ausstreckte, um nach dem Pelz zu greifen, heftete sich der Bär, um sich zu retten, an dessen Hand und Fuß, und sosehr sich der Ärmste bemühte, sie von ihm wegzuziehen, es war nicht möglich.

Die Leute sahen, dass es sehr lange dauerte, den Pelz zu holen, und dass der Mann selbst mit der Strömung weiter trieb. Aus der Ferne erkannten sie nicht, warum er den Pelz nicht herbringen konnte. Sie schrien: »Es ist gut. Wenn du den Pelz nicht holen kannst, lass ihn los und komm zurück, damit du dich nicht erkältest oder die Strömung dich davonträgt.«

Der arme Mann schrie zurück: »Mensch, ich habe den Pelz losgelassen, der Pelz lässt mich nicht los!«

Er sucht noch seine Schuhe

Der Bürgermeister eines Ortes wurde an einem Freitag krank und suchte das Haus eines Arztes auf, mit dem er bekannt war. Der Arzt untersuchte ihn, schrieb ein Rezept aus und erklärte: »Diese Arznei musst du dir sofort besorgen und einnehmen.« – »Aber heute sind alle Apotheken geschlossen«, erwiderte der Kranke. »Nein«, sagte der Arzt, »eine Apotheke in einer bestimmten Gasse an dem und dem Ende der Stadt hat Notdienst. Ich schicke gleich jemanden, der das Medikament holt.« Er rief seinen Hausangestellten mit Namen Abdallah und trug ihm auf: »Geh schnell, hol aus der Soundso-Apotheke dieses Medikament und bring es her.«

Als der Diener das Haus verließ, plauderte der Arzt mit seinem Freund: »Seid unbesorgt, er wird die Arznei sofort bringen. Ein guter Diener ist eine große Gnade und Abdallah ist bei seiner Arbeit so fleißig, dass ich immer, wenn er weggeht, genau berechnen kann, in welchem Augenblick er zurückkehrt. Ich weiß zum Beispiel, dass er eben jetzt die Apotheke erreicht hat.« Der Arzt sprach noch ein wenig und verkündete dann: »Gerade eben ist Abdallah angekommen …« Darauf rief er: »Abdallah«. Abdallah war zurück und antwortete noch vor der Tür: »Ja, Herr, ich habe es mitgebracht.« Der Arzt sagte zu seinem Freund: »Habe ich es nicht gesagt? Ich wusste, dass er genau in dem Augenblick hier sein würde.«

Der Bürgermeister nahm die Medizin, war dankbar für die Flinkheit des Hausangestellten seines Arztes und kehrte heim. Er selbst hatte in seinem Haus auch einen Diener, der ebenfalls Abdallah hieß, aber ein leichtsinniger Mensch war.

Als er wieder zu Hause war, berichtete er, was er gesehen hatte, und meinte: »So flink und gewandt muss ein Mensch sein und ich wünschte mir von Herzen, dass du einmal, wenn du weggehst, rechtzeitig zurückkommst. Die Leute können sich sogar auf die Minute genau darauf verlassen, wo ihr Gehilfe sich befindet, und du …«

Der Diener entgegnete: »Ihr irrt Euch, ich bin noch fleißiger als der Gehilfe des Doktors. Möchtet Ihr, dass ich jetzt gleich laufe, etwas aus der Apotheke hole und wiederkomme, damit Ihr seht, dass ich schneller da bin als er?«

»Nein, wir wollen nicht wetten«, antwortete der Bürgermeister. »Mein Wunsch ist es, dass die Arbeiten immer zuverlässig ausgeführt werden.« Abdallah erwiderte: »Meine Arbeit ist immer zuverlässig. Ihr könnt mich ab heute jederzeit testen, wann Ihr möchtet, und mich auf die Probe stellen. Ich wette, dass meine Arbeit von Eurer Erwartung sehr wenig abweicht.«

»Nun gut«, entgegnete der Bürgermeister. Am nächsten Tag waren bei ihm zwanzig Personen zu Gast, die alle im Zimmer Platz genommen hatten und sich über alles Mögliche unterhielten. Allmählich kam man auf Angestellte und Diener zu sprechen. Der Bürgermeister sagte: »Ich bin ja mit dem Abdallah sehr zufrieden. Er ist ein gehorsamer, bescheidener junger Mann und außerdem sehr schnell und flink, und er ist mit hoher Konzentration bei der Arbeit. Wenn ich ihn etwas besorgen lasse, kann ich mir ausrechnen, wann er zurückkommt, und auf der Straße ist er mit seinen Gedanken ganz bei der Arbeit.«

Die Gäste meinten, das sei sehr gut, ein solcher Gehilfe sei eine große Gnade. Der Bürgermeister stimmte zu: »Das ist richtig. Nun, damit ihr es auch beobachten könnt, schicke ich ihn irgendwohin und ihr seht, wie er zur rechten Zeit zurückkommt.«

Er rief Abdallah und der erschien. Der Bürgermeister sagte: »Schau, mein Junge, wir haben ein paar dringende Aufträge:

Zuerst möchte ich, dass du schnell zum Haus von Hossein Qoli Khan auf der anderen Seite des Flusses läufst und ihm, wenn er da ist, bestellst, der Bürgermeister lasse ihm ausrichten, er erwarte ihn in seinem Hause und möchte ihn sehen. Lauf und komm schnell wieder, dass wir uns auch um die anderen Aufträge kümmern.«

Abdallah sagte: »Jawohl, zu Diensten«, verließ das Zimmer und schloss die Tür.

Der Bürgermeister wandte sich den Gästen zu: »Jetzt rechne ich für euch: Abdallah hat nun das Haus verlassen … Jetzt ist er am Ende der Straße angekommen. Von dort bis zum Fluss ist es ein Weg von fünf Minuten. Jetzt rennt Abdallah … Jetzt hat er den Fluss erreicht. Jetzt passiert er die Brücke und bis zum Haus von Hossein Qoli Khan sind es noch zehn Minuten.« Dann unterhielt sich der Bürgermeister ein wenig und sagte: »Jetzt ist Abdallah beim Haus von Hossein Qoli eingetroffen. Ganz gleich, ob Hossein Qoli zu Hause ist oder nicht, er stellt die Nachricht zu und kehrt um … Jetzt ist er beim Fluss angekommen … Jetzt ist er an der Haustür … Jetzt steht er vor der Zimmertür.«

Nun rief der Bürgermeister laut: »Abdallah!«

Abdallah meldete sich: »Ja, Herr.«, und alle Gäste staunten.

Der Bürgermeister fragte: »War Hossein Qoli Khan da oder nicht?«

Abdallah antwortete: »Herr, ich bin noch nicht losgegangen. Ich bin noch dabei, zwischen all den Schuhen die meinen herauszusuchen. Jetzt finde ich meine Schuhe und gehe. Seid unbesorgt.«

Kamel gesehen? – Nicht gesehen!

Man erzählte einmal die Geschichte, wie ein kluger Mensch in der Steppe auf einem schmalen Pfad wanderte. Auf der Erde entdeckte er die Spuren eines Kamels, das auf dem Weg gelaufen war und nur die Gräser auf einer Seite gefressen hatte. Er dachte: »Vielleicht war das Kamel auf einem Auge blind.«

Dann stellte er fest, dass es auf einer Seite des Wegs mehr Fliegen und auf der anderen Seite mehr Mücken gab. Er sagte sich: »Fliegen mögen das Süße und Mücken das Saure. Vielleicht hat das Kamel ein Bündel mit etwas Süßem und ein Bündel mit etwas Saurem getragen.«

Dann sah er die Fußspur eines Menschen, der von dem Kamel abgestiegen war und am Wegrand Wasser gelassen hatte. Da die Fußstapfen nicht tief waren, dachte er sich: »Vielleicht ist eine Frau auf dem Kamel geritten.« Das waren seine Gedanken und dann setzte er sich unter einen Baum.

In dem Augenblick erschien ein Mann, der ganz außer sich war, und fragte: »Hast du vielleicht ein Kamel gesehen?« Der andere erwiderte: »War es auf einem Auge blind?« Der Mann sagte: »Ja, genau.« Der Kluge fragte: »Trug es ein süßes Bündel und ein saures?« – »Richtig.« – »Ritt nicht auch eine Frau auf dem Kamel?« – Der Kameltreiber fragte: »Wo ist jetzt das Kamel?« Er antwortete: »Ich weiß es nicht.«

Der Kameltreiber wurde zornig und rief: »Schlaumeier! Du weißt genau, wie es aussieht, aber du weißt nicht, wo es ist. Bestimmt hast du mein Kamel gestohlen. Los, gib mir mein Kamel!«

Der andere erklärte: »Das Kamel ist dort auf dem Weg gelaufen, ich habe hier gesessen. Was weiß ich, wo das Kamel geblieben ist.« Doch der Kameltreiber glaubte ihm nicht. Er packte ihn am Kragen, zog seinen Stock und begann ihn zu schlagen. Nach einigem Hin und Her und inständigem Flehen sagte der Kluge: »Hör auf zu schlagen, dann zeige ich dir dein Kamel: Schau, das sind meine Fußspuren, ich bin vorhin auf diesem Weg gekommen. Und das sind die Fußabdrücke des Kamels, das auf dem Weg gelaufen war. Das Gras ist abgefressen, Fliegen und Mücken sind so an den Wegrändern zu sehen. Da sind die Spuren des Kamelreiters. Aber ich selbst habe das Kamel nicht gesehen. Ich habe mir das nur mit meinem Verstand zusammengereimt.«

Der Kameltreiber sagte: »Mag sein, dass du unschuldig bist, aber dein Gerede schadet dir. Und Prügel tun dir gut, damit du nicht mehr orakelst, sondern: Kamel gesehen? – Nicht gesehen! und Schluss.«

Der Knochen in der Wunde

Man sagt, vor langer Zeit sei einmal einem Metzger, als er eben mit einem Hackmesser ein Stück Fleisch zerteilte, ein Stückchen Knochen ins Auge geflogen und habe ihn verletzt.

Der Metzger hielt sich die Hand vor das Auge und lief zu einem Augenarzt. Der Augenarzt untersuchte das Auge und erkannte, dass ein Stückchen Knochen darin war, aber er entfernte den Knochen nicht, sondern behandelte das Auge mit einer Arznei, verband es und meinte: »Nichts passiert, es wird heilen. Kommt morgen wieder, damit ich es mir ansehe.«

Am nächsten Tag hatte sich das Auge des Metzgers verschlimmert und es tat ihm noch mehr weh, doch erneut träufelte der Arzt etwas Medizin hinein und erklärte: »Es ist nichts, das heilt schon. Das Auge ist ein empfindliches Organ und wir müssen einige Tage die Medizin hineinträufeln.« Der grausame Arzt ließ sich jeden Tag Geld für die Arznei und die Behandlung geben und holte das Knochenstückchen nicht aus dem Auge des Kranken heraus. Der Metzger brachte dem Arzt auch täglich ein halbes *Man* Fleisch als Geschenk mit.

So ging es, bis der Metzger eines Tages den Arzt aufsuchte und vor Schmerzen jammerte. An jenem Tag war der Arzt selber nicht da und sein ältester Sohn, der ein guter Augenarzt war, vertrat den Vater.

Der Sohn des Arztes untersuchte das Auge des Kranken, sah das Knochenstückchen darin und nahm es mit einer medizinischen Pinzette heraus. Die Wunde behandelte er mit einem Medikament und der Schmerz ließ nach. Er sagte: »Ab heute wird es deinem Auge besser gehen. Wenn es wieder schmerzt, dann komm noch einmal her, damit ich es mir ansehe, aber wenn es morgen besser geworden ist, träufele ein paar Tage lang einige Tropfen von dieser Medizin hinein und es wird gut.«

Der Metzger ging und der junge Arzt freute sich, dass er das kranke Auge kuriert hatte. Als der Augenarzt selbst zurückkam, fragte er: »Ist niemand hier gewesen?« Der Sohn erwiderte: »Doch, der Metzger war da. Ich habe ihm ein Medikament gegeben und er ist gegangen.«

Einige Tage vergingen und der Metzger kam nicht mehr. Der Augenarzt fragte seinen Sohn: »Was hast du mit dem Auge des Metzgers gemacht? Er ist nicht mehr hergekommen!« Der Sohn antwortete: »Ich nehme an, sein Auge ist geheilt, denn an dem Tag habe ich unter der Lupe gesehen, dass ein kleines Stückchen Knochen in der Wunde geblieben war, ich habe es entfernt. Der Schmerz hat aufgehört und er ist gegangen. Bestimmt tut ihm sein Auge nicht mehr weh. Warum habt Ihr das Knochenstückchen in der Wunde nicht gesehen?«

Der Augenarzt sagte: »Doch, mein Sohn, ich habe es gesehen, aber hast du nicht das halbe Man Fleisch gesehen, das er jeden Tag mitgebracht hat? Ich habe den Knochen in der Wunde gelassen, damit er uns noch ein paar Tage Fleisch bringt. Gnade den heutigen Kindern und den Lupen ...«

Ähnlich ist die Geschichte vom Nagel und dem Fläschchen:

Es heißt, vor langer Zeit, als eine Weile einige der *Umayyaden* über Iran herrschten, versuchten die arabischen Befehlshaber in den Städten überall, wo sie konnten, die einheimische Bevölkerung einzuschüchtern, ihre Häuser zu niedrigen Preisen zu kaufen und die äußere Form der Geschäfte auch mit offiziellen Dokumenten zu wahren, damit nicht später jemand Einwände erheben konnte. Ein Einwohner von Qom allerdings, dessen Haus der Gouverneur der Stadt billig kaufen wollte, meinte: »Ich muss diesem Menschen eine Lektion erteilen, die man in die Geschichtsbücher schreibt.«

Der Mann aus Qom willigte ein, sein Haus zu dem gewünschten Preis an den Gouverneur zu verkaufen, und als sie bei dem Richter vorsprachen, um die Urkunde aufzusetzen, sagte er: »Ich verkaufe das ganze Haus bis auf den einen Nagel, den ich in die Hofmauer geschlagen habe, den verkaufe ich nicht. Ich möchte daran ein Fläschchen Öl aufhängen, ich habe keinen Platz mehr für einen Nagel.«

Der Gouverneur, der das Geschäft schnell abschließen wollte, sagte: »Das ist macht nichts. Der Nagel gehört dir. Wann immer du ihn brauchst, steht dir meine Tür offen.«

Der Richter schrieb die Vertragsurkunde und machte das Geschäft perfekt. In das Dokument nahm er eine Klausel auf, nach der die Verfügung über den Nagel bei dem Mann aus Qom lag, der jederzeit, wenn er mit ihm etwas vorhätte, das Haus betreten könne.

Man übergab dem Käufer das Haus und verabschiedete sich. Am nächsten Morgen, als es noch dunkel war, kam der Mann aus Qom und sagte: »Ich möchte etwas Öl aus dem Fläschchen nehmen.« Man antwortete: »Bitte sehr.« Am Tag darauf kam er und wollte Öl in das Fläschchen füllen. Man erwiderte: »Bitte.« Am dritten Tag kam er und wollte das Fläschchen austauschen. Man sagte: »Kein Problem.« Am vierten Tag kam er und wollte seinen Nagel anstreichen. Und am frühen Abend kam er und wollte das Band des Fläschchens auswechseln und am späten Abend kam er und wollte den Nagel befestigen. Am frühen Morgen kam er und wollte Öl holen und mittags kam er und wollte das Fläschchen wiegen, um zu sehen, wie viel Öl es noch hatte.

Eines Tages wurde der Käufer des Hauses zornig und rief: »Du Schlawiner, warum lässt uns nicht in Ruhe? Jeden Tag der Nagel, jeden Tag das Fläschchen!«

Der Mann aus Qom antwortete: »Es ist, wie es ist. Wir haben es in den Vertrag geschrieben und der Richter hat es besiegelt und unterzeichnet. Ich habe die Verfügung über den Nagel und das Fläschchen. Auch der Richter ist Muslim und kann aus Recht nicht Unrecht machen.«

Am Morgen des nächsten Tages kam er und erklärte: »Ich bin gekommen, um das Fläschchen zu holen.« Am frühen Abend kam er und wollte das neue Fläschchen an den Nagel hängen. Und mit all dem Kommen und Gehen zermürbte er den Mann aus Arabien. Der Araber ging zum Richter und klagte: »Der Mann aus Qom treibt mich zur Verzweiflung. Ständig und immerzu hat er etwas mit seinem Nagel zu schaffen und jeden Tag tauscht er sein Fläschchen aus.« Der Richter antwortete: »Das lässt sich nicht ändern. Wir haben die Bedingung in den Vertrag geschrieben, und wenn wir ihn gewaltsam hindern, beklagt er sich vielleicht beim Kalifen. Wenn du deine Ruhe haben willst, musst du den Nagel ebenfalls kaufen. Du wirst erst zur Ruhe kommen, wenn der Verkäufer nicht mehr jeden Tag das Fläschchen wechselt.«

Der Araber stimmte zu: »Ich kaufe den Nagel«, und er fragte nach dem Preis. Der Mann aus Qom sagte: »Der Preis für den Nagel ist doppelt so hoch wie der für das Haus.« Notgedrungen gab der Mann aus Arabien das Haus an den Verkäufer zurück, erhielt sein Geld und beide waren zufrieden.

Sei eine Sache noch so klein, sie kann einmal von Nutzen sein

Einst wollte ein Bauer mit seinem Sohn von einem Dorf in ein anderes wandern. Der Vater nahm das Tuch mit dem Brot und meinte: »Wasser findet sich in der Steppe.«

Als sie die Straße zwischen den Gärten entlanggingen, lag am Wegrand ein Hufeisen. Der Vater sagte: »Heb es auf, das ist noch zu gebrauchen.« Der Sohn entgegnete: »Vater, ein zerbrochenes Stück Eisen, wofür soll das zu gebrauchen sein? Es lohnt sich nicht, das aufzuheben.«

Der Vater sah, dass sein Sohn das Leben noch nicht kannte, noch keine Schwierigkeiten erfahren hatte und in seinen Augen alle Dinge von geringem Wert nutzlos waren. Er sagte nichts weiter, bückte sich selbst und hob das verlorene Hufeisen auf. Sie liefen weiter und langten am Ende der Siedlung bei einer Hufschmiede an. Der Vater verkaufte das Eisen an den Hufschmied und erhielt dafür zwei Münzen. Als sie weitergingen, trafen sie auf einen Straßenhändler, der ein Tablett mit Kirschen auf dem Kopf trug, um sie im Dorf zu verkaufen. Für die beiden Münzen kaufte der Vater eine Handvoll Kirschen. Er verwahrte sie in einem Stück Papier und sie schlugen den Weg in die Steppe ein.

Es war ein warmer Tag und unterwegs gab es kein Wasser. Vom Wandern wurde der Sohn durstig und müde. Der Vater lief voran, der Sohn hinterher. »Vater, gibt es hier kein Wasser?«, fragte er. »Mein Mund ist ganz trocken.« Der Vater antwortete: »Doch, es gibt Wasser. Wir sind bald da.«

Der Vater wusste nun, dass sein Sohn Durst hatte, und ließ eine Kirsche auf die Erde fallen. Als der Sohn sie erreichte, hob er die Kirsche still auf und aß sie und sein Mund, der ihm vor

Durst ausgetrocknet war, wurde frisch. Hundert Schritte weiter ließ der Vater wieder eine Kirsche auf die Erde fallen und der Sohn hob sie still auf und aß sie. Auf diese Weise ließ der Vater alle hundert Schritte eine Kirsche fallen und der Sohn hob sie auf, bis keine Kirsche mehr da war und sie bei dem Wasser ankamen. Sie setzten sich unter einen Baum.

Da fragte der Vater: »Erinnerst du dich daran, dass ich sagte: ›Heb das Hufeisen auf‹, und du meintest, das lohne sich nicht?« Der Sohn antwortete: »Ich erinnere mich.« Der Vater fragte: »Hast du gesehen, dass ich es aufgehoben und von dem Geld Kirschen gekauft habe?« Der Sohn sagte: »Ich habe es gesehen.«

»Ich habe die Kirschen für dich gekauft, aber ich habe sie dir nicht auf einmal gegeben, damit du verstehst, worum es geht. Es waren siebenunddreißig Kirschen und du wolltest dir nicht ein einziges Mal die Mühe machen, das Hufeisen vom Boden aufzuheben. Doch siebenunddreißig Mal hast du dir die Mühe gemacht und Kirsche für Kirsche aufgehoben und du hast gesehen, wie dir das Hufeisen, das dir gering und unbedeutend schien, gegen den Durst geholfen hat. Also denk immer daran: Sei eine Sache noch so klein, sie kann einmal von Nutzen sein.«

Der Herr von Reichendorf

Wir waren eine Gruppe von Freunden, die den Frühling zum Anlass nahmen, um sich mit frohen, jugendlichen Herzen aufzumachen und in die Steppe zu gehen. Ebene, Gebirge, Himmel und Sonnenschein – unsere Heiterkeit machte sie grün und hell und lachend. Was immer wir sahen und sprachen, löste bei uns Entzücken und Freude aus. Die schöne Natur, unsere Umgebung zeigte sich wie ein anmutiger Rahmen, der ein Lieblingsbild einfasst.

Mit großem Appetit breiteten wir das Tischtuch auf der Wiese aus, wir fanden darin die köstlichsten Speisen und aßen. Währenddessen kam ein alter Bauer und erfüllte unsere Gemüter mit der Hoffnung, neuen Stoff für Scherz und Vergnügen zu finden.

Einer sagte: »Alter Mann, Eure fromme Gehorsamkeit möge Anerkennung finden. Man sagte mir, dass du schon diesen Monat mit dem Ramadan begonnen hast.« Ein anderer: »Auch wenn du nicht fasten würdest, könntest du nicht mit uns auf der Erde essen. Die Bügelfalten deiner Hose würden zerknittern!«

Mit solchen bissigen Scherzen, die aus jugendlichen Herzen ohne bösen Willen kamen, verletzten wir seine Seele, sosehr wir nur konnten. Als unser Köcher leer war, lachte der alte Mann und sagte: »Wenn ihr aber in mein Dorf gekommen wärt, hätte ich euch besser empfangen.«

Wir fragten: »Wo liegt denn Euer Dorf?« Er antwortete: »Ich bin der Herr von Reichendorf. Wenn ihr wüsstet, wie angenehm dort das Wasser und die Luft sind! Es ist ein Weg von fünf *Farsang*. Warum seid ihr nicht dahin gegangen? Kommt und seht, was Grün und Frische bedeuten. Ich habe eintausend Schafe und Hammel. Niemand in diesen Dörfern hat solche Kühe wie ich. Kommt und esst von den Milchbrötchen und dem paradiesischen Joghurt. Kommt, ihr seid meine Gäste ...«

Ein oder zwei unvollendete Scherze, gleich zerbrochenen Pfeilen, kamen von den Freunden, doch sie wurden schnell zurückgehalten. Der Tonfall und die Bedeutung der Blicke änderten sich, es dauerte nicht lange und wir sagten: »Also ... nehmt Platz ... bitte esst mit uns zu Mittag.«

Der alte Mann aß ausgiebig und sagte: »Ich bin nicht undankbar und bleibe den Lohn für eine Wohltat nicht schuldig. Für die reichliche Mahlzeit, die ich mit euch gegessen habe, gebe ich euch den Rat eines Alten. Nehmt an, was ihr als der Lohn der Welt und des Jenseits gewinnen werdet:

Stellt euch alle Menschen wie den Herrn von Reichendorf vor und seid zu allen höflich und freundlich.

Doch ich habe, bei Gott, auf der Welt nichts außer dieser Lumpenkleidung ...«

V. Kapitel

Das Menschenkind

Vorwort

Das Menschenkind ist die Geschichte eines Kindes, das auf einer einsamen Insel strandet und dort ohne gesellschaftliche Erziehung lebt. Es fasst Zuneigung zu den Tieren und wächst mit ihnen auf, doch da es ein Menschenkind ist, legt es mit dem von Gott gegebenen Geist und Verstand das Fundament eines menschlichen Lebens. Es versteht und entdeckt und baut die Dinge, die musterhaft für den Fortschritt des Denkens und der menschlichen Zivilisation sind.

Ursprung dieser Geschichte ist die Erzählung *Hayye bin Yaqzan*, ein Werk des Ibn Tufail. Der Andalusier Ibn Tufail gehört zu den großen islamischen Gelehrten des 6. Jahrhunderts der Hedschra. Er schrieb die Abhandlung auf Arabisch, vermischt mit weisen und philosophischen Darlegungen. Wir kennen niemanden, der vor ihm etwas Ähnliches geschrieben hätte. Man nimmt an, dass der Roman Robinson Crusoe aus dem 16. Jahrhundert n. Chr. auf dieser Geschichte basiert, aber vielleicht ist es auch nicht so. Robinson landet in seiner Jugend auf der Insel, er hat einige Kenntnisse und Mittel. Die Geschichte von Hayye bin Yaqzan geht mehr mit Erstaunen einher und sie ist altertümlicher und spiritueller. Sie ist zudem orientalisch und islamisch und uns näher.

Die Geschichte, die wir hier unter dem Titel *Das Menschenkind* lesen, ist einfacher und kürzer als die persischen Übersetzungen des arabischen Originals. Es war meine Absicht, mit der ursprünglichen Erzählung, die sehr tief und schwer ist, bekannt zu machen und sie zugleich kindergerechter zu schreiben, und ich hoffe, dass sie auch den Erwachsenen gefällt.

Mehdi Azar Yazdi, 06.12.1966

Das Menschenkind auf der unbekannten Insel

Es war einmal in jenen Tagen, als See- und Schiffsreisen keine einfache Sache waren. Es gab noch keine Dampfer und die Schiffe hatten Segel und waren schlicht. Und meist war es der Wind, der die Macht über sie hatte. Wenn kein Wind wehte oder wenn er aus der falschen Richtung kam, wurde die Seefahrt mühsam.

Auf weiten und langen Reisen erreichte das Schiff sein Ziel oft verspätet, und wenn Sturm aufkam, wuchs die Gefahr, dass es unterging. Aus dem Grunde fürchteten sich manche Menschen, die weit vom Meer entfernt wohnten und es noch nie gesehen hatten, vor einer Seereise, und solange sie nicht dazu gezwungen waren, bestiegen sie kein Schiff. Aber jene, die an den Küsten lebten, kannten das Meer und die Schiffe und nutzten Seereisen zu ihrem Vorteil.

So war es und einer von den Leuten, die in jenen Tagen mit Schiffen und Seereisen vertraut waren, hieß Yaqzan. Yaqzan stammte von einer der großen indischen Inseln. Seine Familie bestand aus seiner Frau, seinem fünfzehnjährigen Sohn, seiner zwölfjährigen Tochter und einem kleinen Jungen von einem Jahr, der noch die Milch seiner Mutter trank.

Yaqzans Haus lag in einer Stadt am Meer. Aber Yaqzan selbst hielt sich meist auf dem Meer auf. Er hatte ein Segel-Frachtschiff und damit arbeitete er, verkehrte von einem Ufer zum anderen, und wenn er in die Nähe seiner Stadt kam, blieb er einige Tage bei seiner Frau und den Kindern und machte sich dann wieder reisefertig.

Eines Tages kam Yaqzan nach Hause und sagte zu seiner Frau: »Weißt du was?«

»Gibt es Neuigkeiten?«, fragte seine Frau.

Yaqzan erzählte: »Ja, eine Sache. Ich soll den Ozean überqueren, auf der anderen Seite des Meeres in den westlichen Häfen meinen Auftrag erledigen und zurückkehren, und es ist eine schwierige Fahrt, aber ich kann es nicht aushalten, euch so fern zu sein.«

»Wie lange dauert die Fahrt?«, wollte seine Frau wissen.

Yaqzan antwortete: »Das liegt bei Gott. Es hängt davon ab, ob das Wetter gut ist oder nicht, ob ich mich unterwegs irgendwo aufhalte oder nicht. Auf jeden Fall dauert sie drei oder vier Monate oder länger.«

»Kannst du nicht auf diese Reise verzichten?«, fragte seine Frau. »Es herrscht ja keine Not!«

Yaqzan war verwundert. »Was sagst du da? Es herrscht keine Not, aber es gibt nur wenig Arbeit und ein großer Auftrag bringt großen Gewinn. Die Einnahmen aus dem Transport sind bei einer weiten Fahrt höher. Meine Arbeit findet eben auf dem Meer statt. Würde ich mich davor fürchten, wäre ich nicht Seemann geworden.«

Yaqzans Sohn und seine Tochter meinten: »Was Papa sagt, stimmt.«

»Das ist keine Frage der Angst«, wandte seine Frau ein, »sondern es geht um die Gefährlichkeit des Meeres. Man sagt, in der Mitte sei es am gefährlichsten. Der Mensch muss sich, soweit er kann, vor den größten Gefahren hüten.«

Der Sohn und die Tochter sagten: »Mama hat recht.«

»Wenn man an Gefahren denken will, gibt es überall Gefahren. Sie lauern im Wald, es gibt sie in der Wüste, im Gebirge, sogar in der Stadt. Nicht nur das Meer birgt Gefahren. Da gibt es Löwen und Wölfe, dort gibt es Schnee und Kälte, hier gibt es Feindschaft und Konflikte. Selbst wenn man an den Untergang des Schiffes denkt, ist da kein Unterschied. Vielleicht geht das Schiff eines Tages unter, na schön. In der Stadt und im Haus kann man auch die Treppe hinunterfallen.

Vielleicht erleidet man in seinem Zimmer eine Rauchvergiftung, vielleicht gerät das Haus wegen einer Unachtsamkeit in Brand. Auf jeden Fall muss der Mensch, der nicht ewig lebt, mutig sein, solange er lebt. Vorsicht ist gut, aber wer sich vor Gefahren fürchten will, darf gar nichts anfangen. Wir, die nicht die Zinseinkünfte eines Königs haben, müssen arbeiten, um zu leben. Der Handwerker muss mit dem Herzen bei seiner Arbeit sein, der Kaufmann ebenfalls und der Schiffer genauso. Mit den Worten des Dichters:

Ein zagender Kaufmann, zitterndes Herz in der Brust,
    sieht in der Welt weder Gewinn noch Verlust.

Was man ein ›Seemannsherz‹ nennt, das ist es, was wir haben müssen. Das Seemannsherz fürchtet sich nicht vor den Gefahren des Meeres.«

    Yaqzans Sohn und Tochter sagten: »Papa hat recht.«

    Seine Frau erwiderte: »Also hast du dich gleichwohl dazu entschlossen. Ich hoffe, Gott gibt zu allem seinen Segen. Was soll ich noch sagen?«

    »Die Sache ist die«, begann Yaqzan, »dass ich euch während einer solchen Zeit der Trennung nicht euch selbst überlassen kann und wir doch alle zusammen sein möchten. Lasst uns unsere Angelegenheiten zu Ende bringen, das Meer bereisen, neue Städte besuchen und gemeinsam wohlbehalten zurückkehren.«

    Yaqzans Sohn und Tochter riefen: »Oh prima! Eine Seereise, eine weite, lange Reise auf dem Ozean, neue Städte sehen und etwas Neues erleben! Das ist großartig.«

    Seine Frau sagte: »Das ist alles richtig, aber wir haben ein kleines Kind. Wie sollen wir es auf einem Frachtschiff auf See behüten? Männer kennen sich mit den Problemen der Kindererziehung nicht aus.«

»Was soll das heißen? Wir werden ja das Kind nicht auf dem Wasser aussetzen. Unser Gott ist auch sein Gott. Ich bin Yaqzan, du bist Yaqzans Frau, die beiden sind Yaqzans Sohn und seine Tochter, und das kleine Kind ist Hayye bin Yaqzan. Es ist ein Menschenkind und wie alle Menschen reist es auf einem Schiff. Ein Schiff ist ja wie ein Haus, wo ist da der Unterschied? Alles, was wir brauchen, nehmen wir mit, und wenn wir alle zusammenbleiben, sind wir beruhigt. Du hast immer gesagt, dass die Männer nie zu Hause sind. Jetzt werde ich zwei oder drei Monate zu Hause sein und das Schiff ist unser Haus.«

»Von mir aus. Was immer Gott will, soll geschehen. Ich freue mich doch sehr, dich zu begleiten.«

Der Sohn und die Tochter riefen: »Wir freuen uns auch. Wir wollen ja neue Städte sehen und etwas Neues erleben.«

Sie machten sich bereit. Was sie nur glaubten nötig zu haben, nahmen sie mit. Lebensmittel und Trinkwasser für einen Monat verstauten sie ebenso auf dem Schiff. Sohn und Tochter Yaqzan sammelten und sortierten ihr Bücher und Hefte und ihre Mal- und Handarbeits-Utensilien. Am nächsten Tag verabschiedeten sie sich alle für zwei Monate von den Freunden, Bekannten und Nachbarn. Das Schiff legte vom Ufer ab und begab sich auf seinen Weg in den Indischen Ozean.

Das Wetter war schön und die See ruhig. Auch der Wind stand günstig, das Schiff durchschnitt die Wellen wie ein Wasservogel und kam voran. Yaqzan, seine Frau und die Kinder waren heiter und fröhlich.

Gegen Mittag des folgenden Tages näherten sie sich einer kleinen Insel. Yaqzan zog das Schiff an den Strand und band es an einem Felsen fest. Mit Mühe kletterten sie zur Küste der Insel hinunter. Da sie nicht wussten, wo sie waren und ob es hier einen Menschen, ein Tier oder irgendetwas anderes gab oder nicht, wies Yaqzan sie an, dass sie bereit sein sollten, sich zu verteidigen, falls ein Tier sie angreifen würde, und wenn eine Gefahr drohte, schnell zum Schiff zu laufen.

Sie stiegen auf eine Anhöhe in der Nähe des Ufers und betrachteten die Umgebung. Es war eine kleine Insel, die man mit einem Blick überschauen konnte. Sie hatte nur wenig Gras und Bäume und es war kein lebendiges Wesen zu sehen. Ein wenig blieben sie dort, und als ihnen die Sonne zu heiß war, kehrten sie zurück, setzten das Schiff in Bewegung und machten sich wieder auf ihren Weg über die See. Einige Tage vergingen, ohne dass noch eine Insel da gewesen wäre. Wohin das Auge sah, gab es nur das Meer und den Himmel. Und Yaqzans kleines Schiff fuhr immer auf seiner Route.

Eines Morgens bewölkte sich der Himmel und es begann zu regnen. Am Nachmittag wurde es stürmisch. Sie holten die Segel ein, aber das Schiff hob und senkte sich auf den Wogen wie ein Strohhalm. Allmählich bekamen Yaqzans Kinder Angst und ihre Mutter sagte: »Das ist gerade das Schlechte am Meer, auf dem Festland ist davon keine Rede.«

Yaqzan entgegnete: »Selbst das ist schon gut. Nur weil ihr das Meer noch nicht gesehen habt, seid ihr so schnell besorgt. Vor Dingen, die der Mensch wenig kennt, fühlt er sich hilflos. Wir haben schon viele solcher Stürme und Wellen erlebt. In einer oder zwei Stunden ist es vorbei. Auf dem Festland gibt es auch Erdbeben und Brände und vieles andere. Wenn sich das Meer beruhigt hat, wirst du sehen, welches Vergnügen die Ruhe nach dem Sturm bringt. Jetzt ist das Schiff ganz wie eine Kinderwiege, die du anstößt, damit das Kind still wird. Wenn dem kleinen Kind die Bewegung der Wiege gefällt, warum soll uns von der Bewegung des Schiffes unwohl werden? Schau nur, wie lustig und heiter unser Kleinster ist.«

Tatsächlich war Yaqzans kleines Kind noch fröhlicher als sonst, und während sich alle unbehaglich fühlten, lachte es und freute sich.

Eine Stunde später wurde das Meer ruhig und der Regen ließ nach. Sie setzten wieder die Segel und Yaqzan sagte: »Das war's, aus und vorbei. Wenn es beschlossene Sache wäre, dass jeder Sturm ein Schiff versenkt, bliebe kein Schiff mehr auf dem Wasser übrig!«

Der Sohn und die Tochter sagten: »Du hast recht, aber wir hatten große Angst.«

»Da habt ihr auch recht«, erwiderte Yaqzan. »Ihr seid eben noch keine Seeleute, aber später lernt ihr schon, wie ihr tapfer werdet. Ein unerfahrener Mensch fürchtet sich schnell vor allem Möglichen, doch das Leben braucht ein wenig Tapferkeit.«

Fünfzehn Tage vergingen. In dieser Zeit fuhren sie an mehreren Inseln vorüber, aber sie stiegen nicht aus. Es waren kleine Inseln aus schwarzem Stein. Yaqzan erklärte: »Das sind Vulkane. Wenn sie nicht erloschen wären, würden sie nach und nach zu großen Inseln werden und vielleicht wären sie dann sogar besiedelt.«

Noch einige Male erlebten sie Wind und Sturm, aber niemand fürchtete sich mehr, und die meiste Zeit fuhr das Schiff so ruhig, dass bei Tisch auf den Trinkbechern nicht einmal ein Zittern zu sehen war. Freilich hatten sie noch einen weiten Weg vor sich.

Eines Abends wurde das Meer wieder stürmisch und der Himmel war bedeckt und finster. Die tosenden Wellen warfen das Schiff hin und her. Plötzlich hob eine schwere Woge das Schiff hoch und schlug es so auf das Wasser, dass seine Wand riss und das Schiff volllief.

Yaqzan wusste, was geschehen war. Er rief: »Kinder, habt keine Angst, es ist nichts. Vielleicht sinkt das Schiff, aber wir müssen unser Leben retten. Ein Menschenleben ist teurer als alles andere. Bis zum Ufer ist es nicht weit. Es ist gleich hier, ganz nah, steigt alle in das Rettungsboot.«

Yaqzan sagte die Unwahrheit. Das Ufer war nicht in der Nähe, aber er wollte nicht, dass die Mitreisenden verzweifelten und sich ängstigten. Auf dem Schiff gab es ein Rettungsboot. Ganz allmählich versank das Schiff im Wasser und der Wellenschlag hatte sie alle schwindelig werden lassen. Alle schleppten sich zum Boot. In einer Zeit, da es um Leben und Tod geht, denkt jeder an sein eigenes Leben und vergisst vieles um sich herum, aber eine Mutter ist anders. Niemals vergisst sie ihre Kinder. Die Letzte, die einstieg, war die Mutter. Sie hatte dem Kind Milch gegeben, es in die Wiege schlafen gelegt und wollte die Babywiege in das Boot ziehen. Doch bei dem Wellenschlag und der Erschütterung des Schiffes und des Bootes war das schwierig.

Im letzten Augenblick, als Yaqzans Sohn und Tochter der Mutter halfen und sie an Arm und Kleidern festhielten, riss ihr plötzlich eine Welle mit einem Ruck die Kinderwiege aus der Hand und setzte sie aufs Wasser. Die Wiege entfernte sich.

Die Mutter schrie: »Yaqzan, halt die Wiege fest. Oh Gott, ich vertraue dir mein Kind an.«

So rief sie und fiel vor Entsetzen kraftlos ins Boot.

Yaqzan versuchte alles, um das Boot in die Nähe der Wiege zu lenken, allein es gelang nicht. Er hatte die Macht über das Boot verloren und die Herrschaft lag bei den Wellen. Die Wiege aber war selbst ein Boot geworden, umherirrend, und von Augenblick zu Augenblick wurde der Abstand zwischen ihnen größer.

Yaqzan war ein erfahrener Seemann und ein fähiger Schwimmer. Er bat um Gottes Segen, sprang ins Wasser und schwamm bis zu der Wiege. Er tauchte unter, kam wieder empor und strampelte, doch ohne Erfolg, und er sah, dass er selbst im Begriff war, sein Leben zu verlieren. Sein Sohn und seine Tochter schrien: »Papa, kehr um, Papa, komm her.« Yaqzan dachte daran, dass auch das Boot in Gefahr und die

Rettung der drei Personen nötiger sei. Im letzten Augenblick, als er sah, dass er die Wiege nicht erreichen konnte, sagte er: »Oh Gott, ich vertraue dir mein Kind an. Bring es uns zurück, beschütze du es.« Mit Mühe klammerte er sich an eine Ecke des Bootes und stieg ein, doch niemand konnte das Boot steuern. Es hob und senkte sich mit den Wellen und ihr Abstand von der Wiege des Kindes wurde größer. Bis zum Einbruch der Dunkelheit beobachteten sie die Wiege auf dem Wasser, aber sie konnten sie nicht retten, und eine Stunde später war sie in der Dunkelheit nicht mehr zu sehen.

Am nächsten Morgen, als die Sonne schien und das Meer ruhig war, gab es weder von dem Schiff noch von der Wiege eine Spur. Die stürmische See hatte ihr Boot und die Wiege in verschiedene Richtungen getragen. Sie glaubten, die Wiege sei untergegangen, und die Mutter war von allen am meisten außer sich. Niemand kannte die Wahrheit. Schließlich erreichte ihr Boot das Festland und ihr Schicksal hatte sich geändert: Fünf Personen hatten das Schiff bestiegen, jetzt erreichten vier das Ufer und besaßen kein Schiff mehr. Und Hayye bin Yaqzan hatten sie Gott anvertraut.

Die Wiege mit dem Kind aber hielt sich seit jener vergangenen, stürmischen Nacht in einer raschen Strömung, die wie ein Fluss inmitten des Ozeans dahineilte, bis sie Hunderte Farsang weiter in die Nähe der Insel Wak-Wak gelangte, einer Insel, die noch Jahre später unbekannt war. Die Uferwellen spülten die Wiege an den Strand und sie blieb im feinen Sand liegen. Als die Flut nachließ und die Ebbe das Wasser vom Ufer zurückzog, war Hayye bin Yaqzan der einzige Mensch, den es in dieser Gegend gab: ein Menschenkind, allein auf einer unbekannten Insel. Und Gott wollte, dass das Menschenkind am Leben blieb.

Das Menschenkind lebt mit den Tieren

Rasch trocknete der Sonnenschein den Strand. Ein Wind wehte und verschob den Sand am Ufer, sodass er die Wiege ringsum einfasste. Deshalb erreichte diesmal, als die Flut begann, das Wasser nicht die Wiege. Aber das einsame Kind war hungrig und ein hungriges Kind kann nichts als weinen. Das Weinen des Menschenkindes war der erste menschliche Laut, der auf der Insel zu hören war.

Von der anderen Seite kam eine Gazelle, die ihr Kitz verloren hatte, und rannte verwirrt hin und her. Ihr Euter war voll Milch und sie suchte ihr Junges. Hätte sie ihr Kind nicht verloren, wäre sie nicht an den Strand gelaufen.

Als die säugende Gazelle das Weinen des Menschenkindes hörte, geriet ihr Herz in Aufregung. Sie war eine Mutter und ihre mütterliche Liebe zog sie zu der Wiege. In ihrer Welt stellte sie sich vor, ihrem Kind sei ein Unglück zugestoßen und habe seine Stimme verändert. Die Gazelle trat an die Wiege und war damit beschäftigt, sie zu untersuchen, als auch das Menschenkind fand, was es haben wollte. Die Gazelle wollte ihr Kind und das Menschenkind wollte Milch.

Der Säugling nahm die Zitze der Gazelle, saugte und wurde still. Die ungezähmte Mutter hatte ein zahmes Kind gefunden. Wie gut das war! Und beide erlangten ihren Frieden.

Dann zog sich die Gazelle zurück, sie beschnupperte das Gesicht des Kindes und sein warmer Atem gefiel ihr. Sie legte sich neben ihm zur Ruhe, aber wieder erinnerte sie sich an ihr eigenes Kind. Jeder liebt sein eigenes Kind am meisten. Die Gazelle ließ das Menschenkind allein und entfernte sich. Sie suchte auf den Hügeln und grünen Wiesen der Insel. Sie lief bis zum Waldrand. Von dort kamen die Stimmen der Raubtiere.

Sie fürchtete sich. Ihr Junges fand sie nicht. In der Nacht schmerzte ihr Euter von der reichlichen Milch und die Not zog sie zu der Wiege.

Das Menschenkind weinte und von Neuem fanden Mutter und Kind miteinander Ruhe.

Die Gazelle war mit dieser Mutterschaft zufrieden, aber ihr Kind folgte ihr nicht: Es schlief, setzte sich hin, spielte, weinte und trank Milch, doch aus seiner Wohnung stieg es nicht aus und es sprang und hüpfte nicht. Die Gazelle blieb am selben Ort, und jedes Mal, wenn sie zum Grasen auf die Wiese lief, war das Menschenkind vor Einsamkeit ungeduldig, zappelte in der Wiege und wollte selbst hinausklettern.

Das Bedürfnis ist immer eine Quelle von Bemühungen und das einsame Kind hatte mehr und mehr das Bedürfnis loszulaufen. Bald hängte es sich an den Rand der Wiege, es lernte zu stehen und rascher als Kinder, die von jemandem gepflegt werden, lernte es das Laufen. Niemals vergaß die Gazelle das Kind. Sie konnte es nicht vergessen. Auch Ihr fehlte etwas, und wenn sie mit dem Kind zusammen war, strömte sie über vor Freude.

Eines Tages nahm die Gazelle das Hemd des Kindes zwischen ihre Zähne und half ihm, aus der Wiege zu steigen. Das Menschenkind konnte auf allen vieren krabbeln. Beide waren glücklich. Wenn die Gazelle nicht sprechen konnte, so konnte es das Menschenkind auch nicht. Die Gazelle hatte ihre eigenen Laute, mit denen sie zu ihrem Kind sprach. Notgedrungen lernt ein jedes Kind alles, was es sieht und hört, in gleicher Weise. Auch unter den Menschen erziehen Eltern mit angenehmer Sprache ihre Kinder zu einer wohlgefälligen Rede und ungebildete Eltern bringen Kinder hervor, die wie sie selbst sind. Das Menschenkind merkte sich allmählich die Laute der Gazelle und lernte sie: Jeder Laut hatte eine spezielle Bedeutung. Wenn die Gazelle hungrig war, wenn sie satt war, wenn sie fröhlich war, wenn sie krank war, wenn sie Angst hatte, wenn sie ihr Kind liebkosen wollte und wenn sie es wegschicken wollte, hatte sie dafür besondere Laute. Auch das Kind lernte diese Laute.

Die Gazelle half dem Menschenkind, das sie schon als ihr eigenes Kind ansah, um es zu ihrer Wohnung mitzunehmen. Das war eine Höhle, tief in einem Hügel, die wenig Licht hatte, und die Augen der Gazelle konnten darin gut sehen. Die Augen des Menschenkindes gewöhnten sich daran. Gewöhnt sich jemand an etwas, so erkennt er nicht leicht dessen gute oder schlechte Eigenschaften.

Wenn ein Mensch verwöhnt und verhätschelt wird, dann lernt er das Nörgeln, andernfalls wird er rauer. Die Menschen in der Stadt, im Dorf, in der Steppe, im Wald und im Gebirge unterscheiden sich voneinander. Jeder gleicht sich seinem Milieu an. Auch das Menschenkind fasste Zuneigung zu seiner neuen Umgebung. Es gab keine andere Wahl.

Am Tage graste die Gazelle in der Steppe und auf den Wiesen. Sie nahm das Menschenkind mit sich, aber es aß kein Gras. Solange die Gazelle Milch hatte, trank es Milch, doch als die Milch weniger wurde, führte der Hunger dazu, dass das Kind seine Mutter beobachtete und lernte, Gras zu essen. Es steckte dieses Gras in den Mund, das schmeckte nicht. Jenes war nicht gut, ein anderes war besser, noch ein anderes: oh köstlich. Salat, Rohrzucker, Rübenblätter, die Trauben der Waldhyazinthe, Koriander, Luzerne, Tomaten und Spinat. Die meisten der schmackhaften Kräuter kannte es. Milch war ein vollständiges Lebensmittel, sie war sowohl Wasser als auch Nahrung. Andere Lebensmittel machten durstig. Wenn die Gazelle ging, um an der Quelle zu trinken, waren die beiden Weggefährten.

Das Menschenkind wuchs und es hatte gelernt, aufrecht zu gehen. Es konnte nicht sprechen, sondern kannte nur die Laute der Gazelle. Nach und nach verstand es, dass die Gazelle erstaunlich schlicht war! Immer trinkt sie am selben Ort, immer grast sie am selben Ort, vor jeder Bewegung eines Zweiges fürchtet sie sich und sie läuft überraschend schnell, er kann nicht mit ihr mitlaufen. Aber er kann auf einen Hügel und an einem Baum hochklettern und die Gazelle, deren Beine Hufe haben, kann das nicht. Warum hat die Gazelle Hufe, während er Finger hat? Er wusste es nicht. Es kam die Zeit, wo das Menschenkind seiner Adoptivmutter half. Er ergriff das Horn der Gazelle und zog sie bergauf. In der Gazellensprache sagte er zu ihr: »Komm, hab keine Angst, du fällst nicht, ich halte dich.« Er gab die Laute von sich, die diese Bedeutung hatten.

Allmählich erkannte er noch etwas anderes, nämlich dass die Gazelle in der Höhle ihren Dung ablegte, dessen Geruch zwar nicht schlecht war, sein eigener war jedoch schlecht. Daher machte er eines Tages die Höhle sauber und ging danach jedes Mal, wenn er etwas zu erledigen hatte, nach draußen. »Warum versteht die Gazelle das nicht?« Das Menschenkind wunderte sich. Manches verstand die Gazelle nicht, und was immer er ihr beibringen wollte, es war nicht möglich.

Um der Gazelle gewisse Dinge klarzumachen, erfand das Menschenkind zusätzlich zu den üblichen Lauten von sich aus neue Laute: »Ay … hay …« und »Ah … yu …« Nein, es nützte nichts und die Gazelle lernte zu dem, was sie konnte, nichts dazu. In der Vorstellung des Menschenkindes bedeutete »Ay … hay …«: »Geh zur Seite«, und »Ah … yu …« bedeutete »Komm jetzt zurück«. Aber die Gazelle lernte es nicht und nachts, wenn Hände und Füße des Menschenkindes unter ihrem Körper lagen, blieb ihm nichts anderes übrig, als sie mit Macht hervorzuziehen, die Gazelle zur Seite zu schieben und sich erneut in ihrer Umarmung zu wärmen.

Die Gazelle kannte nur ein paar Sachen, und zwar immer die gleichen: Friss Gras, trink Wasser und dann such einen Schlafplatz auf und sei vorsichtig, damit du nicht vor irgendetwas erschrickst. Das Menschenkind war damit indessen nicht zufrieden. Es überlegte: »Warum will die Gazelle nie auf einen Baum klettern? Ach ja, ich erinnere mich. Die Gazelle hat Hufe und kann das nicht. Gut, warum geht sie nie in den großen Wald und nimmt mich dahin nicht mit? Warum geht sie nicht ins Wasser, um sich zu erfrischen? Warum …«, und noch viele dieser Überlegungen. Und niemand war da, der ihm eine Antwort gegeben hätte. Weder konnte er sprechen, noch hatte die Gazelle solche Gedanken.

Die Insel war sehr groß und hatte alle Arten von Bäumen und Kräutern und alle Arten von Tieren. Nur Menschen gab es nicht auf ihr. Das Menschenkind wusste nicht, welche Unterschiede zwischen Mensch und Tier bestehen, aber es wusste, dass es selbst besser verstand. Und es wusste, dass es die Gazelle brauchte: wegen ihrer Zuneigung, wegen ihrer Begleitung, wegen ihrer Stimme, wegen der Wärme ihres Körpers und um nicht allein zu sein.

Jetzt waren schon zwei Jahre auf der Insel vergangen. Die Kleider des Menschenkindes waren alle verschwunden, der

Sonnenschein hatte seinen Körper schwarz gefärbt, sein Haar war lang geworden, es war fettig und klebte zusammen. Wenn sie zur Quelle gingen, um zu trinken, sah er sein eigenes Bild und das der Gazelle im Wasser. Da war keinerlei Ähnlichkeit zwischen ihnen, aber er mochte die Gazelle. Die Gazelle war seine Mutter und sie war die einzige Gefährtin, die er hatte und die ihm Liebe erwies.

Nachts hörte man dort schreckliche Tierstimmen, doch an der Seite seiner Mutter fürchtete sich das Menschenkind vor nichts. Und wie gut war der Tag! Der Tag ist ja hell. Und wie gut tut die Sonne. Wenn die Sonne scheint, ist es überall hell und warm, wenn sie nicht scheint, ist es dunkel und kalt. Das Menschenkind liebte die Sonne sehr. Es betrachtete sie, bis seine Augen brannten, erst dann hörte es damit auf.

Am Tage kamen und gingen dort außer ihnen auch manche Tiere, von fern und nah. Es gab Hasen, Ziegen, Schildkröten, Katzen, Strauße, Hähne. Aber keines von ihnen war mit der Gazelle befreundet, außerdem hatten sie nicht ihre Gestalt und vor manchen von ihnen fürchtete sich die Gazelle. »Wer sind diese anderen?« Das Menschenkind mochte keines von ihnen. Anfangs war es so. Er hatte neu gelernt, seine Handflächen fest zusammenzuschlagen und zu kreischen. Dann flohen die Tiere: »Besser so. Sie sollen weggehen.« Alle liefen schnell, nur die Schildkröte kroch langsam. Etliche Vögel kamen und gingen. Sie erschienen aus der Luft, landeten auf der Erde, pickten Körner und verschwanden. Da sich die Gazelle nicht vor ihnen fürchtete, hatte auch das Menschenkind keine Angst. Die Gazelle interessierte sich überhaupt nicht dafür, ob sie sich einfanden oder wegflogen, aber sobald die Gazelle oder das Menschenkind sich ihnen näherten, schlugen sie mit den Flügeln und waren auf und davon.

Unter diesen Vögeln waren einige Tauben, die näher kamen, sich auf die Hörner der Gazelle setzten oder neben dem Menschenkind herliefen. Er versuchte, eine von ihnen zu fangen, aber die Taube flog fort.

Das Menschenkind hatte keine Ahnung, was für Tiere das waren und was sie auf dem Boden zu tun hatten. Eines Tages beobachtete er sie genau und sah, dass sie auf der Erde etwas Kleines fanden und fraßen. Er suchte den Boden ab und erkannte, was es war:

»Na, so was! Also mögen die Vögel diese Dinger!«

Als das Menschenkind sah, dass es die Tauben nicht fangen konnte, wollte es ihnen etwas Gutes tun. Es mochte sie, und eine Gefälligkeit zu erweisen und etwas Gutes zu tun, ist eine natürliche Folge der Zuneigung. So ist es immer. Das Menschenkind sammelte ein paar von den winzigen Körnern, und als die Tauben diesmal kamen, streute er sie vor ihnen aus. Die Tauben freuten sich und begannen zu fressen. Darüber wiederum freute sich das Menschenkind. Immer ist Freude das Ergebnis einer guten Tat. Er wiederholte es, wieder fraßen die Tauben und nach und nach verloren sie ihre Scheu. Sie kamen näher und begannen, die Körner sogar zu seinen Füßen aufzulesen. Eines Tages behielt das Menschenkind noch ein paar Körner in seiner Faust, sodass eine der Tauben keine andere Möglichkeit sah, als sie ihm aus der Hand zu picken. Da er die Taube so sehr mochte, hielt er sie an den Füßen fest. Die Taube schlug mit den Flügeln, aber sie konnte nicht wegfliegen.

Das Menschenkind drückte die Taube an seine Brust. Ihr Körper war warm und weich. Es war kurz vor Sonnenuntergang. Sie kehrten zur Höhle zurück und er ließ die Taube nicht frei, sondern nahm sie mit und setzte sie in der Höhle an seiner Seite ab. Die Taube drehte sich ein paarmal um sich selbst. Sie fühlte sich einsam und gurrte ein wenig: »brbru, brbru …« Dem Menschenkind gefiel das, es lernte die Laute der Taube. Die Gazelle hatte nichts dagegen, sie kümmerte sich nicht darum.

In der Nacht schliefen sie und am Morgen, als es hell wurde und das Menschenkind aufwachte, sah es, dass die Taube nicht mehr da war. In der Morgendämmerung hatte sie die Höhle verlassen. Warum war sie denn nicht am Abend gegangen? Das war unerklärlich. Am nächsten Tag versuchte er wieder, eine Taube zu fangen, und es gelang. Auch diesmal brachte er sie in die Höhle und setzte sie auf den Boden und sofort flog sie davon. Er hatte nun herausgefunden, dass die Tauben nachts nicht fliehen, sondern nur am Tage. Noch reichte sein Verstand nicht aus, um die Taube am Fuß festzubinden, damit sie nicht wegflog. Von wem hätte er das lernen sollen? Niemand hatte den Fuß eines anderen festgebunden, sodass er es hätte übernehmen können.

Eines Tages geschah Folgendes: Es war am frühen Morgen. Die Gazelle war hinausgegangen und das Menschenkind schlief noch. Die Gazelle weckte ihn niemals auf, sondern er war es, der sie weckte, wenn er früher aufwachte als sie. An jenem Tag hörte er plötzlich eine schreckliche Stimme: »Wau, wau … wau, wau …«. Sie war sehr angsteinflößend und auch die Gazelle fürchtete sich und flüchtete in die Höhle zu ihrem Kind.

Das Menschenkind wollte hinausgehen, aber die Gazelle hielt ihn mit den Zähnen an seinen Haaren fest und ließ es nicht zu. Er hatte noch nie einen Hund gesehen, aber jetzt war ein Hund dort eingefallen. Er näherte sich der Höhle und wie grob war seine Stimme. Das Menschenkind wusste nicht, was der Hund wollte. Die Gazelle drängte das Kind an die Rückwand der Höhle und ging selbst an deren Eingang. Der Hund kam näher und die Gazelle griff ihn mit ihren Hörnern an. Als ihn der Stoß der Gazellenhörner in die Flanke traf, stieß er einen Schmerzensschrei aus und floh. Das Menschenkind hatte sie beobachtet: »Ach so! Das also bedeutete wau, wau. Und wenn jemand einen anderen belästigen will, sagt er wau, wau. Warum hat denn die Gazelle nicht wau, wau gemacht?«

Das Menschenkind lief zum Höhleneingang und imitierte die Stimme des Hundes: »Wau, wau ...« Einmal antwortete ihm der Hund, aber er blieb dort, wo er war, und kam nicht mehr zurück. Die Gazelle warf einen zornigen Blick auf das Kind. Das Menschenkind wandte ihr sein Gesicht zu und sagte noch einmal: »Wau, wau ...« Die Gazelle richtete ihre Hörner auf ihn: »Was soll das bedeuten, dass mein Kind wie ein Hund bellt?«

Das Menschenkind war still, ging zu ihr und so, wie er das von der Gazelle gelernt hatte, liebkoste er sie. Damit war die Sache erledigt. Er hatte begriffen, dass der Gazelle das Wort wau, wau nicht gefiel. Wau, wau bedeutete: Ich bin dir böse.

Dann ging er hinaus und sah, dass derselbe Hund die Tauben angriff und eine von ihnen gefangen hatte. Der Hund hielt die Taube zwischen den Pfoten und riss ihr mit seinem Maul den Kopf ab, verstreute ihre Federn und fraß ihr Fleisch. Das Menschenkind zog die Gazelle an den Hörnern, führte sie vor die Höhle und zeigte mit der Hand auf den Hund und die Taube. Er wollte ihr damit sagen: »Sieh doch, er frisst sogar die Taube«, aber die Gazelle verstand nichts. Da überlegte sich das Menschenkind: Der Hund wollte die Gazelle fressen und die Gazelle frisst vielleicht mich. Dann dachte er: »Nein, die Gazelle ist sehr gut, sie wirft nicht einmal einen Blick auf die Tauben. Es sind die anderen, die böse sind und einander fressen.«

Jeden Tag lernte das Menschenkind etwas Neues. Es war jetzt fünf Jahre alt und wusste vieles. Es wusste, dass die Gazelle Hufe und Hörner hatte und Gras fraß, dass sie keine Tiere fraß und nicht fliegen konnte. Es wusste, dass Tauben kein Gras fraßen, sondern Körner, dass sie ein Gefieder hatten und wie andere Vögel flogen. Es wusste, dass der Hund Tauben fraß, hingegen keine Hufe hatte und auch keine Finger, er hatte Pfoten. Da betrachtete es noch einmal seine eigenen Finger und dachte: »Meine eigenen sind besser als die aller anderen. Sie alle packen die Dinge mit ihren Zähnen, aber ich kann mit meinen Händen allerlei machen.«

Die Gazelle war allmählich alt geworden und konnte nicht mehr wie früher durch die Steppe laufen, doch das Menschenkind war immer geschickter geworden. Eines Tages wurde die Gazelle krank. Er kannte ihre Töne. An jenem Tag hatte sie sich in die Höhle gelegt und sagte: »Ich habe Hunger, ich habe Hunger.« Das Menschenkind ergriff ihre Hörner, um ihr aufzuhelfen, sie stand jedoch nicht auf, sondern gab Laute von sich, die bedeuteten: »Ich kann nicht, mir geht es nicht gut.«

Das Menschenkind hatte Mitleid. Es überlegte und begriff: Die Gazelle ist hungrig und kann nicht in die Steppe laufen, um Gras zu fressen, aber wenn das Gras hier wäre, könnte sie es fressen. Plötzlich schlug er vor Freude die Hände zusammen und lief hinaus. Er dachte: »Genauso, wie ich die Taube in die Höhle geholt habe, kann ich auch Gras holen. Warum haben wir das eigentlich bis jetzt nicht gemacht?«

Er rannte in die Steppe, pflückte eine Menge Gras, das die Gazelle gern mochte, brachte es und streute es vor sie hin. Mit den Lauten, die die Gazelle verstand, sagte er: »Bitte sehr«, und beide freuten sich. Er dachte: »Das ist gut, früher einmal hast du mir Milch gegeben, jetzt gebe ich dir Futter.« Von dem Tag an diente ein Teil ihrer Höhle als Futterspeicher. Das Menschenkind hatte gelernt, dass man Futter nach Hause tragen konnte und es nicht nötig war, dass man in die Steppe ging, Gras fraß und zurückkehrte. Aber wie war es mit dem Wasser? Das konnte man nicht mit der Hand greifen. Es zerfloss und blieb nicht da: »Wenn doch nur eine von den Gruben, die Wasser haben, hier wäre.« Er überlegte ein wenig und ihm fiel ein, dass sich einmal, als es regnete, etwas Wasser in einer Kürbisschale gesammelt hatte. Eine Kürbisschale konnte man nach Hause tragen: »Wenn die Gazelle jetzt nicht laufen kann, hole ich eben alles für sie. Außer Wasser und Gras will sie nichts.« Dann dachte er bei sich: »Wie einfältig sind die Bewohner dieser Welt. Sie können nichts und machen nie etwas Neues. Sieh die Gazelle an, was würde sie wohl gegen den Durst unternehmen, wenn ich nicht da wäre?«

Am nächsten Tag erinnerte er sich an den Hund und die Taube und wurde begierig, ebenfalls eine Taube zu essen. Er dachte: Das gehört auch zu den Dingen, die die Gazelle nicht kann, aber der Hund, man muss es ausprobieren. Er sammelte Körner, fing eine Taube und riss ihr den Kopf ab. »Arme Taube«. Das Menschenkind sah, dass das Blut der Taube wie sein eigenes war, das austrat, wenn er sich an der Hand verletzte: »Also leidet auch die Taube sehr. Sie ist ein Wesen für sich. Und was für eine gute Stimme sie hat und wie lieb sie ist.« Aber er wollte es dem Hund nachmachen. Der Körper der Taube war warm und dann wurde er kalt. Flügel und Federn waren nicht essbar, allein ihr Fleisch, es war sehr zäh. Er aß etwas davon und legte den größeren Teil der Gazelle vor. Die Taube floh nicht mehr und es war klar, dass Tiere, solange ihr Körper in Ordnung und unversehrt war, flohen und eine Stimme hatten und er sich bemühen musste, dass er und die Gazelle immer unversehrt blieben. Die Gazelle fraß das Taubenfleisch nicht.

Das Menschenkind hob die Taube wieder auf, und als es aufstand, hörte es von draußen ein Krachen und Poltern. Das war der Lärm eines Gewitters. Ein Blitz zuckte und beleuchtete jeden Winkel. Er trat an den Eingang der Höhle, um zu sehen, was vor sich ging. Eine Anzahl Tiere liefen fort. Es waren sehr viele. Sie rannten an der Höhle vorbei und verschwanden. Er ging hinaus und sah aus dem Schilfdickicht Rauch aufsteigen. Das Gewitter hatte das Schilf in Brand gesetzt, freilich hatte er noch nie Feuer gesehen. Rauch und Flammen hatten einen Teil der Steppe erfasst. Er beobachtete sie und wollte sich ihnen nähern, da stellte er fest, dass sie heiß waren. Das war eine seltsame Sache. Nach und nach fing mit dem Wind auch etwas von dem trockenen Gras in seiner Nähe Feuer. Das Menschenkind wollte die lodernden Gräser aufheben. Seine Hände brannten. Er dachte, vielleicht sei die Sonne heruntergekommen. Als er hinaufblickte, sah er, dass sie an ihrem Platz am Himmel stand. Er überlegte: »Es wird ein Kind der Sonne sein, das spielt.« Vor seinen Füßen lag ein halb verbranntes Holz. Er ergriff das Ende, das kalt war, das andere Ende brannte weiter, rauchte und schlug Flammen. Als er so dastand, fingen die Flügel der Taube in seiner Hand Feuer. Seine Hand wurde heiß. Er warf die Taube zum Feuer und beschäftigte sich damit, einen brennenden Ast zu beobachten. Dessen Wärme mochte er. Er nahm ihn mit, um ihn der Gazelle zu zeigen, und das Feuer erleuchtete die Höhle: »Ja, bestimmt ist das ein Kind der Sonne. Es bringt die gleiche Helligkeit und Hitze.«

Aber die Gazelle beachtete das Feuer und sein Licht überhaupt nicht. Er hielt es ihr dicht unter die Nase: »Schau …« Die Haare um ihren Mund brannten, sie sprang auf und rief: »Pufpuf«. Die Flammen erloschen und der Rauch nahm zu. Das Menschenkind verstand, dass der Gazelle das Feuer nicht gefiel: »Doch wie gut wäre es, wenn das Feuer nicht ausgehen, sondern immer die Höhle erhellen würde. Warum soll es also verlöschen?«

Er ging wieder hinaus und sah, dass das Gras immer noch brannte. Da dachte er: »Weil es so viel ist, brennt es, wenn wenig da ist, geht es aus, so wie das Essen aufhört, wenn wenig Kräuter da sind, aber in der Steppe gibt es sie zu jeder Zeit.«

Er trat vor, um noch einmal ein halb verbranntes Holz zu suchen, und hob es auf. Der Duft von gebratenem Fleisch stieg ihm in die Nase, er bemerkte seine Taube, die noch schwelte, und von ihr kam der gute Geruch. Er holte sie aus dem brennenden Gras. Ihr Bein glomm und er warf es auf die Erde.

Es hatte einen angenehmen Duft. Als es etwas abgekühlt war, war das Fleisch nicht mehr zäh, und als er seinen Geschmack probierte, wurde er so froh wie nie zuvor. Es war das Köstlichste, was er bis dahin gegessen hatte, und er erkannte, dass das Feuer es so köstlich gemacht hatte.

Er vergaß, das Feuer aufzuheben, und rannte vor Freude zu der Gazelle, um ihr etwas von dem gebratenen Fleisch abzugeben. Er wollte ihr erklären, dass es jetzt besser geworden sei, aber wie sollte er das erklären? Er imitierte das Zischen des Feuers: »Aschaschaschasch …«. Das sollte heißen, die Taube sei im Feuer gegart worden. Die Gazelle fraß es trotzdem nicht. Da dachte das Menschenkind: »Die Gazelle hat überhaupt keine Ahnung. Nur Gras und Wasser, Gras und Wasser und immer das Gleiche.«

Als er wieder hinausging, hatte es zu regnen begonnen und das Feuer erlosch. Der Regen fiel auf das Feuer und die glühende Asche und es zischte. Das Menschenkind merkte sich diesen Laut, zisch, pisch. Das bedeutete, das Feuer beschwerte sich über den Regen. Das Feuer ging aus und lange Zeit war es nicht mehr zu finden und man konnte kein Fleisch braten. Es war nicht klar, wo das Feuer war, warum es kam, warum es verschwand und ob und wann das Kind der Sonne wieder spielen würde.

Ein paar Tage später wurde die Gazelle gesund und die beiden nahmen von Neuem ihre gemeinsamen Spaziergänge auf. Sie fanden eine große Menge Nahrung, frischere und bessere als zuvor, aber die Gazelle fraß stets die gleichen Gräser. Weder Fleisch noch Obst … Und eines Tages geschah ein Unglück:

Am Waldrand trieb sich ein hungriger Wolf herum und plötzlich stürzte er sich auf die Gazelle. Er fasste ihr Bein und verletzte sie, sodass sie hinfiel. Der Wolf begann sie zu fressen. Das Menschenkind flüchtete vor Angst in die Höhle. Es wusste, dass es mit der Gazelle aus war. Sie würde nicht mehr nach Hause kommen, genauso wie die Taube nicht mehr nach Hause flog.

Das Menschenkind begann laut zu weinen. Das Weinen war Ausdruck seines Kummers, es war der Ausdruck seiner Freundschaft und Liebe, seiner Heimatlosigkeit und seiner Einsamkeit. Er war wieder allein. Zwar hatte er jetzt vieles gelernt und konnte selbstständig leben und es gab auch reichlich Vögel und andere Tiere, aber seine Freundin, mit der er sprechen konnte, seine Mutter und Gefährtin, die Gazelle war nicht mehr da. Die Einsamkeit war ein großer Kummer und dieser große Kummer regte seine Gedanken an.

Das Menschenkind beginnt nachzudenken

Was sollte er jetzt anfangen?

Das Menschenkind setzte sich in die Höhle und überlegte: »Manche Tiere sind sehr böse. Heute hat der Wolf die Gazelle gefressen. Damals kam schon der Hund, um sie zu fressen, und wenn nicht ihre Hörner gewesen wären, hätte er auch mich gefressen. Also muss ich ihre Hörner aufbewahren.«

Er ging hinaus und näherte sich vorsichtig dem Kopf der Gazelle, der in der Steppe lag, hob ihn auf und brachte ihn in die Höhle. Er rief ihn an und streichelte ihn, aber keine Bewegung und kein Ton ließen sich mehr wahrnehmen. Er hatte es schon gewusst. Er hatte gesehen, dass Tiere getötet wurden und starben. So legte er den Kopf neben sich. Und er war traurig.

In der Nacht fühlte er die Kälte, sonst war es nachts in der Umarmung der Gazelle warm gewesen. Was sollte er jetzt tun, um sich zu wärmen? Er wusste, wenn er im trockenen Gras schlief, war die Seite seines Körpers, die auf dem Gras lag, warm. Er verstand, dass es die Wärme seines eigenen Körpers war, die das Gras wärmte. So streute er eine Menge trockenes Gras über sich und schlüpfte darunter, seinen Kopf ließ er draußen. So war es in Ordnung. Dennoch schlief er in jener Nacht nicht ein und der Gedanke an sein einsames Leben ließ ihm keine Ruhe. Er begann nachzudenken. Über viele Dinge dachte er nach: »Gazellenhörner sind gut zur Verteidigung, nachts muss man seinem Körper etwas überziehen, manche Tiere in der Steppe sind gut und tun einem nichts: Gazellen, Tauben, Ziegen, Schildkröten, Hähne … und manche sind schlecht und fressen die anderen: Hunde, Wölfe, und wieder etwas anderes … Mit den guten Tieren muss man sich anfreunden und von den schlechten Tieren muss man sich fernhalten. Wenn sie angreifen, muss man mit den Hörnern der Gazelle gegen sie kämpfen. Wenn ein Feuer klein ist, geht es schnell aus, es muss groß sein und darf nicht im Regen sein. Wenn es Feuer gäbe, würde es die Höhle hell machen und das Fleisch würde schmecken, doch wo ist das Feuer? Es ist gut, wenn ich ein paar Tauben in die Höhle bringe und hüte. Aber was nützt es? Sobald es Morgen wird, gehen sie wieder weg. Die Gazelle war gut, sie ist nicht weggelaufen, und wenn sie weglief, kam sie wieder …«

Als es Morgen wurde, nahm das Menschenkind die Gazellenhörner und ging nach draußen. Die Sonne stand hoch oben am Himmel. Zu allererst lief es zu dem verbrannten Schilfdickicht. Von dem Feuer war nichts mehr zu sehen. Kohle und Asche waren überall kalt. Er dachte sich: »Kälte ist nichts Gutes, Helligkeit und Wärme sind gut, die Höhle ist dunkel und kalt.« Er legte seine Hand auf die Brust und fühlte, dass sie warm war. »Das ist das Gleiche. Sonnenschein und Feuer sind warm und mein Körper hat auch etwas von der Wärme, und zwar von sich aus. Er ist nicht wie Stein oder Holz, das in der Sonne warm ist und im Schatten kalt. Feuer ist allerdings wärmer als alles andere und heller. Es ist so warm, dass in seiner Nähe die Hände brennen.«

Alles Nachdenken des Menschenkindes lief darauf hinaus, dass es das Feuer finden wollte, aber wo? Dieses Rätsel konnte es eine Zeit lang nicht lösen. Doch eines Tages deckte das Menschenkind das Geheimnis auf.

An jenem Tag war es auf einen Felsen geklettert und an dessen Fuß hatten sich Tauben und Sperlinge versammelt. Ein Stein fiel hinunter, die Vögel fürchteten sich und flogen auf. Einer von ihnen wurde von dem Stein getötet. »Also kann man Vögel auch mit Steinen erschlagen. Sie wissen das selbst. Deshalb haben sie Angst.« Das Menschenkind probierte es aus.

Wo immer sich Vögel versammelten, schleuderte er einen Stein und sie flogen fort. Er stellte ihnen nach und hatte bald keine kleinen Steine mehr zur Hand. Einen großen Stein, den er aufhob, konnte er nicht werfen, er fiel ihm aus der Hand und zerbrach in mehrere Stücke. So lernte er, große Steine zu zerkleinern. Er wiederholte es und stellte fest: Wenn man Steine aufeinander schlug, gab es einen Funken und der sah recht hübsch aus und hell, wie Feuer, nur warm war er nicht. Und er wusste, dass Feuer in der Dunkelheit schöner war.

Zwei Stücke von dem Stein nahm er mit in die Höhle und prüfte sie im Dunkeln. Er schlug sie gegeneinander und es sprang ein heller Funken hervor, warm wurde es freilich nicht. Immer wieder, dreimal, zehnmal, hundertmal und die Funken flogen und waren hell, doch plötzlich bemerkte er, dass die Ecke des Steins warm geworden war: »Na nu! Der kalte Stein ist warm geworden. Also sind die Funken das gleiche Feuer, das das Schilfdickicht angezündet hat, aber das war viel und dieses ist wenig. Da der Stein nun warm geworden ist, wird er noch wärmer, wenn ich viel schlage, und wenn die Wärme groß geworden ist, entsteht Feuer.«

Er legte den Stein auf den Boden und mit dem anderen begann er zu schlagen. Der Stein drückte sich in die Erde. Er legte ihn auf ein Stück Holz und fing wieder an zu schlagen. Der Stein wurde heiß, aber Feuer kam nicht zustande. Sobald er ein winziges Fünkchen schlug, erlosch es. Dennoch gab das Menschenkind nicht auf. Es dachte: Jetzt wird er ja vom Schlagen warm, wenn man mehr schlägt, wird er noch wärmer, und wenn er sehr warm ist, entsteht genau das, was ich will. Also muss ich schlagen: »Bum, bum ...«

Das Holz, auf das er den Stein gelegt hatte, war morsch und trocken und sein Kern war hohl. Der Stein war darin eingesunken und plötzlich wurde ein wenig Rauch sichtbar. Das Menschenkind erkannte, dass es das richtige Verfahren gefunden hatte, und vor Entzücken, das Feuer aufzuspüren, vergaß es alle Müdigkeit. Es schlug und schlug und die Funken flogen und schließlich war das Ziel erreicht: Der hohle Kern des Stamms war vom Zusammenschlagen der Steine heiß geworden, und zwar so heiß, dass die Funken ihn entzünden konnten. Das Innere des Baumstamms rauchte, fing Feuer und glühte.

Das Menschenkind wusste vor Freude und Begeisterung nicht, was tun. Er ließ den Stein los und stand auf, drehte sich einige Male im Kreis und begann zu schreien. Er war überglücklich. Alle Laute der Gazelle, des Hundes, der Tauben und der anderen Tiere, die er kannte, sie alle rief er aus und dann fing er an zu weinen. Er weinte vor Entzücken. Er weinte vor Freude: Er hatte selbstständig Feuer gemacht und von jetzt an konnte er das Kind der Sonne jederzeit erzeugen, wann immer er wollte. Zudem hatte er verstanden, dass der Stein heiß wurde und nicht brannte, während der Kern des Holzklotzes brannte. Das morsche Holz, das ein wenig glühte und rauchte, hielt er vor sein Gesicht und der Rauch trieb ihm Tränen in die Augen. Aber wenn sein Atem das Feuer erreichte, glühte es stärker. Er lernte hineinzublasen und je mehr er pustete, desto mehr glühte es.

Von draußen hörte er Lärm. Mit dem Holz in der Hand ging er hinaus. Es war nichts zu sehen, aber Wind kam auf. Als der Wind gegen das Feuer blies, glühte es stärker und wurde größer und plötzlich flammte es auf und der Rauch verschwand. Es stellte sich also heraus, dass auch der Wind dem Feuer half. Das flammende Holz trug er in die Höhle und die Höhle wurde hell. Er legte es auf den Boden und das trockene Gras fing Feuer. Aber der Rauch biss ihm in die Augen.

Da erinnerte er sich daran, dass einer der Vögel getötet worden war, als er die Steine von der Anhöhe schleuderte. Er lief, um ihn zu holen, und warf ihn ins Feuer. Er hatte die

Erfahrung gemacht, dass das Fleisch gar war, wenn der Bratenduft aufstieg, und er hatte die Erfahrung gemacht, dass Holz, wenn es an einem Ende brannte, am anderen nicht heiß war. Mit einem halb verbrannten Holz holte er den gegarten Vogel aus dem Feuer. Das Menschenkind hatte gelernt, Speisen zu garen und Feuer anzuzünden, und es konnte jagen, mit Steinen und mit List.

Nach und nach verbrannte das ganze Gras, die Höhle war voll Rauch und das Feuer hatte keine Flammen mehr. Er wusste, dass Gräser nach dem Verbrennen Kohle und Asche waren. Die Erfahrung des Schilfdickichts hatte ihn das gelehrt und er sah, dass das Feuer umso größer wurde und sich regelmäßig ausbreitete, je mehr Gras und Holz da war, und dass etwas nicht brannte, wenn es nicht trocken war, und dass es nur wenig brannte, wenn es wenig war … Er war dabei, die Finessen des Feuers zu studieren. Eilig lief er hier- und dorthin, sammelte eine Menge Holz, stapelte es in einer Ecke abseits des Feuers und legte es eins nach dem anderen und in Stücke zerbrochen auf die Flammen.

Auf die Weise konnte also das Feuer gehütet und, wenn es zu Ende ging, erneut angefacht werden. Über diese große Entdeckung war er sehr froh, doch plötzlich hörte er ein Bellen. Der Bratenduft hatte einen Hund angelockt.

Das Menschenkind wollte die Gazellenhörner nehmen, um den Hund zu vertreiben. Da sah er, dass auch sie vollkommen verbrannt waren, es gab freilich einen halb verkohlten Ast, der einem Gazellenhorn sehr ähnelte. Ihn nahm er und trat vor die Höhle. Die Spitze des Astes rauchte noch, und als der Hund ihn sah, wich er zurück, setzte sich in einiger Entfernung hin und bellte noch einmal.

Das Menschenkind imitierte seine Laute: »Wau, wau …« und stürmte mit dem halb verbrannten Holz auf ihn los. Der Hund zog sich ein wenig weiter zurück, lief aber nicht weg.

Das Menschenkind erinnerte sich daran, dass es Steine schleudern konnte. Es warf einen Stein nach dem Hund und traf ihn an der Seite. Der Hund bellte noch etwas und verschwand.

So hatte sich gezeigt, dass man, wenn keine Gazellenhörner da waren, den Feind auch mit einem Ast wegjagen konnte und mit einem Stein. Das beruhigte ihn ein wenig.

Allerdings kam ihm ein neuer Gedanke:

»Wenn der Hund nicht wau, wau macht und nachts, wenn ich schlafe und ihn nicht sehe, in die Höhle kommt, was dann?«

Bei dieser Vorstellung fürchtete sich das Menschenkind, aber es fand schnell eine Lösung. Ideen sind etwas Gutes. Durch Nachdenken findet der Mensch für jedes Problem eine Lösung und für jeden Wunsch einen Weg. Das Menschenkind dachte: »Der Hund ist wie ich, aus dem Boden der Höhle kommt er nicht, aus der Decke kommt er nicht und aus den felsigen Wänden auch nicht, er kommt nur vom Eingang der Höhle. Und wenn ich am Höhleneingang bis nach oben ein paar Steine aufeinanderstapele, kann er nicht mehr hereinkommen, und wenn er die Steine wegräumt, werde ich wach und schlage ihn.«

Dann lachte er über sich und dachte: »Der Hund hat überhaupt keine Hände und Pfoten, mit denen er die Steine hochheben könnte.« Er hörte sein eigenes Lachen »Haha«, und das gefiel ihm.

Schnellstens lief er und holte vom Fuß der Anhöhe einige große Steine. Vor dem Höhleneingang legte er sie übereinander und verschloss ihn damit. Jetzt sah er, dass er selber die Höhle nicht mehr betreten konnte. Wieder lachte er über sich selbst. Jedes Mal, wenn er sich irrte, musste er lachen. Nun legte er die Steine auf die Erde, trug einen nach dem anderen hinein und mauerte danach den Höhleneingang zu. In jener Nacht war die Wohnung des Menschenkindes warm und sicher und friedlich.

Nach diesen Arbeiten wurde er ruhiger. Feuer anzünden, Essen kochen und das Haus verschließen gehörte zu den Dingen, die er neu gelernt hatte, gleichwohl gab es noch viele Probleme: »Du wärmst die Höhle mit Feuer und nachts schläfst du unter einem Haufen Gras, sehr schön, aber an kalten Tagen wird es dir in der Steppe eisig.«

Er überlegte: Wenn sein Körper wie der der Tiere mit Wolle oder Haaren bedeckt wäre oder wenn er ein Gefieder hätte wie die Vögel, wäre ihm warm, so wie es nachts unter einer Decke wärmer ist, aber was war da zu machen? Eine Weile dachte er nach und fand auch für dieses Problem eine Lösung. »Ich muss den Pelz von einem Tier nehmen und selbst hineinschlüpfen.« Doch das war sehr schwierig. Wie sollte er ein großes Tier fangen und ihm den Pelz abnehmen? Sosehr er grübelte, er kam nicht darauf.

Eine Weile verging. An sonnigen Tagen streifte er auf der Insel umher und jeden Tag entdeckte er etwas Neues. Eines Tages, als er vorhatte, Gräser zum Essen zu sammeln, fand er weiße Rüben. Er wollte ihre Blätter aus der Erde ziehen, aber mit ihnen kam die ganze Rübe zum Vorschein. Er aß sie und sie schmeckte besser als ihre Blätter. »Was für gute Sachen gibt es unter der Erde gibt!«, dachte er.

Von dem Tag an versuchte er, jede Pflanze mit der Wurzel herauszuholen. Manche Kräuter hatten keine guten Wurzeln. Sie waren dünn und hart und schmeckten nicht. Nach und nach freilich fand er auch rote Beete und Kartoffeln, Mohrrüben und Steckrüben. Sie waren fester als weiße Rüben. Das Menschenkind garte sie wie Fleisch im Feuer und stellte fest, dass sie weich und ausgezeichnet wurden. Er prüfte alles im Feuer, wie es schmeckte, wenn es gebraten wurde, und aus jedem Versuch lernte er etwas Neues.

Tagtäglich wurden es mehr Arten von Nahrungsmitteln aus der Erde, doch Geflügel war eine bessere Speise. Wo immer er Vögel sah, verfolgte er sie und sie führten ihn zu einem Weizenfeld. Er probierte die grünen Weizenähren und sie schmeckten vorzüglich. Von ihren trockenen Körnern legte er einen Vorrat für die Vögel an. Den trockenen Weizen konnten sie nicht fressen. Und als er einige Male Magenschmerzen bekam, wurde ihm klar, dass es an dem trockenen Weizen lag. Eines Tages prüfte er ihn ebenfalls im Feuer. Geröstet war er viel schmackhafter und weich und er verursachte auch keine Bauchschmerzen mehr.

Die erste Lektion der Gesundheitslehre hatte er gelernt: »Roher, trockener Weizen führt zu Magenschmerzen.«

An Obst tragenden Gehölzen fand er Granatäpfel, Weintrauben, Äpfel und andere und wie köstlich war das Obst und wie reich die Welt. Er dachte: »Immer gibt es noch mehr Sachen, als du schon kennst.« Jeden Tag entdeckte er etwas Neues und neue Nahrungsmittel, aber gebratenes Fleisch und gerösteten Weizen mochte er am liebsten.

Unterdessen machte er eines Tages einen anderen Fund, aus dem er etwas Wichtiges lernte. Er holte eine Zwiebel aus der Erde und zerbiss sie mit den Zähnen. Sie hatte einen scharfen Geruch, und sobald er ihn wahrnahm, füllten sich seine Augen mit Tränen. Er dachte bei sich: »Ich weine, aber warum?« Mit seiner Hand, die voll Zwiebelsaft war, wischte er sich über die Augen und es wurde noch schlimmer. Er erkannte, dass die Tränen von der Zwiebel herrührten: Also treibt der Zwiebelduft Wasser in die Augen, genauso wie unreife Weintrauben den Mund mit Wasser füllen und Pfeffer den Mund brennen lässt und Datteln schnell durstig machen. Jedes einzelne Lebensmittel hat also seine Besonderheit. Er erinnerte sich daran, dass er an jenem Tag, als er trockenen Weizen gegessen hatte, Magenschmerzen bekam und an dem Tag, als er Pilze vom Flussufer gegessen hatte, sein Kopf und sein ganzer Körper wehgetan hatten, dass es ihm danach sehr schlecht gegangen war und dass sich sein Zustand besserte, als er sie erbrochen hatte.

Das Menschenkind war dabei, die Eigenschaften der Nahrungsmittel und die Ursachen von Schmerzen und Unwohlsein seines Körpers zu studieren. Darüber dachte er viel nach und danach war er beim Essen alles Unbekannten vorsichtig. Zuerst kostete er wenig und dann, wenn nichts passierte, aß er mehr. Es gab kein anderes Mittel, als Erfahrungen zu sammeln. Niemand war da, der ihn die Dinge gelehrt hätte.

Außerhalb der Höhle, in der Nähe seiner Wohnung, gab es ein Stück flaches Land, das von kleinen und großen Bäumen umgeben war. Auf ihnen lebten viele Vögel. Das Menschenkind betrachtete die Ebene als sein Jagdrevier. Von allem, was er nur überall an Körnern fand, Reis, Gerste, Hirse und Blumensamen, von denen er wusste, dass die Vögel sie mochten, legte er in der Höhle Vorräte an und tagelang streute er sie auf die Ebene. Wenn sich die Vögel versammelten, jagte er sie mit Steinen. Solche Jagden brachten sehr wenig ein und waren langwierig. Tauben zu fangen, war leichter.

Als das Menschenkind Baumobst kennengelernt hatte, übte es öfter, an den Bäumen hinaufzuklettern. Nach und nach fand er auch den Weg zu Vogelnestern und Vogeleiern. Zuerst wusste er nicht, was diese Vogeleier waren, aber nachdem er einige Tauben beobachtet hatte, wie sie Eier legten und Küken ausbrüteten, verstand er die Vögel und wusste, dass es zwischen ihrem Ausbrüten der Küken und dem Gebären von Jungen der Landtiere einen Unterschied gab.

Zu den Sachen, über die sich das Menschenkind freute, gehörten die Baumwollsträucher, die er gefunden hatte. Am ersten Tag meinte er, das sei etwas Närrisches: Weder hatten sie Wurzeln, noch konnte man ihre Blätter essen, noch ihre Früchte. Aber als er die kleinen Baumwollkapseln zerteilte und sah, dass sie weiß und weich waren, gefiel ihm das. Weich und elastisch waren sie. Er dachte, wenn ich sie anstelle des trockenen Grases auf dem Boden ausbreite, ist es wärmer. Und so machte er es. Noch wusste er nicht, wie sehr sich Baumwolle später auch zur Bekleidung seines Körpers eignete.

Ein wichtiges Thema war folgendes: Als zwei oder drei Monate vergangen waren und etwas Regen fiel, wurde die Ebene seines Jagdreviers grün wie eine Wiese. Das Menschenkind aß kein Gras mehr, es hatte solchen Reichtum gefunden, dass es dabei war, das Grasen zu vergessen. Doch nach einiger Zeit, als die grünen Pflanzen Samen ansetzten, machte er eine neue Entdeckung. Zuvor gab es hier nur wenige Gräser und sie waren wertlos, jetzt aber glichen sie denjenigen, deren Samen und Körner er den Vögeln hinstreute. Ihm kam ein Gedanke: »Vielleicht findet man überall dort, wo man die Körner hinwirft, wiederum die gleichen Gräser. Genauso wie sich das Feuer mit trockenem Holz vergrößert und genauso wie die Vogeleier zu Küken werden und Gräser wieder Körner tragen. Also geht niemals irgendetwas zu Ende und alles vermehrt sich, und es ist leicht, alles zu bewahren und zu vermehren.«

Das Menschenkind dachte: »Ich muss es ausprobieren.« Er fasste einen freien Platz ohne Gras ins Auge und teilte ihn in mehrere Abschnitte ein. Auf jeden Teil streute er eine Sorte von Körnern und nach einer Weile zeigte der Versuch sein Ergebnis. Die Weizenkörner, die Hirsekörner und die Blumensamen, jedes von ihnen brachte seine eigene Art hervor. Das Menschenkind hatte den Feldbau erlernt. Seine Arbeit war sehr unzulänglich, er wusste nicht alles, aber jedes Mal, wenn er eine Erfahrung machte, verstand er etwas Neues: Körner grünen nicht im trockenen Boden, sie brauchen Wasser, geröstete Körner grünen nicht, für die Aussaat müssen die Körner roh sein. Und dergleichen mehr.

Das Menschenkind beginnt nachzudenken

Während der Zeit, in der er die Landwirtschaft erprobte, ging er auch in den Wald und machte sich die Waldfrüchte zunutze. Um sich zu verteidigen, nahm er ein paar Äste in die Hand. Er wusste, dass er die Tiere erschrecken konnte. Im Wald stieg er auf einen Baum. Er wusste, dass ihn die Tiere, solange er da oben saß, nicht erreichen konnten. Nur Katzen kletterten auf Bäume und sie fürchteten sich vor dem *Wauwau* und flohen. Um das Kommen und Gehen der Tiere zu beobachten und ihre Verhaltensweisen kennenzulernen, saß das Menschenkind stundenlang auf dem Baum, ohne sich zu rühren. Und es dauerte sehr lange, bis er mit dem Affen bekannt wurde.

Kürzlich hatte er eine Stelle mit Walnussbäumen gefunden und einige Male war er dort gewesen, um die Nüsse zu pflücken. Zwei drei Bäume standen nebeneinander und einmal, als er bei ihnen ankam, erblickte er oben auf einem Baum einen Affen, der mit seinem Schwanz am Ast hängend dabei war, Walnüsse zu fressen. Beide bekamen Angst, als sie einander bemerkten. Der Affe hatte noch nie einen Menschen gesehen und ließ ein paar Nüsse für das Menschenkind hinunterfallen. Das war eine Überraschung, bis jetzt hatte kein Tier so etwas getan. Das Menschenkind dachte, es wäre besser, selbst auf den anderen Baum zu steigen, und sollte das Tier ihn angreifen, könnte er es mit einem Ast schlagen.

Er kletterte auf den Baum und hier wurde er ruhiger. Beide beobachteten einander. Das Menschenkind stellte fest, dass dieses Tier lange Hände hatte wie er selbst und ihm ähnlicher war als alle anderen. Aber der Affe war mehr erschrocken, er ließ sich hinab und lief davon: »Der ist also auch nicht sehr gefährlich.«

Am nächsten Tag kam das Menschenkind früher an und war schon auf dem Baum, als der Affe eintraf. Das Menschenkind ließ ein paar Walnüsse hinunterfallen und der Affe setzte sich und begann zu fressen. Offenbar freute er sich sehr. Als nun seine Angst verflogen war, hangelte er sich auf den anderen Baum hinauf, setzte sich und gab einige Laute von sich.

Das Menschenkind sah, dass alles an dem Affen ihm ähnlich war, außer dass er einen Schwanz hatte, sein Körper behaart und sein Gesicht wie das der Tiere war. Solange er nun ausharrte, der Affe kletterte nicht wieder hinunter. Als es Abend wurde, begab er sich vorsichtig nach unten, wobei er die Äste zur Verteidigung in der Hand behielt, aber der Affe unternahm nichts, was ihn erschreckt hätte.

Einige Male trafen sie sich und sie waren kurz davor, sich miteinander bekanntzumachen, wenn nicht eines Tages ein Unglück geschehen wäre: Als das Menschenkind oben auf dem Baum saß, kam auch der Affe, doch plötzlich tauchte ein Raubtier auf, überfiel den Affen und verletzte ihn. Der Kampfplatz befand sich unter dem Baum. Das Menschenkind schleuderte ein paar Walnüsse nach dem Raubtier, warf dann einige Äste und das Tier lief weg. Hilflos lag da der verletzte

Affe in den letzten Zügen. Als das Menschenkind vom Baum herunterkam, war sein Körper noch nicht kalt.

Das Menschenkind schleppte den toten Affen zum Eingang der Höhle. Unterwegs fand er zudem ein totes Schaf, das ein Wolf zum Teil schon aufgefressen hatte. Er brachte es ebenfalls zur Höhle und verbarg es unter Gras und Brennholz.

Am nächsten Tag machte er Feuer, briet zuerst ein Stück Schaffleisch und aß. Danach wollte er auch das Fleisch des Affen probieren. Es war bitter und schmeckte nicht. Plötzlich fiel ihm ein, dass ihre Felle gut zum Anziehen wären. Aber wie schwierig war das.

Zwei oder drei Tage lang bestand seine Arbeit darin, mit den scharfen Enden halb verbrannter und spitzer Hölzer und mit dünnen Steinen die Felle des Schafs und des Affen von ihren Körpern zu trennen, dann warf er die Leiche des Affen ins Meer. Als er das Fell über seinen Körper ziehen wollte, fühlte es sich klebrig und kalt an. Er trug es zur Höhle, füllte es mit verdorrtem Gras und so ließ er es trocknen.

Ebenso löste er das Schaffell ab und im Bauch des Schafs fand er dessen Darm. Das war eine feine Sache. Er wusch ihn und bewahrte ihn auf. Nie hatte er so etwas Langes gesehen. Als er dabei war, ihn zusammenzunehmen, wickelte sich das Ende des Darms um ein Schilfrohr und verknotete sich. Sosehr er zog, es löste sich nicht. Er band es mit der Hand auf und lernte so das Festbinden und das Verknoten. Auch das war eine neue Entdeckung: Alles ließ sich mit dem Darm des Schafs zusammenbinden, zum Beispiel konnte man einen lebendigen Vogel an einen Baum binden, damit er nicht wegflog, und wenn man den Darm an den Ast eines Baumes band, konnte man sich daranhängen. Baumeln und schaukeln war sehr lustig, ganz so wie der Affe, der an seinem Schwanz gehangen hatte.

Zwei drei Tage später warf er den Rest des Schaffleisches, das angefangen hatte zu riechen, ins Meer. Als die Fische am

Ufer die Mahlzeit sahen, versammelten sich immer mehr und die Wellen spülten einige von ihnen an den Strand. Das Fleisch der Fische schmeckte auch sehr gut.

    Das Menschenkind schuf sich mit dem Schafspelz eine Bettunterlage und aus dem Fell des Affen eine Jacke. Jetzt hatte er sogar Kleidung und eine Matte gefunden. Am nächsten Tag stellte er systematisch den Schafen, Affen, Ziegen und Gazellen nach. Den Weg, sie zu zahmen Haustieren zu machen, kannte er: Tauben zähmte man mit Körnern, Schafe mit Gras und den Hund mit Fleisch. Er band sie an einen Baum und gab ihnen Wasser und Gras. Den Hund zu zähmen, war ganz unerwartet leicht. Der Hund zerbiss zwar sein Halfter, das aus dem Schafdarm bestand, aber sobald er von dem Menschenkind Freundlichkeit erfuhr, lief er nicht mehr fort. Ein zuverlässiger Gefährte war gefunden.

Das Menschenkind baut und siedelt

Das Menschenkind war jetzt acht Jahre alt und viele Tiere nahmen an seinem Leben teil, doch sosehr er darüber nachdachte, warum es auf der Welt niemanden gab, der so war wie er selbst, er konnte es sich nicht erklären. Die Insel war seine Welt und auf der Welt hatte kein anderer Geist und Verstand wie er. Die Krähen bauten ihre Nester immer auf dieselbe Art und Weise, die Hunde lebten immer auf dieselbe Art und Weise. Die Tauben zeigten immer das gleiche Verhalten. Das Schaf kam nie auf den Gedanken, sich einen Vorrat an Gras anzulegen. Wenn es Hunger hatte, lief es, sofern es frei war, in die Steppe, fraß Gras und kehrte zurück. Und wenn es nicht frei war, rief es, wenn es hungrig war, bäh, bäh. Bäh, bäh bedeutete, ich möchte Gras. Auch die Tauben arbeiteten nicht. Niemals änderten sie irgendetwas in ihrem Leben und nie wollten sie etwas Neues lernen oder etwas Neues tun. Keiner von ihnen war in der Lage, vom anderen Nutzen zu ziehen oder die Stimme eines anderen zu imitieren. Er allein war es, der sehr klug von ihnen allen profitierte. Insofern war er froh.

Er hatte alle Tierstimmen gelernt und konnte ihre Aufmerksamkeit auf sich lenken, aber die Bedeutung ihrer Laute verstand er nicht. Wenn sich ein Hund fürchtete oder jemanden erschrecken wollte, bellte er wau, wau, wenn ein Schaf hungrig war, rief es bäh, bäh. Na schön! Und was bedeutete das mitternächtliche Krähen des Hahns? Seltsam, dass der Hahn, wenn ihn mitten in der Nacht ein Fuchs fressen wollte, keinen Pieps von sich gab, aber völlig sinnlos herumschrie, wenn gar nichts passiert war. So sah es aus und der Zuverlässigste von allen Tieren war der Hund, der Freund und Feind erkannte und auch kämpfen konnte und für das Menschenkind sogar sein

Leben in Gefahr brachte. Aber wo befanden sie sich und wohin gehörte das Menschenkind?

Eines Tages dachte er: »Wenn alle Gräser und Pflanzen aus ihren eigenen Samen entstehen und wenn die kleinen Welpen vom Hund und die Lämmer vom Schaf geboren werden und wenn die Küken aller Vögel aus den Eiern der gleichen Vögel schlüpfen, woher bin ich selbst dann gekommen? Bestimmt nicht von der Gazelle, sonst wäre ich wie eine Gazelle geworden. Aber sonst ist niemand so wie ich.« Sosehr er grübelte, er verstand es nicht. Er dachte: »Es ist noch zu früh. Am Ende werde ich begreifen, was geschehen ist.«

Den Umkreis der Insel kannte er. Bis zu einem gewissen Punkt war Land und dahinter Wasser und sonst nichts. »Das heißt: Wohin reicht dieses Wasser und wo ist es zu Ende? Ob es woanders noch ein Land wie dieses gibt oder nicht?« Über die Sonne, den Mond und die Sterne dachte er nach: »Was sind sie und was machen sie? Woher kommen sie und wohin gehen sie?« Es war niemand da, der ihm das erklärt hätte. Er fühlte sich sehr unglücklich, dass er diese Dinge nicht wusste. Allerdings gab es noch viele Beschäftigungen, die er für sich selbst erledigte.

Die Höhle, in der er lebte, lag weit von den Obstbäumen, dem Zuckerrohr und der Trinkwasserquelle entfernt. Das Meerwasser schmeckte nicht. Kein Tier trank es. Wie gut wäre es, wenn sich sein Haus an einem besseren Ort befände.

Einmal kam er am Waldrand vorbei. Die vielen Bäume, die nah beieinanderstanden, erschienen ihm wie eine Wand, denn sie hatten nur geringe Abstände. Er dachte: »Die Wände der Höhle sind aus Stein und Erde und diese Wand ist aus Holz. Wenn nun eine Wand ringsum aus Holz wäre und darüber eine Decke aus dem gleichen Holz, dann wäre es eine Höhle. Und wenn man ihren Eingang auch mit Holz statt mit einer Steinmauer schließen würde, wäre es leichter und besser.« Er setzte sich, wo er stand, dachte nach und stellte fest, dass er ein Haus an einem besseren Ort bauen könnte.

Eine Zeit lang bestand seine Arbeit darin, Bäume zu brechen und ihre Stämme samt der Wurzel in die Erde zu stecken. Als Werkzeug benutzte er scharfe Steine und er errichtete eine Hütte, die keinerlei Form hatte, weder viereckig war noch rund, sondern mehr die Gestalt der Höhle hatte. Aber durch die Ritzen in der Wand pfiff der Wind. Er stopfte Gras in die Zwischenräume. Als er das Dach bauen wollte, war es schwierig an dem Holz hinaufzuklettern. An einer Seite häufte er hinter der Wand Erde auf, stellte sich darauf und führte das Dach auf. Wo die Hölzer nicht liegenbleiben wollten, band er sie mit Schafdarm zusammen. Dann ging er in die Hütte und sah, dass die Seite, an der er Erde und Lehm hinter die Wand geschüttet hatte, die solideste war und keine Lücken hatte. Er rührte Erde zu Schlamm und strich sie auch auf die anderen Wände, sodass alle Löcher geschlossen wurden. Aber als es regnete, tropfte Wasser von der Decke. Er verteilte eine große Menge Gras auf dem Dach und trotzdem genügte es nicht. Er schichtete darauf etwas Erde und Lehm und strich die Oberfläche glatt. Jetzt war es in Ordnung. Für die Haustür hatte er dünnere Hölzer ebenfalls mit dem Darm zusammengebunden, nachts stellte er sie an ihren Platz und am Tage räumte er sie beiseite und jeden Tag gelangen ihm die Arbeiten vollkommener und besser.

Das Menschenkind hatte das Zimmermannshandwerk erlernt. Aus jedem Gedanken entstand ein weiterer und aus jedem Fehler ging eine neue Erfahrung hervor. Von jetzt an konnte er sich ein Haus bauen, wo immer er wollte.

Als er dabei war, in das neue Haus umzuziehen, sah er, dass sich die Fasern der Baumwolle, die ihm als Unterlage zum Schlafen dienten, zu Schnüren gedreht hatten und fest waren wie der Schafdarm. Das war eine erstaunlich gute Sache, diese

Baumwolle, die sich plattdrücken und zu einem Faden drehen und in die Länge ziehen ließ. Als er ihre Geheimnisse begriff, wurden weitere Arbeiten leicht. Er tränkte sie mit Baumharz und stellte daraus Seile her oder er breitete sie aus und fertigte einen Teppich an und er klebte sie zusammen und machte sich Kleidung daraus.

Eines Tages bemerkte er auf dem Körper einer Ziege eine Handvoll weiche Wolle, die zu einem Knäuel aufgerollt war und eben herunterfiel. Er sammelte die Wolle ein. Sie war sehr warm und angenehm. Er versuchte mit dem Ziegenflaum das Gleiche wie mit der Baumwolle: Die Wolle mit Ziegenmilch oder mit Baumharz nass machen und einreiben, ausbreiten und trocknen. Und sie wurde zu einem ausgezeichneten Filz. Danach fand er öfter Ziegen und machte sich ihre Wolle zunutze. Lämmer und Schafe hatten keinen Flaum. Ihre Wolle schnitt er mit scharfen Steinen ab und untersuchte sie. Sie hatte nicht die Qualität des Flaums, aber sie war sehr gut. Nach und nach lernte er, die Wolle zu drehen und zu spinnen und dann, sie zu verweben.

Das Menschenkind dachte: »Das ist wunderbar. Der Mensch kann alles machen, was er möchte. Er braucht nur ein wenig nachzudenken und ein paar Erfahrungen und Versuche. Geduld ist nützlich und Sorgfalt lässt alle Arbeiten gelingen.« Tag für Tag bildete das Menschenkind seinen Geschmack und seine Intelligenz weiter. Als er sah, dass sein Haar lang geworden war und sich im Baum verfing, schnitt er eine Menge davon mit einem scharfen Stein ab und kürzte es auf diese Weise. Und dann klebte er die abgeschnittenen Haare mit dem Flaum, Wolle und Baumharz zusammen und formte daraus eine Mütze. So wurde sein Kopf, wenn er gegen einen Ast stieß, nicht mehr verletzt und tat nicht mehr weh.

Noch eine neue Beschäftigung hatte er gelernt. Er drehte den Schafdarm, ließ ihn über seinem Kopf kreisen und das schwirrende Geräusch gefiel ihm. Einmal blieb ein Kieselstein daran kleben und damit drehte es sich noch besser. Dann faltete er den Darm zusammen, legte einen Stein in die Mitte und drehte ihn wie eine Steinschleuder. Eines Tages löste sich der Stein daraus und flog sehr weit fort. »Ach du liebe Zeit!«, hätte er sagen wollen, wenn er Worte gehabt hätte. Er freute sich riesig, denn er sah, dass er den Stein mit der Hand niemals so weit hätte werfen können. Er probierte es wieder, ließ die Schnur auf einmal los und der Stein flog noch weiter.

Das Menschenkind hatte eine Steinschleuder gebaut und konnte von jetzt an Steine auf hohe Baumkronen und sehr weit entfernte Stellen schleudern. Pfeil und Bogen anzufertigen, lernte er auf die gleiche Weise. Er bog einen Ast, band seine beiden Enden mit dem Darm zusammen, zog daran und spielte. Einmal sah er, dass ein Holz, das er an die Sehne legte, mit großer Geschwindigkeit und Energie weit wegflog. »Hui«. Noch einmal probierte er seinen Bogen. Er hatte das Bogenschießen gelernt. Hölzer mit angebrannter Spitze konnten jedes Tier in die Seite treffen. Von nun an fürchtete er sich vor keinem Vogel mehr, vor keinem Weidetier und keinem Raubtier.

Als es einmal bitterkalt wurde, zündete das Menschenkind in seiner Wohnung ein großes Feuer an. Da er nicht achtgab, verlor er die Kontrolle darüber und das Haus fing Feuer. Die Wände und die Decke brannten, sein ganzer Besitz, alles verbrannte und war verloren. Was für ein Unglück. Er hatte kein Haus mehr. In jener Nacht suchte er Zuflucht in der alten Höhle. Am liebsten hätte er geweint, aber dann dachte er: »Mit Weinen kann man kein Haus bauen, mit diesen Händen lässt es sich bauen und die Hände sind noch da.« Er ärgerte sich über sich selbst und lachte laut: »Ich baue mir wieder ein Haus, und zwar ein besseres, und wenn es wieder abbrennt, baue ich mir noch eins.« Er beruhigte sich: »Ein Verlust, der sich ersetzen lässt, ist kein Grund zur Trauer.«

Als er am nächsten Tag daranging, die abgebrannte Hütte zu untersuchen, stellte er fest, dass das gesamte Holz verbrannt und zu Asche geworden war. Doch an der Seite, wo er hinter der Wand Erde und Lehm angehäuft hatte, befand sich die Erde an ihrem Platz und war infolge des Feuers sogar fester geworden.

Aus dem Brand hatte er etwas Neues gelernt. Diesmal baute er das Haus mit Lehmwänden, drinnen zündete er ein großes Feuer an, damit es schneller trocknete und der Lehm fest wurde wie Ziegel. Dann errichtete er das Dach und bestrich es von oben und unten mit Lehm. Als das trockene Gras und das Stroh mit Lehm gemischt war, lag es besser auf den Wänden auf. Die Mischung aus Lehm und Stroh war erfunden und das Menschenkind hatte den Hausbau mit Lehm und das Brennen von Ziegeln erlernt. Er überlegte: Wenn der Lehm im Feuer so fest wird, kann man auch als Ersatz für den Kürbis eine Schale aus Lehm herstellen. Er formte ein Gefäß aus Lehm, brannte es im Feuer und es war einwandfrei. Von da an schuf er viele Keramikgefäße. Steine brannte er ebenfalls im Feuer und auf die Weise lernte er Kalk und Gips kennen und fand die Eigenarten aller Steine und Bodenarten heraus. Das Menschenkind war zum Handwerker geworden.

Während er diese Erfahrungen sammelte, lernte er auch das Steinsalz kennen und von da an benutzte er es anstelle von Salpeter und Meerwasser. Aber eines Tages entdeckte er etwas Neues. Manche Steine schmolzen im Feuer und es gingen andere Dinge aus ihnen hervor: Eisen, Glas, Silber und Blei. Als er zum ersten Mal Glas fand, freute er sich sehr. Glas und Eisen, glatt und poliert, zeigten ihm sein Bild. Er war nicht mehr gezwungen, sich im Wasser zu spiegeln.

An allen Dingen, die er entdeckte, erfreute er sich, doch er dachte: »All das bewirkt das Feuer. Das Feuer ist die Mutter von alldem und was ist die Sonne? Da sie das Hellste ist, ist sie das Wichtigste. Wer zündet so ein gutes Feuer an? Genauso wie ich die neuen und ausgezeichneten Sachen herstelle, während die Tiere es nicht verstehen und nicht dazu imstande sind, gibt es jemanden, der mehr weiß als ich, und er ist es, der die Sonne anzündet. Wenn ich ihn nur kennenlernen könnte.«

Das Menschenkind sprach nicht, es kannte keine Sprache, es hatte keine Ausbildung erhalten, nur die Tierstimmen hatte es gehört, aber es war ein Menschenkind und verstand. Es verstand und dachte nach: »Da ist noch jemand, von dem ich nicht weiß, wer er ist, und er macht Dinge, von denen ich nicht weiß, was sie sind.«

Das Menschenkind war gläubig geworden.

Eines Tages hatte das Menschenkind zu keiner Arbeit Lust. Es war träge und hockte vor der Hütte. Über seinem Kopf saßen Tauben auf einem Ast und die Sonne warf ihre Schatten auf den Boden. Die Tauben kamen und gingen und an ihren Schatten sah er, wie viele da waren, nach welcher Seite sie schauten, wie sie davonflogen und landeten. Er mochte ihre Gestalt und mit dem Stock, den er in der Hand hielt, zog er eine Linie um die Schatten zweier Tauben. Sie flogen fort, aber ihr Umriss blieb auf der Erde. Darüber freute er sich. Dann machte er das Gleiche mit dem Schatten seiner Ziege, mit seinem eigenen Schatten und dem Schatten des Baumes und am Abend im Hause wollte er gern dessen Form auch auf der Wand der Hütte nachziehen. Doch der Schatten des Baumes war nicht da. Er dachte nach und erinnerte sich an seine Gestalt und die der Tauben. Mit einem Stock malte er die Linie auf die Wand, doch sie war nicht gut sichtbar. Außerdem war das nicht der Baum, der vor der Hütte stand. Er ähnelte den Bäumen, die es im Wald gab. Also ließen sich Bilder aller Gegenstände zeichnen. Als er es mit einem halb verbrannten Holz versuchte, gelang es gut und trug Farbe auf und so wählte er Kohle, um die Formen zu zeichnen.

Nach und nach lernte er, dass das Bild jedes Gegenstandes nicht seine eigentliche Größe haben musste, sondern dass man ihn auch dann erkannte, wenn es kleiner war. Das Menschenkind hatte zeichnen gelernt und Müßiggang machte ihn nicht mehr ungeduldig. Wann immer er zu Hause war und nichts zu tun hatte, malte er auf glatten Steinen. Dann kam er auf die Idee, die Gestalt der Vögel aus Lehm zu formen und im Feuer zu brennen. Er hatte Keramikfiguren erfunden. Das Menschenkind war ein Künstler geworden, aber noch hatte es keine Sprache gelernt. Es ordnete die Zeichnungen: »Das sind Ziegen, das sind Krähen, das sind Walnussbäume, das sind Weintrauben.« Er empfand Freude über seine Arbeiten, er wurde fröhlich und kreischte. Er wollte sagen: »Kommt her und schaut, das bin ich, der den Baum wie einen Baum und die Ziege wie eine Ziege zeichnet.« Doch niemand nahm an seiner Freude teil und niemand ermutigte ihn. Er zeichnete eine Ziege und hielt sie seiner Ziege vor das Gesicht, aber sie freute sich nicht. »Komm, hier ist noch eine und das ist die Sonne und das ist der Mond.« Die Tiere begriffen nichts. Auch die Tauben zeigten auf keine Weise, dass sie sich freuten. Das Menschenkind hatte ein Bedürfnis nach Ermutigung. Es wünschte sich jemanden, der genauso fühlte und dachte wie er, aber so etwas war auf der Insel nicht zu finden und niemand, der ihn anerkannte. Einmal brachte er einen großen, weißen Stein nach Hause und zeichnete das Bild seines Hundes mit schwarzer Kohle darauf. Die Zeichnung glich dem Hund aufs Haar. Als er sie dem Hund zeigte, sah er es sich eine Weile an, dann wurde er wütend und bellte: »Wau«.

Das Menschenkind dachte bei sich: »Jetzt hat es geklappt. Jetzt ist einer gefunden, der versteht, was ich sage.«

Das Menschenkind und die Menschen

Das Menschenkind war jetzt vierzehn Jahre alt. Seit dreizehn Jahren lebte es wie ein wildes Wesen allein auf der Insel und wusste nicht, was außerhalb von ihr vor sich ging. Nie zuvor war hier jemand gelandet. Diese entlegene Insel befand sich abseits der Routen und nie kamen Schiffe und Reisende hierher. Aber jeden Tag kann etwas Unerwartetes geschehen.

Ein Frachtschiff, größer als das von Yaqzan, fuhr mit sieben Passagieren übers Meer. Wieder war es stürmisch und der Wind hatte die Segel des Schiffes fortgerissen. Die Wellen trieben das Schiff in die gleiche rasche Meeresströmung, die dreizehn Jahre zuvor die Wiege von Hayye bin Yaqzan erfasst hatte.

Sosehr sich Salaman, der Kapitän des Schiffes, bemühte, es aus der Strömung hinauszusteuern, er vermochte es nicht, und als er das Schiff wieder beherrschte, waren sie in die Nähe des unbekannten Strandes gelangt.

Die Mitreisenden sagten: »Da es nun einmal so gekommen ist, lasst uns nachsehen, wo wir hier sind. Vielleicht entdecken wir etwas nie Gesehenes und erfahren Neuigkeiten aus Gottes großer Welt.«

Sie waren sieben Personen: Salaman und Absal waren die Eigentümer des Schiffes. Einer hieß ebenfalls Ibn Yaqzan, er war der Bruder von Salamans Frau und gehörte nun zu seinem Familienkreis; noch drei Personen waren als Seeleute an Bord und eine alte Frau als Dienerin und Köchin.

Alle waren damit einverstanden, die fremde Insel zu besichtigen. Sie lenkten das Schiff nahe an den Strand und stiegen vorsichtig hinab. Darauf gefasst, allen möglichen Gefahren zu begegnen, betraten sie das Festland.

Als sie das Weizenfeld erreichten, erkannten sie, dass es hier menschliches Leben gab. Aber welcher Art? Die Reisenden meinten, man müsse sehr vorsichtig sein. Vielleicht lebten auf der Insel kannibalische Barbaren, vielleicht griffen sie unversehens an und die Sache würde gefährlich werden. »Armes Menschenkind.«

Die Leute gingen weiter und freuten sich über das frische Grün der Insel. Sie betrachteten Bäume und Blumen, zahme und wilde Tiere und alles, was man hier finden konnte, nur von Menschen war nichts zu sehen. Obwohl doch das Weizenfeld ein Zeichen der Anwesenheit von Menschen war. Kein anderes Wesen ist mit der Landwirtschaft vertraut. Pflanzenfressende Tiere fressen, wenn Futter vorhanden ist, wenn nicht, verhungern sie. Ihr Verstand reicht nicht aus, um das Futter zu vermehren.

Sie hatten einen Weg eingeschlagen, der nicht so bald zur Hütte des Menschenkindes führte, schauten sich ein wenig um und kehrten am Abend zum Schiff zurück. »Es stimmt zwar«, sagten sie, »dass wir hier nichts zu suchen haben, aber es ist besser, wenn wir ein paar Tage dableiben und einige Kenntnisse über die Insel gewinnen.« Sie prüften die Seekarte und fanden dort keine Spur von der Insel. So freuten sie sich, dass sie mit einer neuen Entdeckung in ihr Land zurückkehren würden.

Am zweiten Tag wanderten sie auf einem anderen Weg und der führte zum Haus des Menschenkindes. Als sie von Weitem die Hütte sahen, stand für sie fest, dass es auf der Insel Menschen gab. Sollten die Inselbewohner allerdings Wilde sein, dann wäre die Sache schwierig. Wilde essen Menschenfleisch und haben giftige Pfeile, man kann mit ihnen nicht vernünftig reden und es gibt Krieg.

Einer sagte: »Kommt, lasst uns von hier verschwinden. Ich fürchte, dass wir entweder zugrunde gehen oder die Verantwortung für das Blut einiger Wilder zu tragen haben.«

»Bis jetzt wissen wir noch gar nichts«, erwiderte ein anderer. »Wenn die Situation gefährlich wird, gehen wir natürlich. Das Schiff ist in der Nähe. Aber wir wollen doch etwas verstehen. Die Freude am Leben ist größer, wenn man versteht.«

Vorsichtig stiegen sie die Anhöhe hinauf und kontrollierten die Umgebung. Eine andere Hütte gab es nicht, und wenn Wilde da waren, so waren es offensichtlich wenige. Mit dem Fernglas besahen sie sich die Hütte des Menschenkindes genau. Sie erkannten dort das Schaf, die zahmen Vögel, Ordnung und System, Zeichen einer Art Kultur, aber solange sie auch warteten, von Menschen war nichts in Sicht.

Es war kurz vor Sonnenuntergang, als das Menschenkind mit seinem Hund aus dem Wald heimkehrte und die Reisenden sie mit dem Fernglas erspähten: Etwas Affenähnliches, das ganz aufrecht lief und zweifellos ein Mensch war, erschien mit einem Hund in der Ferne. Sie warteten an Ort und Stelle und das ahnungslose Menschenkind kam von irgendwoher und betrat seine Wohnung. Er verließ sie noch einmal, um nach den Wassernäpfen der Tiere zu schauen, ging dann wieder in die Hütte und schloss die Tür. Es wurde dunkel, sodass die Reisenden zum Schiff zurückkehrten, um die Nacht an Bord zu verbringen.

Jeder von ihnen hatte etwas zu sagen und zu vermuten. Einer meinte: »Ich nehme an, dass es dort viele Menschen gibt, dass sie im Wald leben und den einen hier postiert haben.« Ein anderer widersprach: »Wofür sollten sie den einen hier postiert haben? An einem Ort, wo nie ein Schiff vorbeifährt. Meinst du, sie fürchten sich vor Dieben und haben hier eine Wache aufgestellt?« Alle lachten.

Jemand sagte: »Meiner Ansicht nach hat die Insel einen Besitzer und Eigentümer, der sich an einem anderen Ort aufhält. Und diese Kreatur ist sein Vertreter und sicherlich bewaffnet.«

Ein anderer entgegnete: »Ich glaube, es ist möglich, dass dieser Mensch, der ja noch ganz jung ist, von einem Schiff zurückgelassen wurde oder sich von einem untergegangenen Schiff gerettet und sein Leben hier eingerichtet hat.« Niemand kannte die Wahrheit. Am nächsten Morgen stiegen sie von Neuem auf den Hügel und inspizierten die Umgebung der Hütte mit dem Fernglas. Das Menschenkind hatte Feuer gemacht und aß etwas Gebratenes. Was es auch war, es dampfte. Danach holte er Wasser für sein Schaf. Es gab keinen Zweifel mehr, dass das ein vernünftiger Mensch war, der allein und unter einfachen Umständen lebte. Seine Kleidung war sehr komisch, seine Nägel, sein Haar und seine ganze Erscheinung stellten ihn als ein armseliges Geschöpf vor.

Sie sagten: »Gehen wir näher heran. Wenn es nur der eine ist, und sei er auch wild und gefährlich, dann werden wir schon mit ihm fertig.« Sie näherten sich und der Hund spürte die Anwesenheit Fremder und begann zu bellen. Auch das Menschenkind bemerkte sie, bekam Angst und floh mit dem Hund in Richtung Wald. Nie hatte er gedacht, dass jemand käme und ihm Haus und Leben nehmen oder durcheinanderbringen würde. Nach seiner Meinung fügte vielleicht der Feind dem Leben eines Menschen Schaden zu, und wenn du siehst, dass deine Kräfte nicht ausreichen, fliehst du. Auf der Insel existierte sonst keine Belästigung. Bis zu jenem Tag war noch nie ein Dieb da gewesen.

Als das Menschenkind fort war, näherten sich die Leute und riefen laut: »Ist hier jemand?«

Niemand antwortete. Nichts deutete darauf hin, dass noch ein anderer Mensch da wäre.

Sie meinten: »Wir müssen das ganze Haus durchsuchen«, und das taten sie. Es war ein krummes und schiefes Zimmer, das wie eine Höhle gebaut war. Darin Früchte, Kräuter und etliche Gefäße aus Ton. Auf dem Fußboden des Hauses war keine freie Stelle mehr, nur Fußstapfen gab es und eine Schlafstelle des Menschenkindes war erkennbar. Alles war einfach und ursprünglich, wie das Leben vor mehreren Tausend Jahren, aber alles sprach von der Anwesenheit eines intelligenten, vernünftigen Menschen mit wenig Erfahrung und ohne Ausbildung und zeigte, dass hier keine weitere Person lebte.

»Kinder, Kinder, Zeichnungen!«, meldete die Stimme eines Mitreisenden aus der Tiefe der Höhle. Die Steintafeln waren fein säuberlich nebeneinander aufgestellt, ganz wie eine Reihe von Büchern, und auf ihnen gab es Bilder: Hunde, Ziegen, Bäume, Tauben, Schatten eines Menschen, Weizenhalme, Sonnenblumen.

Ibn Yaqzan sagte: »Demnach haben wir es mit einem Künstler zu tun. Seht euch den Hund an, das ist ein Meisterwerk, es ist makellos. Es gleicht dem Hund, der bei ihm war, aufs Haar.«

»Nun gut«, erwiderte Salaman, »wie wollen wir uns mit dem wilden und ängstlichen Geschöpf bekannt machen?«

»Gar nicht«, sagte Absal. »Heute lassen wir ihn in Ruhe. Wir teilen ihm nur unsere Ankunft mit und versuchen, uns mit ihm anzufreunden, bevor wir uns treffen.«

Einer der Mitreisenden lachte laut. Salaman fragte: »Warum lachst du?« Derjenige, der gelacht hatte, antwortete: »Weil dieser wilde Mensch schon flieht, wenn er uns nur sieht, und nun schlägt Absal vor, wir sollen uns mit ihm anfreunden, ohne ihn zu sehen und ohne ihn zu treffen. Ich glaube, er wird keine Bekanntschaft wollen. Wir müssen versuchen, ihn einzufangen.«

Absal widersprach: »Nein, wir kennen ihn nicht und wissen nicht, in welchem Maß er zivilisiert oder wild ist. Wir müssen, bevor wir ihm näherkommen, seine Freunde werden, damit wir, wenn er Angst hat, seine Angst ausräumen, und wenn er kämpft, Frieden mit ihm schließen.«

Jemand fragte: »Wie ist denn so etwas möglich?«

»Mit Freundlichkeit«, sagte Absal, »und mit Güte. Was immer und wer immer auf dieser Welt ist, dürstet nach Freundlichkeit. Genauso wie man ein wildes Tier mit Freundlichkeit zähmt und aufzieht. Wenn wir ihn erschrecken, wird die Sache schwieriger. Wenn wir ihm mit Gewalt und Krieg gegenübertreten, wird es wahrscheinlich gefährlich. Aber wenn wir ihn gernhaben, seine Wünsche und Bedürfnisse erfahren, sein Leben achten und ihm Güte entgegenbringen, wird er uns gleichfalls mögen. Wir können uns so verhalten, dass wir die Insel verlassen, ohne je mit ihm gesprochen zu haben, er wird aber den Wunsch haben, Freundschaft mit uns zu schließen. Es gibt auf der Welt nichts Besseres als Freundlichkeit und Güte.«

»Das ist richtig«, bestätigte Salaman. »Das ist ein wahres Wort. Gott segne dich, Absal. Auch ich habe so gedacht und jetzt lasst uns schnell beginnen, damit wir die Arbeit von heute nicht auf morgen verschieben. Wir wollen ja nicht ewig hier bleiben.«

»Fangen wir an«, sagte Absal. »Bevor er nach Hause kommt, müssen wir seine Wohnung aufräumen und überall sauber machen und ihm von allem, was er hier hat, etwas Besseres bringen. Ein Mensch, der Bilder von solcher Qualität zeichnet, kennt, selbst wenn es ihn von Kindheit an hierher verschlagen hat und er nie in Gesellschaft gelebt hat, den Wert aller Dinge, besserer Möbel und schmackhafterer Lebensmittel, und auf jeden Fall wird er schnell unser Wohlwollen erkennen.«

Bis zum Nachmittag wurde das Haus des Menschenkindes zu einem Haus, in dem man bequem wohnen konnte: Auf seinem Schlaffilz lagen eine weiche Matratze und eine warme Decke, in der Ecke und an der Seite waren glasierte Gefäße und verschiedene Speisen angerichtet. Sogar ein Holzregal holten sie vom Schiff und legten die Dinge, die auf dem Fußboden verstreut waren, hinein. Ein paar Jacken und Hosen aus Leder und aus Wolle legten sie hier- und dorthin. Mehrere Sorten Süßigkeiten, eine Menge trockenes Brot, einige Kartoffeln, die in Öl geröstet waren, und andere Sachen, die sich auf dem Schiff fanden, zusammen mit einem großen Spiegel. Dann zündeten sie ein paar Kerzen an und gingen hinaus.

Salaman sagte: »Nun wird er sich mit uns versöhnen.« Einer der Reisegefährten lachte und Salaman fragte: »Worüber lachst du denn?«

Der lachende Mann antwortete: »Ich möchte sagen, dass es gut wäre, wenn wir ihm auch einen Brief schreiben und ihm ein wenig erzählen. Das lässt die Bekanntschaft schneller zustande kommen.«

»Bravo, Herr Schlaukopf!«, sagte Absal. »Das nennt man einen guten Vorschlag. Ich habe gar nicht daran gedacht. Gott segne dich. Bemüh dich immer, gute Aktionen vorzuschlagen, statt zu lachen und zu spotten. Ein Brief verkürzt den langen Weg.«

Sie hängten ein großes Papier an die Wand der Hütte und schrieben darauf mit leserlicher Schrift einen Brief an das Menschenkind. Der Brief hatte folgenden Inhalt:

Lieber Freund, Ihr kennt uns nicht und wir kennen Euch nicht. Vor drei Tagen sind wir mit dem Schiff auf dieser Insel gelandet und morgen wollen wir abfahren. Wir haben außer Euch niemanden auf der Insel gesehen und heute haben wir auch festgestellt, dass Ihr über unsere Ankunft beunruhigt seid, aber wir sind Euch nicht übel gesinnt. Wenn Ihr uns nicht kennenlernen möchtet, lassen wir Euch in Ruhe, wir dachten freilich, dass Ihr unser Mitmensch seid und Euch vielleicht die Bekanntschaft mit uns nützen könnte. Wenn Ihr mit uns in die Stadt kommen möchtet, können wir Euch auf dem Schiff mitnehmen. Wenn Ihr das nicht wollt, können wir Euch geben, was immer Ihr nötig habt, und wenn Ihr eine Botschaft an jemanden habt, übermitteln wir sie. Wir sehen, dass Ihr es hier nicht bequem habt, und mit diesem Geist und Verstand, den Ihr habt, solltet Ihr viel glücklicher leben. Auf jeden Fall sind wir, wenn wir Euch irgendeinen Dienst erweisen können, in jeder Weise, die Euch gefällt, dazu bereit. Wir verlangen nichts von Euch. Wir haben uns darüber gewundert, einen einsamen Menschen auf dieser entlegenen Insel zu treffen, und werden sehr glücklich über Eure Freundschaft sein. Beantwortet den Brief entweder schriftlich oder bleibt morgen da, damit wir uns miteinander unterhalten und klar wird, was Ihr vorhabt oder nicht vorhabt. Seid versichert, dass wir Eure Freunde sind.

*Unterzeichnet von Salaman und Absal,
den Eigentümern des Schiffes*

Darunter zeichneten sie ein paar Figuren von Menschen und Tieren. Der lachende Mann meinte: »Ich habe noch einen Vorschlag.« Sie sagten: »Sprich!« – »Vielleicht ist der Mensch Analphabet.« Man erwiderte, das werde sich morgen herausstellen. »Vielleicht spricht er eine andere Sprache. Ich meine, wir müssen den Brief in mehreren Sprachen schreiben.«

Absal stimmte zu: »Ausgezeichnet. Das ist ein sehr guter Vorschlag. Solange nicht alle dieselbe Sprache sprechen, bringt eine Übersetzung die Menschen einander näher.«

Salaman und Absal kannten jeder mehrere Sprachen. Auch von den anderen kannte jeder noch eine andere Sprache. Im Nu übersetzten sie den Brief in elf Sprachen und hängten alle Übersetzungen an die Wand. Bis sie das erledigt hatten, war es beinahe Sonnenuntergang geworden. Sie zogen sich auf den Hügel zurück und schauten von Weitem zu.

Bei Sonnenuntergang kehrte das Menschenkind mit seinem Hund ruhig und friedlich heim. Das Menschenkind hielt Pfeil und Bogen in der Hand und der Hund lief immer vor ihm her. Als sie in die Nähe des Hauses kamen, war von den Fremden nichts zu sehen. Sonst hätte der Hund gebellt. Als das Menschenkind beim Haus eintraf, stand es nach einem Blick ins Innere starr vor Schreck. Der Kerzenschein und das veränderte Aussehen des Raumes ängstigten ihn. Doch der Hund betrat das Haus und kam wieder heraus. Dann trat er selber ein, kam wieder heraus und schaute sich um. Als er sah, dass niemand da war, ging er hinein und schloss die Tür.

Der lachende Mann sagte: »Noch ein Vorschlag: Schleichen wir uns ganz still und leise an und schauen durch den Türspalt, was er macht?« Salaman lehnte ab. »Bloß nicht, das ist keine gute Idee. Plötzlich bemerkt es der Hund und bellt. Er bekommt Angst und die Hälfte unserer Mühen erweist sich als nutzlos. Wir müssen ihn frei und in Ruhe lassen. Man darf es nicht überstürzen. Morgen wird sich alles herausstellen.«

Die Mitreisenden sagten: »Salaman hat recht.« Sie kehrten zum Schiff zurück.

Das Menschenkind stand mitten im Haus. Es betrachtete all die Dinge. Alles hatte sich verändert, aber es war nichts Erschreckendes dabei. Und wie wunderbar leuchteten die Kerzen. Er dachte bei sich: »Die, die morgens auf der Anhöhe waren, sind gekommen und haben diese Sachen gebracht. Demnach haben sie keine böse Absicht.« Das Erste, was er probierte, war das Bett. Er prüfte es mit seinem Fuß: »Das ist nicht schlecht, es ist besser als der Filz.« Er hob die Decke hoch: »Die haben sie besser gemacht als ich.« Dann untersuchte er nach und nach die Gefäße, kostete von den Speisen und aß. Sie schmeckten fein. Nun sah er sich die Kleidungsstücke an, ganz so, als wären sie nach der Form des menschlichen Körpers geschaffen. Sie hatten sogar Ärmel. Sosehr er auch nachdachte, von welchem Tier das Fell stammte, er wusste es nicht. Er meinte, sie hätten es mit etwas wie Wolle und Baumwolle hergestellt. Eines davon zog er über, seine Ärmel hingen herunter. Er überlegte: »Wie wäre es, wenn ich meine Hände durch die Löcher schiebe?« Das war recht schwierig, aber als er richtig angezogen war, glich seine Gestalt genau jenen Fremden, die er am Morgen von Weitem gesehen hatte. Dann fiel sein Blick auf die Papiere an der Wand, er fasste sie an und nahm eins von ihnen ab. Er betrachtete die Schriftzüge darauf, aber er verstand nichts davon. Er versuchte es zu essen, doch es war so ein närrisches Zeug wie Baumwolle, weder hatte es einen Geschmack, noch ließ es sich kauen. Er warf es weg. Dann untersuchte er ein anderes Papier und die Zeichnungen an dessen unterem Rand. Er erkannte die Bilder:
»Das ist ein Bähbäh, das ist ein Gurrgurr, das ist ein Wauwau und das ist genauso wie das, von dem ich weiß, was es ist.«

Er unterschied die Tiere nach ihren Stimmen. Die Bäume hingegen, die keine Laute hatten, hatten auch keine Namen.

Die Zeichnungen waren besser als seine eigenen Arbeiten. Er dachte sich: »Also sind die, die am Morgen gekommen sind, so wie ich. Sie verstehen meine Sprache und können mit mir bekannt werden.«

Während er noch überlegte, wanderte sein Blick herum und Tränen rannen ihm übers Gesicht. Plötzlich kam ihm der Gedanke: »Ich hab es gefunden. Sie sind meine Mütter, sie sind meine Artgenossen und wie gut sie sind! Warum sind sie bisher nicht gekommen und wo sind sie jetzt? Ich fürchte mich nicht mehr vor ihnen.« So dachte er. Sein Gesicht war ganz erhitzt. Ein neues Gefühl war in ihm erwacht. In dem Augenblick fürchtete er sich vor niemandem mehr. Er öffnete die Tür, draußen war es dunkel und vor der Dunkelheit hatte er stets Angst, aber jetzt war die Angst verflogen. Er ging hinaus und schrie: »Ha, haha, ha«, und noch einmal und noch einmal.

Seine Stimme tönte über die Insel und niemand antwortete. In der Ferne heulte eins der Tiere. Das Menschenkind begann sich zu fürchten, lief schnell ins Haus und schloss die Tür. »Das war keine Stimme von ihnen. So rufen sie nicht. Ich weiß, wem diese Stimme gehört.« Dann wurde er müde und schlief ein.

Die Reisegesellschaft verbrachte die Nacht auf dem Schiff und am Morgen stiegen sie auf den Hügel und prüften die Lage und den Stand der Dinge. Sie näherten sich allmählich. Das Menschenkind trat vor sein Haus, es trug ein Kleidungsstück aus Leder und hatte ein Lächeln auf den Lippen. Die Reisenden sagten: »Er hat unsere Geschenke angenommen und ist dabei, unser Freund zu werden.« Sie winkten mit den Händen, um ihn zu begrüßen. Das Menschenkind legte Pfeil und Bogen an und winkte dann ebenfalls mit der Hand, aber er kannte die Bedeutung dieser Geste nicht. Als die Reisenden näher kamen, fing der Hund wieder an zu bellen. Wau, wau war das Signal für Gefahr. Das Menschenkind fürchtete sich erneut und floh mit dem Hund in Richtung Wald.

Salaman rief: »Hey, hab keine Angst, wir sind Freunde. Wir sind keine Feinde.«

Die anderen riefen das Gleiche in verschiedenen Sprachen. Aber das Menschenkind verstand allein die Bedeutung von Hey. Hey war ein Wort, das er selbst erfunden hatte, als er an der Seite der Gazelle in der Höhle schlief. Hey bedeutete *Oh, meine Hand* oder *Geh zur Seite*. Ein wenig stand er da und dachte nach. »Ich habe ja keinen Pfeil auf sie abgeschossen, warum hat ihnen dann die Hand wehgetan?« Er verstand es nicht und dachte sich: »Das sind wohl ein paar Verrückte!«, und mit dem Hund verschwand er dahin, wo er gestern gewesen war.

Absal sagte: »Mir scheint, der Mensch kann nicht sprechen und mit der menschlichen Sprache nichts anfangen.«

Salaman meinte: »Warum? Den Worten lachenden Mannes zufolge stammt er vielleicht aus einem Land, dessen Sprache wir nicht kennen.«

»Nun, gehen wir jetzt und sehen uns seine Hütte an«, schlug Ibn Yaqzan vor. »Dort werden wir alles verstehen.«

Sie begannen, die Hütte zu kontrollieren. Ein Teil der Lebensmittel und Süßigkeiten war aufgegessen. Die beschrifteten Papiere hingen noch an der Wand, eins war zerrissen. Der lachende Mann sagte: »Ich vermute, er kennt nur eine Sprache.« Absal fragte: »Warum hat er dann nicht geantwortet?« Salaman fand das zerknitterte Papier. »Das ist es. Offenbar hatte er vor, es zu essen. Also ist klar, dass er weder lesen noch schreiben kann noch eine Sprache versteht, sondern vollkommen wild lebt. Vielleicht ist er seit seiner Kindheit allein gewesen und hat in seinem Leben noch keinen Menschen gesehen.« Absal erwiderte: »Wenn es so ist, hat er alles, was wir hier sehen, selbst erfunden.«

»Und das ist gar nicht verwunderlich«, sagte Salaman. »Er ist ein Menschenkind und mit Verstand ausgestattet. Die

Menschen selbst haben seit eh und je alles nach und nach erfunden. Das ist ein Beispiel für das Leben des Menschengeschlechts.«

»Wer hat ihn denn das Zeichnen gelehrt?«, wollte der lachende Mann wissen.

Salaman antwortete: »Auch das Zeichnen hat er selbst erfunden, indem er die Form aller Dinge untersucht hat, aber Sprache und Schrift sind Erfindungen, für die nur in Gesellschaft ein Bedarf besteht. Ein einzelner Mensch braucht keine Schrift und keine Sprache, und solange kein Bedarf besteht, gibt es auch keine Erfindung. Wenn ein Kind keine Stimme von jemandem hört, lernt es nicht sprechen, genauso wie ein stummer Mensch sicherlich taub ist.«

Dem stimmten alle zu. Salaman fuhr fort: »Demzufolge kennt offensichtlich das Kind auf der Insel sich selbst nicht und hat entweder nicht sprechen gelernt oder es vergessen, deswegen …«

Der lachende Mann unterbrach ihn: »Deswegen ist es genauso, wie ich sagte: Er muss eingefangen und erzogen werden. Jemand, der von sich aus das Zeichnen, die Töpferei, das Walken von Filz und die Kürschnerei erfindet, hat bestimmt viele Begabungen und lernt das Sprechen und Lesen und Schreiben schneller als verspielte kleine Kinder. Es nützt also nichts, weiter Briefe zu schreiben und ihm zur Kenntnis zu geben.«

Einer der Mitreisenden sagte: »Was geht uns das überhaupt an? Lasst es sein, hauen wir lieber ab. Wir wissen ja selber noch nicht, ob wir zu Hause ankommen oder nicht.«

Die Dienerin, die bei ihnen war, widersprach. »Nein, sag so etwas nicht. Ein Mensch kann es doch nicht übers Herz bringen, ein Menschenkind allein auf einer Insel zu lassen und abzureisen. Wir müssen ihn unbedingt retten. Ein Mensch darf nicht so unbarmherzig und ungerecht sein.«

Der unbarmherzige und ungerechte Mann entgegnete: »Seid mal so gut, wenn Ihr Eure eigenen Kinder vernünftig erzieht, ist das schon eine tolle Leistung.«

»Das ist nicht richtig«, widersprachen die anderen. »Stell dir vor, du wärst an der Stelle dieses Menschen. Wäre es nicht nötig, dass jemand auf die Idee käme, dich zu retten? Wir alle sind Leidensgefährten und Mitmenschen. Das Menschenkind ist ein Menschenkind. Vielleicht wird gerade er ein großer Mann, wer weiß? Wenn du es wärst, den es allein auf diese Insel verschlagen hätte, könntest du eine Keramikschale herstellen? Dieser Mensch macht vielleicht morgen hundert Erfindungen, die allen Menschen Nutzen bringen. Deshalb heißt es: ›Wer eine Person vor dem Untergang rettet, gleicht dem, der alle Menschen gerettet hat.‹«

Der Unbarmherzige sagte: »Das stimmt. Ich nehme zurück, was ich gesagt habe. Ich habe mich geirrt. Auch ich sorge mich um das Kind. Wir müssen es aus diesem Unglück retten.«

»Das hatten wir von Anfang an vor. Etwas anderes kommt nicht infrage«, sagte Absal und Salaman erklärte: »Daran besteht kein Zweifel, aber wir müssen für seine Gefangennahme einen Plan machen, damit er sich nicht so sehr fürchtet und nicht krank wird.«

Wieder stellten sie Lebensmittel und brennende Kerzen in die Hütte und gingen. Und sie beschlossen, in der Nacht zurückzukommen und das Menschenkind einzufangen.

Das Menschenkind, die Sprache und die Kultur

Hätte das Menschenkind die Sprache gekannt und hätte es lesen und schreiben können, dann wäre die Sache sowohl für ihn einfacher gewesen als auch für die Leute, die für sein Glück sorgen wollten, aber jetzt hatte er Angst und ihm war nichts begreiflich zu machen. Die Reisenden konnten nicht lange auf der Insel bleiben. Sie waren gezwungen, ihn mit einer List gefangen zu nehmen, die für seine Gesundheit gefahrlos war.

Der unbarmherzige Mann fragte: »Wie soll man ihn nun einfangen, dass auch sein Hund unversehrt bleibt?«

»Das ist ja nicht schwer«, antwortete der lachende Mann. »Genauso wie man Vögel und Fische fängt, mit einem Fischernetz.« Alle lachten. Das war kein schlechter Vorschlag.

Die Reisenden wussten, dass außer dem Menschenkind und seinem Hund niemand in der Hütte war. In jener dunklen Nacht kamen sie und bewachten das große Fischernetz etwas von der Tür der Hütte entfernt, sein Ende breiteten sie auf der Erde aus. Vier Leute packten seine beiden Seiten und stellten sich an die Wand. Für den Hund verteilten sie ein wenig Fleisch in dem Netz. Zwei Leute standen Wache. Die Dienerin wiesen sie an, hinter die Rückwand des Hauses zu gehen und einige Male mit dem Fuß auf den Boden zu stampfen. Ein paarmal ahmten sie auch die Stimme des Schafs nach. »Bäh, bäh«.

Der Hund begann zu bellen. Das Menschenkind glaubte, ein Tier habe das Schaf überfallen. Vorsichtig öffnete es die Tür und nahm einen Ast in die Hand. Der Hund lief hinaus und bellte ein paarmal, aber als er das Fleisch fand, wurde er still. Sie fingen den Hund mit dem Netz. Nun bestand keine Gefahr mehr. Pfeil und Bogen funktionierten nicht aus der Nähe und sie konnten das Menschenkind mit Leichtigkeit bewachen. Sobald der Hund ruhig wurde, war die Gefahr vorüber.

Das Menschenkind trat aus der Hütte und zwei Leute neben der Tür ergriffen seine beiden Arme und sagten: »Hey, hab keine Angst, wir sind eure Freunde.« Das Menschenkind kannte die Bedeutung von *Hey* nach seiner eigenen Vorstellung. Der lachende Mann begann laut zu lachen. Die Sache war geglückt. Der Klang des Lachens war den Ohren des Menschenkindes vertraut. Es war wie sein eigenes Lachen. Das tröstete ihn ein wenig, aber er hatte Angst. Die Dienerin brachte eine Lampe, alle kamen und stellten sich vor dem Menschenkind auf und jeder sagte ihm etwas. Sie gaben sich Mühe, mit ruhiger Stimme zu sprechen:

»Lebst du hier allein? Seit wann bist du denn hier? Wir freuen uns, dich zu sehen. Wir sind deine Freunde. Du brauchst dich vor nichts zu fürchten.« Und dergleichen mehr, was sie in verschiedenen Sprachen ausdrückten.

Das Menschenkind verstand nichts von all diesen Worten, doch es hörte den Ton der Freundlichkeit. Es waren sehr angenehme Stimmen, sie waren ruhig, in ihnen lag keine Spur von Drohung, Angst oder Feindschaft. Alle trugen die gleiche Kleidung, ähnlich der, die er selbst neu angezogen hatte. Freilich war das Menschenkind überrascht worden, und als er sich gesammelt hatte, fürchtete er sich erneut. Er wollte aus ihren Händen loskommen, aber das war nicht möglich. So gab er seinerseits Töne von sich. Es waren drohende und feindliche Laute, die er alle von den Tieren gelernt hatte. Die Reisenden begriffen, dass er außer den Tierlauten nichts kannte. Sie hatten Mitleid und wurden traurig. Die Dienerin weinte, während die anderen ein Lächeln auf den Lippen hatten und kein Wort mehr sprachen. Was hätte das Sprechen genützt?

Die Dienerin lief und holte eine Schale mit Süßigkeiten, die man vorbereitet hatte. Sie war eine verständige Frau. Zuerst aß sie selbst einen kleinen Keks. Sie wollte, dass das Menschenkind es sah. Einen steckte sie Salaman in den Mund, einen Absal, der den Arm des Menschenkindes festhielt. Sie aßen ebenfalls. Dann steckte sie dem Menschenkind eine Süßigkeit in den Mund, aber er aß sie nicht, sondern spuckte sie aus. Er war wütend und hatte Angst. Er erinnerte sich daran, dass er auf eben diese Weise die Tauben jagte. Körner zu geben, bewies also nicht immer die Güte der Absichten. Wenn sie seine Hände losließen, könnte er fliehen, doch sie waren stärker. Als er sah, dass es keinen Ausweg gab, strengte er sich nicht mehr an und wurde ruhig. Er musterte ihre Kleidung, sie passte genau zu ihrer Gestalt. Sie alle waren wie er selbst. Bis jetzt hatte er diese Art von Gestalt nur im Spiegel gesehen, nämlich seine eigene. Sie waren nicht behaart und hatten keinen Schwanz. Sie hatten auch keine Hörner, aber Hufe! »Wenn sie in allem so sind wie ich, wieso haben sie dann Hufe?« Er blickte auf die Schuhe.

Der lachende Mann brach in Gelächter aus. »Mir scheint, er fürchtet sich vor unseren Schuhen und meint, wir hätten Hufe.« Sofort zog er seine Schuhe und Strümpfe aus und sagte: »Schau!« Er wollte ihm die Schuhe anziehen, doch das Menschenkind ließ es nicht zu.

Die Reisenden wussten jetzt, dass sie es mit einem Menschen zu tun hatten, der keine Sprache verstand. Sie mussten ihm alles in einer Gebärdensprache, einer »internationalen« Sprache beibringen. Gut, dass der Hund sich beruhigt hatte und sie mit einem dankbaren Blick beobachtete. Auch das Menschenkind sah, dass der Hund still war, und dachte: »Also besteht keine Gefahr.« Schließlich spürte und meldete der Hund die Gefahr stets früh und jetzt stand er friedlich an seiner Seite.

Indem sie die Arme des Menschenkindes weiterhin festhielten, führten ihn die Reisenden ins Innere der Hütte und setzten sich im Kreis auf den Boden. Trotz seiner Angst setzte er sich gleichfalls. Sie hielten seine Arme fest. Man stellte eine Schale mit Speisen in die Mitte. Salaman sagte zu der Dienerin: »Gott segne deine Weisheit. Nichts war besser, um die Furcht des Kindes auszuräumen, als dass du zuerst selbst die Süßigkeit gegessen und dann uns etwas in den Mund gesteckt hast. Fang noch einmal an.« Jeder gab dem anderen eine Süßigkeit in den Mund. Der lachende Mann sagte: »Diesmal muss ich meinem Kind eine Süßigkeit geben.« Er lachte und steckte dem Menschenkind etwas in den Mund. Auch jetzt aß er es nicht, sondern betrachtete den lachenden Mann genauer. Es war sein Lachen, was mehr bedeutete als alle Worte. Es war genau sein eigenes Lachen, er lachte ebenfalls.

Ibn Yaqzan meinte: »Er ist dabei, sich mit uns zu versöhnen. Ich glaube, er möchte sich allein eine Süßigkeit nehmen.« Sie ließen seine Hände los und stellten die Schale vor ihn hin. Er überlegte lange und betrachtete sie. Gestern hatte er schon davon gegessen und er wusste, dass sie gut schmeckten. Schließlich nahm er einen Keks und steckte ihn in seinen Mund. Und einen gab er dem lachenden Mann in den Mund. Der erwiderte: »Ich verehre deine Hand, *mögest du einen süßen Gaumen haben*«, und alle lachten.

Das Menschenkind war mit ihnen bekannt geworden und die Zwietracht war beendet. Alle begannen, die Süßigkeiten zu essen. Der lachende Mann wollte Späße machen. Er stellte sich auf alle viere und machte: »Bäh, bäh«, dann setzte er sich und sagte: »Mau, miiau«, genau wie das Schaf und die Katze. Das bedeutete, ich will noch etwas zu essen haben. Auf diese Weise zu sprechen, zeigte Wirkung. Das Menschenkind gab ihm wieder zu essen, es fürchtete sich nicht mehr. Zwar konnten sie sich jetzt richtig und vernünftig miteinander verständigen, aber noch nicht über alles.

Salaman wandte sich an die Frau: »Bring nun den Fruchtsaft.« Aus einer großen Handtasche, die sie bei sich hatten, holte sie etliche Flaschen Saft und ein Trinkglas hervor. Sie schenkte den Saft ein und jeder trank ein wenig aus dem Glas. Zuletzt stellten sie es vor das Menschenkind. Er folgte ihrem Beispiel, nahm das Glas in beide Hände, trank den ganzen Saft aus und es war offenkundig, dass er sich freute.

Wir müssen sofort hinzufügen, dass sie in den Saft, den sie ihm gaben, ein Schlafmittel gemischt hatten. Sie dachten, wenn er ein wenig davon einnähme, würde er schneller einschlafen, sie könnten ihn ruhiger auf das Schiff mitnehmen und er wäre bis zum Morgen friedlich, aber er trank den ganzen Saft.

Einige Minuten später schlief das Menschenkind ein. Die Frau nahm ihn in den Arm und sagte: »Ab jetzt bin ich wie eine Mutter für ihn verantwortlich. Bisher geht die Sache gut voran.«

Sie trugen ihn zum Schiff. Der Hund lief mit ihnen mit.

Auf dem Schiff bereiteten sie ihm ein warmes Bad. Die Mutter wusch den schlafenden Gast, sie schnitt ihm Haare und Nägel. Man zog ihm weiche und bequeme Kleider an und legte ihn allein in einem Zimmer in ein behagliches Bett. Seinen Hund ließen sie bei ihm. Sie stellten etwas zu essen und Wasser für ihn bereit und für den Hund extra. Dann schlossen sie die Türen, ließen ein Fenster offen und zogen sich in ihren Schlafraum zurück, um sich auszuruhen und sich zu unterhalten.

Viele Dinge, die das Menschenkind betrafen, verstanden sie nicht und vieles war unbekannt.

Salaman sagte: »Ich habe jetzt keinen Zweifel mehr daran, dass das Kind von klein auf die Insel bewohnt und alles, was es begreift, durch seinen eigenen gottgegebenen Verstand erfasst hat und auf diese Weise groß geworden ist. Da es niemanden hatte, der seine Sprache spricht, und es nur mit Tieren umgegangen ist, hat es das Sprechen verlernt.«

»Ja, das ist möglich«, stimmte Ibn Yaqzan zu. »Wir hatten auch einen kleinen Bruder, der vor vierzehn Jahren mit seiner Wiege auf dem Meer verloren ging.«

»Wie alt war er?«, fragte Absal.

Ibn Yaqzan antwortete: »Er war ein Jahr alt.«

»Es ist unmöglich, dass ein einjähriges Kind, selbst wenn es eine solche Insel erreicht, am Leben bleibt«, meinte der lachende Mann.

Die Frau erwiderte: »Gottes Werke sind wunderbar.«

»Trotzdem«, sagte der unbarmherzige Mann, »so etwas gibt es nicht. Denkt mal nach, ein einjähriges Kind kann noch nicht auf seinen Beinen stehen, außer Milch trinken und weinen kann es nichts. Und dann am Meer und allein ... Aber schön, wenn Gott es so will, unser Verstand reicht dafür nicht aus. Sag mal, hatte euer kleines Kind kein Kennzeichen an seinem Körper?«

»Doch, das hatte es«, bestätigte Ibn Yaqzan. »Ich glaube, meine Mutter wird sich daran erinnern. Sie meint immer, dass sie ihr Kind bis an ihr Lebensende überall und jederzeit und auf jeden Fall wiedererkennt, wenn sie es sieht. Mütter sind eben so.«

Salaman sagte: »Gut, es wird sich herausstellen. Auf See gibt es viele solcher Wunder. Wir haben auf den Inseln schon viele in der Fremde gestrandete Menschen gesehen. Im Augenblick ist es kein Unterschied, ob es sich um jenes Kind handelt oder nicht, ein Menschenkind ist ein Menschenkind.«

»Aber wenn er es ist und Gott ihn beschützt hat, dann ist es etwas Schreckliches, ein wildes Kind wie ein Tier«, meinte Ibn Yaqzan.

Absal widersprach: »Das ist gar nicht schrecklich. Sechs Monate lang ist er wild, dann lernt er alles. Man kann ihn nicht mit einem Tier vergleichen. Welches Tier baut sich nach eigenem Plan ein Haus?«

»Krähen, Tauben, Bienen«, antwortete jemand.

Ein anderer ergänzte: »Termiten, Ameisen.«

»Bravo«, sagte Absal, »wir haben auch zwei stille menschliche Individuen, die jetzt ihre Stimme erheben, demnach seid ihr an der Reihe zu sprechen. Es stimmt, dass manche Tiere sich Nester bauen, allerdings folgt das aus ihrem Instinkt und geht nicht auf ihre Initiative zurück. Vom Haus einmal abgesehen, welches Tier kann die Laute anderer imitieren?«

Die stillen Männer antworteten: »Affen, Papageien.«

»Na schön«, sagte Absal. »Welches Tier kann verstehen, dass es auf seinem Schlafplatz nicht Pipi machen und kein großes Geschäft erledigen darf?«

»Die Katze.«

»Aber kein Tier kann Steine schleudern und mit Pfeilen schießen.«

»Doch, Affen, Stachelschweine, Bären.«

»Aber kein Tier hat den Verstand, in seinem Haus Nahrungsmittel zu speichern«, entgegnete Absal.

»Ameisen, Mäuse.«

»Welches Tier ist bereit, Futter zu sammeln und es anderen zu geben?«

»Das machen alle Tiere für ihre Jungen«, antworteten sie.

»Ja«, sagte Absal, »für ihre eigenen Jungen, aber nicht für andere. Mal ehrlich, welches Tier hat den Verstand, nach eigener Überlegung andere Tiere zu zähmen, das Dach seines Hauses aus Stroh und Lehm zu bauen, sich Kleider anzufertigen? Welches Tier zündet Feuer an, kocht Essen, baut Getreide an, töpfert Gefäße aus Ton, erfindet Pfeil und Bogen? Und das Höchste von allem: Welches Tier formt und zeichnet Gegenstände und richtet sich aus Steintafeln eine Bibliothek ein?«

»… und steckt mir Süßigkeiten in den Mund!«, ergänzte der lachende Mann.

Alle lachten und Salaman stellte fest: »Nun, eben deshalb haben wir ihn von den Tieren getrennt.«

Absal erklärte: »Ich will damit sagen, dass Ibn Yaqzan nicht mit geringschätzigen Augen auf das Kind schauen und ihn nicht ein Tier nennen soll. Wenn er schwarz ist, so war auch der heilige *Loqman* ein Schwarzer und Loqmans Weisheit ist in der ganzen Welt berühmt. Wenn er Analphabet ist, so war vielleicht auch der heilige Adam Analphabet und jeder kann einen Makel haben, nur der menschliche Verstand muss richtig funktionieren und dieses wilde Kind begründet vielleicht später den Ruhm einer Familie.«

Der lachende Mann sagte: »Ich glaube, Absal möchte das Kind adoptieren. Deshalb verteidigt er es so sehr.«

»Was würde dem entgegenstehen?«, fragte Absal. »Er soll von nun an mein Sohn sein oder Ibn Yaqzans Bruder …«

Er hatte noch nicht ganz zu Ende gesprochen, als der unbarmherzige Mann protestierte: »Wenn also das Menschenkind alles versteht, warum hat es denn nicht die Sprache und die Schrift erfunden?«

Absal antwortete: »Warum er sie nicht erfunden hat? Weil er sie nicht brauchte. Solche Dinge hat die Menschheit im Laufe von Tausenden Jahren Erfahrung und Bedarf erreicht. Wenn das Kind noch Tausende von Jahren lebte und nicht allein wäre, würde es alles von Neuem schaffen. Er kennt schon jetzt die Sprache, nämlich die Laute der Tiere, die er gehört hat. Er kennt auch die Schrift, nämlich die Formen und Bilder, die er gesehen hat. Genauso wie wir all das gelernt haben, was wir gehört und gesehen und vor allem was wir gebraucht haben. Warum kannst du nicht Arabisch, warum kann Ibn Yaqzan nicht Japanisch, warum kenne ich drei Sprachen und zehn andere nicht, warum kann mein Vater lesen und nicht schreiben? Das alles wird je nach Bedarf und Ausbildung gelernt. Ein Kind lernt innerhalb von sechs Monaten sprechen und in noch kürzerer Zeit lesen und schreiben. Er ist auch ein Menschenkind und lernt und später wird er vielleicht sogar vieles erkennen und zustande bringen, wofür mein und dein Verstand nicht ausreichen.«

Alle sagten: »Das stimmt«, und in dieser Nacht schliefen sie fröhlich ein.

Am nächsten Morgen wachte das Menschenkind auf und sah, dass es sich an einem fremden Ort befand, der zwar sehr viel bequemer war, dass er jedoch nicht frei war und von allem, was er kannte, nur sein Hund da war. Er stand auf und durch die Scheiben betrachtete er das Meer, die Insel, den Schiffskorridor und das Nebenzimmer. Die Türen waren geschlossen und die Reisenden schliefen im Zimmer nebenan. Er wusste nicht, was tun. Er war hungrig, aß ein wenig und setzte sich wieder auf sein Bett. Er betrachtete sich im Spiegel und war mit seinem neuen Aussehen zufrieden.

Ihm schien alles besser und schöner zu sein als vorher und dennoch sehnte er sich nach den Tauben, der Ziege, dem Haus und der Steppe und nun war er ein Gefangener. Er überlegte: »Wie auch immer, sie sind keine schlechten Menschen, sie sind wie ich. Sie reden ein paar Dinge, die ich nicht verstehe, und wenn ich das lerne, wird es schon besser werden. Wie mache ich ihnen jetzt klar, dass es Morgen ist und sie aufwachen sollen?«

Er wachte morgens mit dem Hahnenschrei auf. So stieß er selbst einen Hahnenschrei aus. Die Reisenden wachten auf. Sie hatten auf dem Schiff keinen Hahn, aber sie wussten, worum es sich handelte. Das Menschenkind sah, wie sie sich anzogen. In demselben Raum wuschen sie sich mit Wasserkrug und Kupferbecken Hände und Gesicht. Sie meinten, er solle ruhig zusehen, umso schneller werde er mit den Regeln des Lebens vertraut. Dann öffneten sie die Tür und holten das Menschenkind in ihr Zimmer.

Nach dem Frühstück gingen sie noch einmal mit ihm gemeinsam auf die Insel. Sie packten ihre Möbel zusammen, um sie mit all den Sachen, die das Menschenkind liebte, auf das Schiff zu bringen. Das Menschenkind wollte eine gekochte

Kartoffel und ein gebratenes Stück Fleisch essen, die dort noch lagen, doch sie schmeckten ihm nicht und er spuckte sie aus. Er hatte zwei bessere Mahlzeiten gegessen und war verwöhnt worden. Da er das Zimmer auf dem Schiff gesehen hatte, besaß sein Lehmhäuschen keinen Glanz mehr. In seiner Hütte ließen sie ihn frei. Er mochte nicht mehr fliehen. Sie begleiteten ihn und wanderten zum Wald. In ihren Augen war es eine kleine Insel, zwar mit manchen schönen Dingen, aber kein Ort zum Leben. Sie ließen das Kind los und stellten fest, dass es nicht mehr an Flucht dachte. Die Art hatte ihre Art erkannt. Der Mensch lässt Menschen niemals mit Tieren leben und er hatte nur Gutes von ihnen erfahren.

Sie sagten: »Mehr haben wir nicht zu erledigen, gehen wir.« Sie zeigten dem Menschenkind das Schiff. Er wusste, dass es dort gut und bequem gewesen war und dass er jetzt seine besten Freunde gefunden hatte.

Sie kehrten zum Schiff zurück und legten ab. Noch am selben Tag begannen sie, ihren sprachlosen Gast auszubilden. Dem Menschenkind das Sprechen beizubringen, war leicht. Sie praktizierten es vor seinen Augen und er lernte es. Er verstand es und er sprach auch.

Salaman sagte zu Absal: »Geh«, und er ging. Er sagte: »Komm«, und er kam. Er sagte: »Setz dich«, und er setzte sich. Mit Keksen lehrten sie ihn das Zählen: eins, zwei, drei, vier …

Während sich das Schiff auf dem Meer befand, hatte er alles gelernt und konnte sprechen, aber noch war es ihm nicht möglich, all seine Gedanken und Gefühle auszudrücken und seine Erlebnisse zu schildern. Das lernte er etwas später, genauso wie andere Kinder es lernen.

Als die Reisenden in ihrer Stadt eintrafen, erzählten sie die Geschichte von dem Sturm auf See, der Ankunft des Schiffs auf der Insel und der Rettung des Menschenkindes. Das Menschenkind wohnte in Absals Haus. Auch Ibn Yaqzan berichtete zu Hause von den Abenteuern der Reise, doch plötzlich wurde seine Mutter ganz unruhig und bat:

»Ich muss das Kind sehen, noch heute, jetzt sofort, mein Herz sagt mir, dass es mein Kind ist.«

Der alte Yaqzan und seine Frau waren ebenfalls vierzehn Jahre älter geworden, ihr Sohn Ibn Yaqzan war neunundzwanzig Jahre alt und ihre Tochter, die Frau von Salaman, war sechsundzwanzig. Sie lebten im Wohlstand.

Da die Mutter darauf bestand, gingen alle zu Absals Haus, um das Kind zu besuchen. Die Mutter sagte: »Alles an ihm hat sich verändert, aber seine Augen kenne ich.« Zu allererst schaute die Mutter die linke Seite des Kindes an. Sie wusste, dass es sich in seiner Kindheit an der linken Seite verletzt hatte und eine Narbe zurückgeblieben war. Hinter dem rechten Ohr des Kindes war außerdem ein Muttermal. Eine Mutter vergisst nichts und kennt ihr Kind am besten.

Mit einem Freudenschrei nahm die Mutter das Kind in den Arm:

»Mein Sohn, mein Lieber, mein kleines schwarzes Kind, wo bist du gewesen …«

Die Kinder liefen herbei und brachten die Mutter, die vor Glück ohnmächtig geworden war, wieder zu Bewusstsein und alle weinten vor Freude. Dann begannen sie allmählich, sich zu unterhalten. Die Mutter sagte: »Ich wusste, dass er mein Kind ist. Ich hatte ihn Gott anvertraut.« Der Sohn erwiderte: »Auch ich wusste, dass ich eine Mutter habe und einen Gott. Ich wusste dort vieles nicht, aber das wusste ich.«

Danach erzählten sie einander alle Abenteuer. Yaqzan hatte die Seefahrt aufgegeben und arbeitete in der Stadt. Salaman war Yaqzans Schwiegersohn und Absal war sein Mitgesellschafter bei der Seefahrt. Ibn Yaqzan, der älteste Sohn Yaqzans, arbeitete in einer Werft. Er erklärte später: »Ich war es, der losgegangen ist, um meinen Bruder auf der Insel zu suchen.«

Absal hatte keine Nachkommen und Yaqzans Familie war damit einverstanden, dass Hayye bin Yaqzan wie ein Sohn bei ihm lebte. Alle waren glücklich über die Ereignisse. Das Kind besuchte die Schule, nahm am Unterricht teil und wurde zu einem der berühmten Gelehrten seiner Zeit. Er hatte spät begonnen, aber seine Begeisterung für Verstehen und Wissen verkürzte ihm den Weg. Niemals ist es zu spät zum Lernen und je früher desto besser.

Ende

Anhang

Aus dem Vorwort zum Sammelband

Alle Erzählungen dieses Sammelbandes sind aus einheimischen iranischen Überlieferungen und persischen Büchern entnommen. In den Werken der alten persischen Literatur gibt es zahllose gute und lesenswerte Erzählungen. Der Verfasser hat einige ausgewählte in der Sammlung *Gute Geschichten für gute Kinder* und manche anderen in dieser Sammlung *Neue Geschichten aus alten Büchern* etwas einfacher und für heutige Leser passender als die alten Originale nacherzählt. In iranischen Büchern sind noch Hunderte und Tausende Erzählungen verstreut, und da ihre alten Formulierungen schwer und mühsam zu verstehen sind, lesen Kinder sie weniger und wissen kaum etwas von ihnen. Sie neu zu erzählen und eine vernünftige Auswahl dieser Geschichten zu treffen, ist somit für jeden, der in dieser Hinsicht mit Kompetenz und Interesse arbeitet, eine ausgezeichnete Aufgabe.

In jenen Tagen, als der Verfasser begann, die iranischen Erzählungen in heutiger Sprache für Kinder aufzubereiten, gab es wenige lesenswerte Kinderbücher und der Bedarf war riesig. Es ist ein Glück, dass es heute viele gute Übersetzungen und gute Literatur unter den Kinderbüchern und in den Kinderbüchereien gibt und es ständig mehr werden, denn die Leserschaft ist gewachsen und das Interesse an Kinderbüchern ist größer geworden und regelmäßig werden verschiedenartige Bücher übersetzt, geschrieben und gedruckt.

In der schriftstellerischen Tätigkeit hat jeder seine eigene Sprache, seinen Sprachstil und Geschmack, Erfahrung, Wissen und Vorlieben für ein Genre und es kann nicht jeder überall alles von gleichem Wert schreiben. Wer seine Verantwortung, über ein Thema zu schreiben, besser als die anderen erfüllt, wird dafür unausbleiblich Anerkennung finden und überall berühmt werden.

Der eurem Glück sehr ergebene

Mehdi Azar Yazdi
April/Mai 1990

Haschemi - Shirazi (aus Shiraz)

Autobiografische Notiz des Verfassers

Mehdi Azar Yazdi wurde im Jahr 1922 in Khorramschah, einem Vorort von Yazd geboren. Sein Familienname lautet Azar Khorramschahi. Auf seinen Werken steht Azar Yazdi, damit klar ist, woher er stammt.

Seine Mutter liest den Koran und die Gebete, schreiben kann sie nicht. Sein Vater, Hadschi Ali Akbar Raschid, war ein religiöser Mann und hatte ohne Vermögen gemeinsam mit seiner Ehefrau an der Pilgerreise nach Mekka teilgenommen. Er gehörte zu einem der Stämme, die man in Khorramschah »die Neuen« nannte, das heißt, ihre Vorfahren waren noch vor zwei oder drei Generationen Zoroastrier gewesen und sie waren daher neue Muslime.

Azar lernte von seiner Großmutter, den Koran, die Gebete und die Pilgerfahrtgebete zu lesen, das Schreiben lernte er zu Hause vom Vater. Ab dem 12. Lebensjahr erhielt er für zwei Jahre täglich, Morgen für Morgen, eine halbe Stunde vorbereitenden Unterricht in Grammatik in der Schule des Khans von Yazd. Seit der Kindheit lernte er nicht nur alles Mögliche, sondern arbeitete auch den ganzen Tag zusammen mit seinem Vater in der Landwirtschaft, im Garten und der Steppe, dann als Maurerlehrling, als Strumpfstricker und dergleichen. Bis zum 18. Lebensjahr hatte er nicht mehr als zehn oder zwanzig Bücher gesehen: den Koran, den Meftah, Zierde der Gläubigen, Himmelfahrt ins Glück, Hafez, Golestan und einige Schulbücher wie Mengenlehre und Umfassende Einführungen. Nie spielte er auf der Straße, nie fuhr er Auto, Schallplatten, Filme und Kinos kannte er nicht. Oft sah er die Moschee und die Kanzel in der Moschee und bis auf den Fußweg von Khorramschah zum Bazar hatte er Yazd nicht bereist.

Dann wurde er Lehrling bei einem Buchhändler und stellte fest, dass es auf der Welt außer jenen Büchern noch andere gibt und wie groß die Welt ist, und er fühlte sich betrogen. Von da an las er Bücher, soviel er konnte, und er verstand jetzt, warum die Kinder von Khorramschah ihn viele Jahre lang »Herr Scheich« genannt hatten: weil er viel mehr wusste als die anderen Kinder, die im selben Viertel in den neueren Schulen unterrichtet wurden. Demnach hat er keine offizielle Ausbildung. Er hat eine oberflächliche und auto- didaktische Erziehung genossen. Die wenigen Dinge, die er weiß, hat er aus Büchern gelernt und was für ein guter Lehrer ist ein Buch.

Zwei Jahre lang war er in Yazd Buchhändlerlehrling. Im Jahr 1942 ging er nach Teheran und blieb dort ebenfalls als Lehrling im Buchhandel sowie als Arbeiter in einer Druckerei. Öfter war er mit dem Korrekturlesen von Büchern beschäftigt. Über die Bücher lernte er auch das Fotografieren und einmal machte er das Fotografenhandwerk zu seinem Beruf, doch er kehrte wieder in die Welt seiner Bücher zurück.

Seine erste Arbeit für Kinder war der erste Band *Gute Geschichten*, der im Jahr 1957 gedruckt wurde. Da er selbst in der Kindheit keine kindergerechten Bücher hatte, wollte er auf diese Weise für andere gute Kinder ein gutes Buch schreiben und vor diesem Hintergrund schrieb er dann etliche Bücher. Sicherlich weil seine Arbeiten gut und wirklich willkommen waren, erhielt der Buchleser, der die Schule nicht besucht hatte, im Jahr 1966 für dieses Werk den UNESCO-Preis und im Jahr 1968 in der Sparte Kinder- und Jugendliteratur den Preis für das beste Buch des Jahres und drei seiner Bücher wurden vom Rat der Kinderbücher zu ausgewählten Büchern des Jahres gekürt.

Das Schreiben fortzusetzen ist sein Ideal, aber seit Jahren ist er in Teheran auf der Suche nach einem ruhigen Zimmer, damit er mehr arbeiten kann. Zehn oder zwölf Mal ist er umgezogen und noch hat er dieses große Glück nicht erreicht. Nie hat er eine staatliche Anstellung gehabt, er ist nicht verheiratet, er ist verliebt in Bücher und er ist allein darüber traurig, dass es ihm nicht gelungen ist, mit einem großen Buchverlag zusammenzukommen. Er hat viele halb fertige Arbeiten und glaubt, wenn seine Umgebung von dem störenden Lärm frei wäre, würde er mehr lesen und schreiben und hätte trotz seines einfachen Lebens sonst keine Klagen oder Ansprüche an seine Tage. Nun gut, so ist es und jetzt sehen die Leute, die immer wieder nach der Biografie von Azar Yazdi verlangt haben, dass seine Lebensbeschreibung nichts Bemerkenswertes enthält. Und, mein Lieber, meine Liebe, was willst du sonst noch wissen?

06.09.1971

Nachwort zur Übersetzung

Unter dem Titel *Neue Geschichten aus alten Büchern* erschienen in Teheran in den Jahren 1965 bis 1972 zehn Hefte mit Fabeln und Erzählungen von Mehdi Azar Yazdi. Eine Gesamtausgabe als Buch erreichte im Jahr 2012 die 15. Auflage. Diese erstmalige deutsche Übersetzung umfasst fünf der zehn Hefte.

Mehdi Azar Yazdi lebte von 1922 bis 2009. Im Alter von fünfunddreißig Jahren begann er damit, Geschichten aus alten persischen Büchern für Kinder, Jugendliche und junge Erwachsene nachzuerzählen. Die UNESCO zeichnete sein erstes Werk *Gute Geschichten für gute Kinder* als bestes Buch des Jahres 1966 in der Sparte Kinder- und Jugendliteratur aus. Weitere Preise und Auszeichnungen folgten.

Zwei der fünf Hefte, die ersten beiden Kapitel dieses Buchs, erschienen 1966. Sie gehen auf Fabeln zurück, die überwiegend aus dem 19. Jahrhundert stammen, zum Teil aber sehr viel älter sind und noch ältere Wurzeln haben. Sie beruhen sowohl auf persischen Quellen als auch auf persischen Übersetzungen ursprünglich arabischer Texte. Von den insgesamt fünfzehn Fabeln wurde hier eine kürzere weggelassen, die uns aus den Fabeln des Aesop bekannt ist.

Ein weiteres Heft mit dem Titel *Der Kern der Sache* wurde erstmals 1972 veröffentlicht. Es ist den Diskursen des Schams Tabrizi gewidmet. Schams aus Tabriz, ein persischer Derwisch, der mit dem berühmten Mystiker und Dichter Maulana Dschalal ad-Din Rumi befreundet war, lebte im 12. und 13. Jahrhundert n. Chr. Über die Lehrgespräche mit seinen Schülern, in denen ethische Fragen behandelt wurden, sind mehr als achthundert Niederschriften überliefert. Dreizehn dieser gleichnishaften Abhandlungen hat der Verfasser ausgesucht und bearbeitet. Den Titel des Hefts hat er nach der Überschrift der ersten Abhandlung gewählt.

Im vierten Heft aus dem Jahr 1967 lesen wir siebzehn Anekdoten, Legenden und Erzählungen, aus denen persische Sprichwörter und Redewendungen entstanden sind. Diese Geschichten sind im Iran allgemein geläufig und der Verfasser hat sie so aufgeschrieben, wie er sie im Gespräch kennengelernt hat. Er hat jeder Geschichte eine Erläuterung der Anwendungsfälle des Sprichworts oder der Redewendung vorangestellt. Auf die Wiedergabe dieser etwas trockenen Erläuterungen habe ich verzichtet, denn die Leserinnen und Leser werden sicherlich durch eigenes Nachdenken sogleich selbst erkennen, welche Situationen oder Verhaltensweisen gemeint sind.

Das persische und ursprünglich arabische Wort für Sprichwort heißt *Beispiel*. Damit wird nicht nur ein Sprichwort in dem bei uns gebräuchlichen Sinne bezeichnet, sondern auch das, was wir Redewendung nennen. Fließend sind wie im Deutschen die Übergänge einerseits zur Sentenz, die ein kurzes, allgemeingültiges Fazit der zuvor behandelten Situation formuliert, und andererseits zum Aphorismus, der eine einprägsam gefasste Erkenntnis knapp und ohne Bezugnahme auf ein bestimmtes Geschehnis wiedergibt. Gemeinsamkeiten des deutschen und des persischen Begriffs Sprichwort lassen sich folgendermaßen zusammenfassen:

Ein Sprichwort ist ein weithin bekannter, knapp und treffend formulierter Spruch, der eine allgemeine menschliche Erfahrung klar wiedergibt und oft eine Belehrung oder eine Weisheit enthält. Es kann aus einem einfachen Satz in Prosa bestehen oder aus einem Reim. Es kann ein Zitat aus einer Dichtung oder einem religiösen Text sein.

Es gibt aber auch Unterschiede zwischen dem deutschen und dem persischen Begriff Sprichwort: Dem persischen Sprichwort liegt oft eine mehr oder weniger erstaunliche und bekannte Geschichte, eine Begebenheit etc. zugrunde, die ein bestimmtes Thema erhellt, gleich, ob sie wahr ist oder nicht. Es muss nicht fest gefügt sein. Dem persischen Sprichwort fehlt in der Regel der grundsätzliche Anspruch auf Allgemeingültigkeit.

Der Verfasser weist zudem auf folgende Überlegung hin, die selbstverständlich für uns genauso gilt:

»Ein Sprichwort richtig anzuwenden, ist schon für sich eine Kunst, denn wenn das Sprichwort in einer unpassenden Situation angeführt wird und nicht zu dem Thema passt, um das es geht, wirkt es möglicherweise wie ein Spott und kränkt einen anderen. Statt eine unvermeidbar gewordene Diskussion abzukürzen, kann es eine neue Diskussion auslösen.«

Das fünfte Heft mit dem Titel *Das Menschenkind* ist eine eigenständige Version der philosophischen Abhandlung *Hayye bin Yaqzan*. Der ursprünglich arabische Text des Ibn Tufail aus Al-Andalus, der im 12. Jahrhundert n. Chr. lebte, stellt einen Beitrag zu der viel diskutierten Frage dar, auf welche Weise der Mensch imstande ist, mit seinem von Gott gegebenen Verstand die Welt zu erkennen, und wie ihn sein logisches Denken und Forschen letztlich zur Annäherung an Gott führen kann.

Das Menschenkind ist keine Nacherzählung dieses schwierigen Textes, sondern eine neue Bearbeitung des Stoffs, die aber die gleichen, auch heute aktuellen und nach wie vor diskussionswürdigen Themen behandelt: die Erkenntnisfähigkeit des Menschen, die sich aus Beobachtung, Nachdenken, Ausprobieren und Handeln ergibt, sowie sein Verhältnis zur Natur, in die er sich aufgrund seines Verstandes möglichst schonend einfügt. Im Gegensatz zum ursprünglichen Hayye bin Yaqzan, der sich am Ende enttäuscht von der menschlichen Gesellschaft abwendet und auf seine Insel zurückkehrt, um Gott näher zu sein, bleibt das Menschenkind bei den Seinigen und passt sich zu deren Wohl und Nutzen in ihr Leben ein.

In seinem Vorwort schrieb der Verfasser, der Roman Robinson Crusoe sei aus dem 16. Jahrhundert n. Chr., tatsächlich stammt er aus dem Jahr 1719 n. Chr.

Die hohe Anerkennung, die Mehdi Azar Yazdi für seine Arbeit erhalten hat, beruht wesentlich auf seinem Verdienst, jungen Menschen den Zugang zu alter persischer Literatur und ihren oft nicht ganz einfachen Originaltexten geöffnet zu haben. Die ausgewählten und von ihm bearbeiteten Erzählungen geben eine Fülle von Anregungen zum Nachdenken, sie folgen stets logischen Prinzipien und zeigen bei allem eine große Empfindsamkeit, Warmherzigkeit und nicht zuletzt feinen Humor. Ihre Faszination beziehen sie aus ihrer Schlichtheit und der Konzentration auf den Kern der Sache.

Ihre Spannung folgt aus der Frage, wie sich die Handelnden, Menschen oder Tiere, entscheiden werden. Die Texte werfen eine Vielzahl ethischer Fragen auf, jedoch nimmt uns der Verfasser das eigene Nachdenken über die Geschehnisse nicht ab, sondern er regt uns dazu an, unsere eigenen Fragen zu stellen und sie selbst zu beantworten.

Im persischen Original sind alle Hefte mit eigenen Vorworten und Angaben zur Herkunft der Texte ausgestattet. Das Vorwort des Verfassers zu der Erzählung *Das Menschenkind* wurde leicht gekürzt in dieses Buch aufgenommen. Auf die übrigen Vorworte konnte hier verzichtet werden, da sie zum großen Teil allein die persischen Leser interessieren dürften. Soweit Hinweise und Erläuterungen auch für uns von Belang sind, wurden sie in diesem Nachwort angesprochen. Aus dem *Vorwort für die Kinder,* das der persischen Buchausgabe vorangestellt wurde, ist hier ein kurzer Auszug wiedergegeben, die autobiografische Notiz wurde nur unwesentlich gekürzt. Die Quellenangaben beruhen auf denen des Verfassers.

Die vorliegende Übersetzung weicht von der ursprünglichen Reihenfolge der Hefte ab. Die Anordnung innerhalb der

Hefte wurde beibehalten. Die Anmerkungen stammen von der Übersetzerin, ebenso die Fundstellen der in den Geschichten enthaltenen Zitate. Sämtliche Datumsangaben nach persischem Kalender wurden in die christliche Zeitrechnung übertragen.

Sabine Greiff
Mai 2015

Quellenangaben

Nafhat al-Jemen von Ahmad bin Mohammad Schirwani
    Die Krähe und die Taube
    Die Spatzen und der Elefant
    Der Esel und die Kuh

Taqdis von Hadsch Mullah Ahmad Naraqi Kaschani
    Der leidende Esel und der Wolf als Hufschmied
    Die beiden Tauben
    Der Leopard und der Mensch

Vogelgespräche des Scheichs Farid ad-Din Attar
    Die Begierden einer Ameise

Gärten der Fabeln von Ayatollah al-Azimi Mullah Habibullah Scharif Kaschani
    Der Löwe und der Hund

Das Buch Alexanders des Großen, hrsg. von Iradsch Afschar
    Der Löwe und der Mensch
    Die Sprache des Hahns

Garten der Könige in den Gärten des Betragens von Nezam-ad-Din Schanb Ghazani Tabrizi
    Der Fuchs und das Zicklein

Der Rattenkönig und die Minister, eins von zwei abgetrennten und wiedergefundenen Kapiteln aus Kalila und Dimna
    Die Mäuse und die Katzen

Von der Taube, dem Fuchs und dem Reiher, das andere der beiden abgetrennten Kapitel aus Kalila und Dimna
    Die Taube und der Reiher

Juwelen der Weisheit oder Belehrung der Weisen und Verständigen in der Sprache von Katze und Maus: aus Schriften, die Mohammad Baqr bin Mohammad Taqi Madschlesi zugerechnet werden
    Der bunte Schakal

Aus den Abhandlungen des Schams Tabrizi (Maqalat-e Shams-e Tabrizi)
    Der Kern der Sache
    Die passende Antwort
    Die Hörner des Kamels
    Der Schatz
    Die Eier der Wildente
    Indisch und indischer
    Das große Tischtuch
    Der verehrte Gast
    Der Zuträger
    Die Schuldkerne
    Götzendiener!
    Ein Backofengefecht
    Aufrichtigkeit

Hayye bin Yaqzan von Abu Bakr Muhammad bin Abd-el-Malik bin Tufail
    Das Menschenkind

Fundstellen der Zitate

Wie die Mücken, wenn die Luft von ihnen voll ist, den Elefanten schlagen.
>Scheich Saadi, Der Rosengarten, Drittes Kapitel: Über die Tugend der Genügsamkeit

Den Feind soll man nicht unterschätzen.
>Scheich Saadi, Der Rosengarten, Erstes Kapitel: Über das Leben der Könige. In ähnlicher Form bei Nasrollah Monschi in der persischen Version von Kalila und Dimna, 4. Kapitel

Kühe und Esel, die Frachten tragen, sind besser als Menschen, die andere plagen.
>Scheich Saadi, Der Rosengarten, Erstes Kapitel: Über das Leben der Könige

Stürzt euch nicht von eigener Hand ins Verderben.
>Koran, Sure 2, 195

Wenn du besser triffst, schlag du.
>Aus dem Masnawi des Maulana Dschalal ad-Din Rumi

Die Erzählung vom Esel, der nach seinem Schwanz suchte und dabei außerdem die Ohren verlor
>Iradsch Mirza, genannt Dschalal-al-Mamalek, er lebte von 1874 bis 1926 n. Chr.

Was ist das da in deiner Hand?
>Sure 20, 17 ff., vgl. 2. Mose 4, 2 ff., wo berichtet wird, dass Mose kein großer Redner war. Laut Sure 20, 12 befand sich Mose bei dieser Begebenheit im Wadi Tuwa auf der arabischen Halbinsel.

Anmerkungen

Aba	Die Aba ist ein einfacher Umhang ohne gesondert abgenähte Ärmel.
Abbas Safawi	Schah Abbas aus der Dynastie der Safawiden herrschte über Persien von 1587 bis 1629 n. Chr.
Almosen	Die Verpflichtung zur Gabe von Almosen findet sich im Koran an vielen Stellen, zum Beispiel in den Suren 2, 267; 9, 103; 21, 73.
Baghdad	Der Name des dritten Ministers setzt sich zusammen aus *bagh* = *Garten* und *dad* = *Gabe, Geschenk*. Er erinnert außerdem an die Stadt Bagdad, deren Name die Bedeutung Geschenk Gottes hat.
Damavand	Ein Vulkan, der höchste Berg des Irans
Der Gesandte Gottes	Der Prophet Mohammad
Dieb der Wasserkrüge	Eine umgangssprachliche Bezeichnung für einen Kleinkriminellen, ähnlich dem deutschen Eierdieb.
Dschinn	Dschinn sind Geisterwesen, die Gott aus Feuer und Flamme schuf. Vgl. im Koran nur die Suren 15, 27 und 55, 15.
Durab	Der Name des Landes setzt sich aus *dur* = *fern* und *ab* = *Wasser* zusammen.

Ein Fünftel als Steuer	Sure 8, 41
Es gibt keinen Gott außer Gott	Mit diesen Worten beginnt das islamische Glaubensbekenntnis.
Farsang	Ein Farsang entspricht ca. 6.000 Metern.
Freitag	Am Freitag, dem wöchentlichen Feiertag der Muslime, sind viele Geschäfte geschlossen.
Gebetsruf	Der Muezzin der Moschee erinnert die Gläubigen fünfmal täglich an das Gebet.
Ghul	Ein böser Geist
Golestan	*Der Rosengarten* heißt ein Werk des persischen Dichters Saadi aus dem 13. Jahrhundert n. Chr.
Gute Geschichten für gute Kinder	Ein Buch des Verfassers
halal	Nach dem religiösen Gesetz erlaubt
haram	verboten
Herr der Sorge	Im Persischen ein anderer Name für die Rohrdommel. Deren Gattung gehört zur Familie der Reiher.
Ibn Tufail	Abu Bakr Muhammad bin Abd-el-Malik bin Tufail lebte von 1110 oder 1115 bis 1185 n. Chr. in Granada und Marrakesch. Er war Arzt, Philosoph, Mathematiker und Astronom.

Iwan	Ein zum Innenhof offener, schattiger Raum in orientalischen Häusern
Khan	Ein orientalischer Herrschertitel
Loqman	Der Weise Loqman wird im Koran in Sure 31, 12 und 13 erwähnt.
Man	Ein Tabrizer Man entspricht knapp drei Kilogramm.
Masch Ramazan	Masch lautet die Kurzform von Maschhadi. Das ist jemand, der eine Pilgerreise nach Maschhad unternommen hat, also ein frommer Mensch. Ramazan heißt der heilige Fastenmonat der Muslime.
Meftah	Der Schlüssel, vermutlich ein religiöses Werk
Mögest du einen süßen Gaumen haben.	Diese Wendung bedeutet: Ich wünsche dir Glück und Erfolg.
Mose Kalim	*Kalim Allah* lautet der Beiname Moses im Koran und bedeutet *der Gesprächspartner Gottes*, vgl. Sure 4, 164.
Neue Geschichten aus alten Büchern	Der persische Titel dieses Buchs
Orchidee	Das persische Wort für Orchidee hat im Arabischen die Bedeutung Fuchs.
Pilaw	Ein Reisgericht
Qaba	Die Qaba ist ein langer Herrenmantel.

Radschab	Der siebte Monat des islamischen Mondkalenders
Ramadan	Fastenmonat der Muslime, in dem vom Sonnenaufgang bis zum Sonnenuntergang nichts gegessen und getrunken wird
Schaaban	Der achte Monat des islamischen Mondkalenders.
Sir	Das Sir ist eine persische Gewichtseinheit, es beträgt 75 g.
Timor Khan	Höfliche Anrede = *Herr Timor*
Turan	In der persischen Mythologie das Land östlich des Amudarya, die ursprüngliche Heimat der Türken.
Umayyaden	Die Kalifen aus der arabischen Dynastie der Umayyaden herrschten von 661 bis 750 n. Chr. über das islamische Reich und vom Ende des 7. bis zur Mitte des 8. Jahrhunderts n. Chr. auch über das Gebiet des Irans.
Umfassende Einführungen	Ein umfangreiches Werk, das aus 15 Büchern besteht und früher in den theologischen Schulen als Lehrbuch für islamische Ethik und Logik, Morphologie und Syntax benutzt wurde.
Wiedehopf	Nach Sure 27, 20 ff. sandte Salomo den Wiedehopf mit einem Brief zur Königin von Saba. Die Federhaube auf seinem Kopf trägt er wie eine Krone.

Zierde der Gläubigen	Ein Buch über ethisches Verhalten
Zudame	Zur Bedeutung dieses Namens: *zud* ist mit *früh* oder *bald* zu übersetzen. Der erste Minister ist also derjenige, der sich bemüht, seine Arbeit zügig zu erledigen.